北京文化书系
古都文化丛书

西山永定河——血脉根基

中共北京市委宣传部
北京市社会科学院　　组织编写

吴文涛　蔡宛平　著

U0782446

北京出版集团
北京出版社

图书在版编目（CIP）数据

西山永定河 ：血脉根基 / 中共北京市委宣传部，北京市社会科学院组织编写 ；吴文涛，蔡宛平著. — 北京：北京出版社，2023.3

（北京文化书系. 古都文化丛书）

ISBN 978-7-200-15513-6

Ⅰ. ①西… Ⅱ. ①中… ②北… ③吴… ④蔡… Ⅲ. ①永定河—介绍—北京 Ⅳ. ①K928.42

中国版本图书馆CIP数据核字（2020）第050996号

北京文化书系　　古都文化丛书

西山永定河

——血脉根基

XISHAN YONGDINGHE

中共北京市委宣传部
北京市社会科学院　组织编写

吴文涛　蔡宛平　著

*

北 京 出 版 集 团
　　　　　　　　　出版
北 京 出 版 社

（北京北三环中路6号）

邮政编码：100120

网　　　址：www.bph.com.cn

北 京 出 版 集 团 总 发 行
新 华 书 店 经 销
北京华联印刷有限公司印刷

*

787毫米×1092毫米　16开本　23印张　325千字
2023年3月第1版　　2023年3月第1次印刷
ISBN 978-7-200-15513-6
定价：260.00元
如有印装质量问题，由本社负责调换
质量监督电话：010-58572393；发行部电话：010-58572371

"古都文化丛书"编委会

主　　编：阎崇年

执行主编：王学勤　唐立军　谢　辉

编　　委：朱柏成　鲁　亚　田淑芳　赵　弘
　　　　　杨　奎　谭日辉　袁振龙　王　岗
　　　　　孙冬虎　吴文涛　刘仲华　王建伟
　　　　　郑永华　章永俊　李　诚　王洪波

学术秘书：高福美

"北京文化书系"
序言

　　文化是一个国家、一个民族的灵魂。中华民族生生不息绵延发展、饱受挫折又不断浴火重生，都离不开中华文化的有力支撑。北京有着三千多年建城史、八百多年建都史，历史悠久、底蕴深厚，是中华文明源远流长的伟大见证。数千年风雨的洗礼，北京城市依旧辉煌；数千年历史的沉淀，北京文化历久弥新。研究北京文化、挖掘北京文化、传承北京文化、弘扬北京文化，让全市人民对博大精深的中华文化有高度的文化自信，从中华文化宝库中萃取精华、汲取能量，保持对文化理想、文化价值的高度信心，保持对文化生命力、创造力的高度信心，是历史交给我们的光荣职责，是新时代赋予我们的崇高使命。

　　党的十八大以来，以习近平同志为核心的党中央十分关心北京文化建设。习近平总书记作出重要指示，明确把全国文化中心建设作为首都城市战略定位之一，强调要抓实抓好文化中心建设，精心保护好历史文化金名片，提升文化软实力和国际影响力，凸显北京历史文化的整体价值，强化"首都风范、古都风韵、时代风貌"的城市特色。习近平总书记的重要论述和重要指示精神，深刻阐明了文化在首都的重要地位和作用，为建设全国文化中心、弘扬中华文化指明了方向。

　　2017年9月，党中央、国务院正式批复了《北京城市总体规划（2016年—2035年）》。新版北京城市总体规划明确了全国文化中心建设的时间表、路线图。这就是：到2035年成为彰显文化自信与多元包容魅力的世界文化名城；到2050年成为弘扬中华文明和引领时代潮流的世界文脉标志。这既需要修缮保护好故宫、长城、颐和园等享誉中外的名胜古迹，也需要传承利用好四合院、胡同、京腔京韵等具有老北京地域特色的文化遗产，还需要深入挖掘文物、遗迹、设施、景点、语言等背后蕴含的文化价值。

组织编撰"北京文化书系"，是贯彻落实中央关于全国文化中心建设决策部署的重要体现，是对北京文化进行深层次整理和内涵式挖掘的必然要求，恰逢其时、意义重大。在形式上，"北京文化书系"表现为"一个书系、四套丛书"，分别从古都、红色、京味和创新四个不同的角度全方位诠释北京文化这个内核。丛书共计47部。其中，"古都文化丛书"由20部书组成，着重系统梳理北京悠久灿烂的古都文脉，阐释古都文化的深刻内涵，整理皇城坛庙、历史街区等众多物质文化遗产，传承丰富的非物质文化遗产，彰显北京历史文化名城的独特韵味。"红色文化丛书"由12部书组成，主要以标志性的地理、人物、建筑、事件等为载体，提炼红色文化内涵，梳理北京波澜壮阔的革命历史，讲述京华大地的革命故事，阐释本地红色文化的历史内涵和政治意义，发扬无产阶级革命精神。"京味文化丛书"由10部书组成，内容涉及语言、戏剧、礼俗、工艺、节庆、服饰、饮食等百姓生活各个方面，以百姓生活为载体，从百姓日常生活习俗和衣食住行中提炼老北京文化的独特内涵，整理老北京文化的历史记忆，着重系统梳理具有地域特色的风土习俗文化。"创新文化丛书"由5部书组成，内容涉及科技、文化、教育、城市规划建设等领域，着重记述新中国成立以来特别是改革开放以来北京日新月异的社会变化，描写北京新时期科技创新和文化创新成就，展现北京人民勇于创新、开拓进取的时代风貌。

为加强对"北京文化书系"编撰工作的统筹协调，成立了以"北京文化书系"编委会为领导、四个子丛书编委会具体负责的运行架构。"北京文化书系"编委会由中共北京市委常委、宣传部部长莫高义同志和市人大常委会党组副书记、副主任杜飞进同志担任主任，市委宣传部分管日常工作的副部长赵卫东同志担任副主任，由相关文化领域权威专家担任顾问，相关单位主要领导担任编委会委员。原中共中央党史研究室副主任李忠杰、北京市社会科学院研究员阎崇年、北京师范大学教授刘铁梁、北京市社会科学院原副院长赵弘分别担任"红色文化""古都文化""京味文化""创新文化"丛书编委会主编。

　　在组织编撰出版过程中，我们始终坚持最高要求、最严标准，突出精品意识，把"非精品不出版"的理念贯穿在作者邀请、书稿创作、编辑出版各个方面各个环节，确保编撰成涵盖全面、内容权威的书系，体现首善标准、首都水准和首都贡献。

　　我们希望，"北京文化书系"能够为读者展示北京文化的根和魂，温润读者心灵，展现城市魅力，也希望能吸引更多北京文化的研究者、参与者、支持者，为共同推动全国文化中心建设贡献力量。

"北京文化书系"编委会

2021年12月

"古都文化丛书"
序言

　　北京不仅是中国著名的历史文化古都，而且是世界闻名的历史文化古都。当今北京是中华人民共和国首都，是中国的政治中心、文化中心、国际交往中心、科技创新中心。北京历史文化具有原生性、悠久性、连续性、多元性、融合性、中心性、国际性和日新性等特点。党的十八大以来，习近平总书记十分关心首都的文化建设，指出北京丰富的历史文化遗产是一张金名片，传承保护好这份宝贵的历史文化遗产是首都的职责。

　　作为中华文明的重要文化中心，北京的历史文化地位和重要文化价值，是由中华民族数千年文化史演变而逐步形成的必然结果。约70万年前，已知最早先民"北京人"升腾起一缕远古北京文明之光。北京在旧石器时代早期、中期、晚期，新石器时代早期、中期、晚期，经考古发掘，都有其代表性的文化遗存。自有文字记载以来，距今3000多年以前，商末周初的蓟、燕，特别是西周初的燕侯，其城池遗址、铭文青铜器、巨型墓葬等，经考古发掘，资料丰富。在两汉，通州路（潞）城遗址，文字记载，考古遗迹，相互印证。从三国到隋唐，北京是北方的军事重镇与文化重心。在辽、金时期，北京成为北中国的政治中心、文化中心。元朝大都、明朝北京、清朝京师，北京是全中国的政治中心、文化中心。民国初期，首都在北京，后都城虽然迁到南京，但北京作为全国文化中心，既是历史事实，也是人们共识。北京历史之悠久、文化之丰厚、布局之有序、建筑之壮丽、文物之辉煌、影响之远播，已经得到证明，并获得国际认同。

从历史与现实的跨度看，北京文化发展面临着非常难得的机遇。上古"三皇五帝"、汉"文景之治"、唐"贞观之治"、明"永宣之治"、清"康乾之治"等，中国从来没有实现人人吃饱饭的愿望，现在全面建成小康社会，历史性告别绝对贫困，这是亘古未有的大事。中华民族迎来了从站起来、富起来到强起来的伟大飞跃，迎来了实现伟大复兴的光明前景。

"建首善自京师始"，面向未来的首都文化发展，北京应做出无愧于时代、无愧于全国文化中心地位的贡献。一方面整体推进文化发展，另一方面要出文化精品，出传世之作，出标识时代的成果。近年来，北京市委宣传部、市社科院组织首都历史文化领域的专家学者，以前人研究为基础，反映当代学术研究水平，特别是新中国成立70多年来的成果，撰著"北京文化书系·古都文化丛书"，深入贯彻落实习近平总书记关于文化建设的重要论述，坚决扛起建设全国文化中心的职责使命，扎实做好首都文化建设这篇大文章。

这套丛书的学术与文化价值在于：

其一，在金、元、明、清、民国（民初）时，北京古都历史文化，留下大量个人著述，清朱彝尊《日下旧闻》为其成果之尤。但是，目录学表明，从辽金经元明清到民国，盱古观今，没有留下一部关于古都文化的系列丛书。历代北京人，都希望有一套"古都文化丛书"，既反映当代研究成果，也是以文化惠及读者，更充实中华文化宝库。

其二，"古都文化丛书"由各个领域深具文化造诣的专家学者主笔。著者分别是：（1）《古都——首善之地》（王岗研究员），（2）《中轴线——古都脊梁》（王岗研究员），（3）《文脉——传承有序》（王建伟研究员），（4）《坛庙——敬天爱人》（龙霄飞研究馆员），（5）《建筑——和谐之美》（周乾研究馆员），（6）《会馆——桑梓之情》（袁家方教授），（7）《园林——自然天成》（贾珺教授、黄晓副教授），（8）《胡同——守望相助》（王越高级工程师），（9）《四合院——修身齐家》（李卫伟副研究员），（10）《古村落——乡愁所寄》（吴文涛副研究员），（11）《地名——时代印记》（孙冬虎研究员），（12）《宗教——和谐共生》（郑永华研究员），（13）《民族——多元一体》（王卫华教授），（14）《教育——兼济天下》（梁燕副研究员），（15）《商业——崇德守信》（倪玉平教授），（16）《手工业——工匠精神》（章永俊研究员），（17）《对外交流——中国气派》（何岩巍助理研究员），（18）《长城——文化纽带》（董耀会教授），（19）《大运河——都城命脉》（蔡蕃研究员），（20）《西山永定河——血脉根基》（吴文涛副研究员）等。署名著者分属于市社科院、清华大学、中央民族大学、首都经济贸易大学、北京教育科学研究院、北京古代建筑研究所、故宫博物院、首都博物馆、中国长城学会、北京地理学会等高校和学术单位。

其三，学术研究是个过程，总不完美，却在前进。"古都文化丛书"是北京文化史上第一套研究性的、学术性的、较大型的文化丛书。这本身是一项学术创新，也是一项文化成果。由于时间较紧，资料繁杂，难免疏误，期待再版时订正。

本丛书由市社科院原院长王学勤研究员担任执行主编，负责全面工作；市社科院历史研究所所长刘仲华研究员全面提调、统协联络；北京出版集团给予大力支持；至于我，忝列本丛书主编，才疏学浅，年迈体弱，内心不安，实感惭愧。本书是在市委宣传部、市社科院的组织协调下，大家集思广益、合力共著的文化之果。书中疏失不当之处，我都在在有责。敬请大家批评，也请更多谅解。

是为"古都文化丛书"序言。

阎崇年

目 录

前　言

水有灵兮山有魂，山水相依育京城

——西山永定河文化带简述

　　北京城坐落在华北平原北部三面环山的"北京湾"里，从东向西依次有燕山山脉、军都山脉和太行山脉环绕，其西面正是群山连绵、巍峨耸立的太行山脉北段，统称"大西山"。一条大河从黄土高原的北部蜿蜒东流，顺着太行山脉与军都山脉的山沟在门头沟三家店附近冲出大山，奔向华北平原，这就是永定河。"永定河，出西山，碧水环绕北京湾"，山如父，河如母，它们共同塑造了宏伟壮丽的北京城，写就了一段华夏历史的精彩篇章。

　　永定河被称为"北京的母亲河"，它发源于山西宁武县管涔山天池，流经晋、蒙、冀、京、津，为北京境内最大的河流，也是北京境内最古老的河流。它所造就的洪积冲积平原，为北京城的形成和发展提供了优越的地域空间和水土条件。作为历史上太行山东麓南北交通枢纽的古渡口，它奠定了北京原始聚落生成的交通基础。永定河水及其故道遗存所形成的莲花池水系、高梁河水系，一直是从蓟城到北京城的主要水源。永定河中上游流域的森林、煤矿和岩石、沙砾，为北京的城市建设和人民生活提供了必需的建材和能源。早期河道曾作为中原通往北方的物资运输通道，金、元、明、清时期永定河水也曾助力北运河，为北京的经济命脉——漕运——发挥过重要作用。永定河水及其河道变迁，还直接影响着北京的城市格局和发展方向。

　　不仅如此，永定河横跨黄土高原与华北平原，途经畜牧与农耕区域，河谷地带自古以来就是南、北民族交往、商贸往来的通道，各种文化经此交汇融合。中国的政治文化中心由唐代的长安和洛阳，东移至明、清的北京，永定河谷地正是这东移的路径之一，它不仅为秦晋与燕赵的文化沟通，更为北方少数民族与中原汉民族的文化交流创造了有利条件，从而使新的文化中心落户北京。受其影响，永定河文化具有历史悠久、内涵丰富、包容大气、底蕴深厚的特点，流域内的名山大川、聚落城堡、水利交通、宗教传统以及民间风俗等无不映射着华夏民族融合发展的历史进程。从中华文明的演进空间和发展脉络来看，永定河沿岸各区域因地缘相接、人缘相亲、商路相连、文脉相通，从而构成了一条特色鲜明、风景亮丽的大文化带。

首先，永定河水哺育了中华民族的早期文明。距今200万年左右，人类的祖先就已出现在永定河上游的今河北阳原县境内的泥河湾一带。之后，又有周口店北京猿人、北京新洞人、山西阳高的许家窑人、北京山顶洞人、山西朔州的峙峪人、北京门头沟的东胡林人等出现在这一带。从200万年前至今，人类活动遗迹遍布永定河流域，昭示了这里是人类最早的文明发源地之一，在中国古文明缔造史上具有特殊地位和作用。从秦汉、魏晋、南北朝到辽、金、元、明、清，我国多民族国家统一过程中的一连串问题最集中地反映在这里，许多历史的"重头戏"也都在这里上演。

其次，永定河除孕育了古都北京，还造就了古都大同及传说中的黄帝之都涿鹿、北狄代王城、元朝的元中都等。它们的历史上溯炎黄，下及当代，贯穿了中华5000年文明发展史，构成了一个区域性的古都群落，直观地反映了中国都城变迁的历史轨迹和首都北京的成长历程。除了古都，永定河流域还分布着众多的古城、古堡和古村落，建置历史悠久，发展脉络清晰，农牧交错和民族融合的特征鲜明。许多古城、古堡、古村落相对保存较好，为我们展现了丰富的历史信息和深厚的文化底蕴。

再次，永定河流域的宗教文化遗存具有数量多、种类全、名气大、年代久、保存好等特点，如举世闻名的云冈石窟、辽代佛教圣地华严寺、"天下奇观"悬空寺、元代壁画杰作所在永安寺等。北京的大西山有着这条宗教文化带上的一串明珠，以云居寺、潭柘寺、戒台寺、永安寺、灵泉寺、八大处等为代表的数以千计的名寺古刹，不仅在时间跨度上绵延2000多年，宗教上涵盖佛教、道教、天主教、基督教、伊斯兰教等，还在等级、功能方面上及皇家寺院，下至与百姓日常生活紧密相关的山神庙、土地庙、龙王庙、马王庙、虫王庙、树神庙、药王庙等，以及特有的永定河河神庙、采煤者供奉的窑神庙等，可谓无所不包，反映了永定河流域文化的多样性和发展的持续性。

最后，永定河流域的民间文艺和民俗文化呈现出不同历史时期各民族文化元素传播与影响的痕迹，反映了永定河文化所具有的独特风貌。花会、幡会、秧歌、锣鼓、社火等中原农耕民族的节庆活动中融入了很多北方游牧民族热烈、奔放、雄浑、大气的文化元素，如梆子戏、秧歌戏、北派皮影戏、蹦蹦戏等的曲调高亢苍凉，内容和形式中都有游牧民族的生活印记。河北蔚县的打树花、拜灯山，涿鹿县的绕花，北京门头沟区的台火等都反映了对火的礼赞，既有对游牧民族以火驱兽习俗的保留，也有流域内采煤、冶矿业发达的体现。永定河流域的民间戏曲大都流传久远，被称为古代音乐的"活化石"。京西太平鼓、浑源扇鼓和云胜锣鼓等民间鼓乐舞包含了远古时期北方民族粗犷豪放的性格特征。

大西山史称"神京右臂"。它群峰耸立，层峦叠嶂，蜿蜒起伏，气势磅礴，如虎踞龙盘般拱卫着京师，自古被称为京城的"绿色屏障"。群山中林木苍翠，溪流淙淙，风景奇佳。历史上神庙道观、寺院庵堂星罗棋布，香火不绝。历朝历代的游人、香客络绎不绝，赞美诗篇不绝于书。上千年的历史积淀，锻造了自然风光和人文底蕴交织、资源丰富、类型多样的山水文化，使北京城的构建在很大程度上得以"借景西山""借势西山""借水西山"。

北京的西山范围除了房山区的一部分属于大清河流域和昌平区的一部分现在属于北运河水系之外，大部分区域都属于永定河流域，因地位独特、风景奇佳而集中展现了永定河文化的精粹和积淀。伴随北京城的发展，其文化层次和功能不断演化、丰富。西山曾是早期人类活动的地域与文明诞生的摇篮；魏晋隋唐时期，西山既是民族冲突时的屏障，又是文化交融之地，各种宗教流派汇聚，文人墨客云集；辽、金、元、明、清时期，西山的山水资源备受帝王青睐，历朝离宫别苑在此交替兴建，园林艺术逐渐发展至顶峰，产生了代表中国皇家园林建设最高水平的"三山五园"，而私家园林更是遍布山林。进入20世纪之后，昔日封闭的帝王宫苑对大众开放，"三山五园"变成了平民休闲游览的公共场所；一些名人故居、私家宅院变成宾馆、饭店、学校、医院、科研院所；清华大学、燕京大学（后并入北京大学）、辅仁大学的前身辅仁社（后并入北京师范大学）、中法大学西山学院等相继在此诞生，西山地区成为北京近代高等教育和科研的起源地之一，其文化内涵和功能进一步拓展与丰富。由此，西山成为名胜古迹与文物众多的地区。据文物部门统计，西山区域共有不可移动文物463处、地下文物埋藏区3处、历史文化保护区3处、近现代建筑5处、传统古村落12处、世界文化遗产1处，此外还有非物质文化遗产30余项，包括以清代"三山五园"为代表的皇家园林文化，以大觉寺、妙峰山等为代表的宗教与民俗文化，以景泰陵、老山汉墓等为代表的陵寝文化，以贝家花园、圣琼·佩斯故居等为代表的中西交流文化，以清华大学、燕京大学建筑为代表的近代教育文化，等等。

因此，山水相依的西山永定河文化在古都北京的文化谱系中居于母体文化的地位，深刻影响着北京文化中心的形成和发展，是北京的文明之源、历史之根、文化之魂、生态之基。它们以"一山一水"为骨架构成了一条璀璨的文化带，孕育了"山水人和，家国情怀"的文化精神。

在新版《北京城市总体规划（2016年—2035年）》中，西山永定河文化带范围涉及延庆、门头沟、昌平、海淀、石景山、丰台、房山和大兴8个区，包含了北京西北、西南近半个区域。这个文化带概念的提出和相关建设方案的实施，有利于梳理和诠释北京古都文脉的历史源流及文化内涵，整合北京历史文化资源，从而更好地服务于古都风貌保护和文化中心建设，并积极推进京津冀地区全面协同发展。西山永定河文化带与长城文化带、大运河文化带共同组成了北京文化传承与创新发展的重要格局。

第一章

京西屏障

——西山的位置、范围及与北京的空间关系

北京西山指北京城的西部山地，在地理位置上具有重要的战略地位。在地理范围上，历史上曾有"大、小西山"的地理方位与文化分区的差异。整个西山山脉体系走势清晰，主要由四列山岭、峡谷相间的平行褶皱带状山系组成。西山的地理风貌是在内力与外力两种地质作用共同影响下形成的，总体特征为山宽谷窄、山高谷深、山坡陡峭、山脊宽厚。地貌类型则主要包括中山，低山、丘陵，夷平面，穹隆，峡谷（沟谷），断裂裂谷，山间盆地，喀斯特地貌，山前台地、阶地与平原。西山的地质与地理风貌使其在历史上形成了诸多名山。这些名山又为文化活动的开展提供了舞台。

　　西山在形成北京地理风貌等方面有着极大作用，使北京成为数百年的王朝京师。西山地区延续的文脉，较为深厚的文化积淀，使之成为北京文化景观的密集展示区域。西山质朴的自然环境、原始的野趣，以及与北京城适当的空间距离，使许多北京城里人来此寻找返璞归真的静谧。

第一节　西山的方位与范围

北京西山位于北京城西部，自古便被誉为"神京右臂"。但在历史上西山的地理概念一直模糊不清，在明、清时期山前平原园林区逐渐形成之后，又出现"大西山""小西山"概念的混淆。这实际上是西山的地理概念与文化分区的集中体现。

一、西山的方位

北京西山是北京西部山地的统称，属太行山麓最北端余脉，居于太行之首，以东北、西南走向位于北京西部。因其"强形巨势，争奇拥翠"，自古有"神京右臂""神皋奥区"之称，犹如一道屏障从西方拱卫北京城。它又有"小清凉山"的称谓，自古以来就是京西大范围意义上的风景名胜区的总括。

二、西山的地理范围

西山的地理范围在历史上一直模糊不明。辽、金、元时期，"西山"一词出现于文献，但范围仍有差异；明、清时期，"大、小西山"的概念更是互相混淆，难以一概而论。大西山被普遍认为是京西诸山总称，范围较广。小西山则一般特指西郊近山丘陵——香峪大梁一带，为大西山向北京小平原的延伸部分，因永定河下游河道及军庄沟的水文划分而在地理上与大西山主体山地隔离，大西山主体尤指清朝修建"三山五园"的区域。下文就"大、小西山"范围的历史演变进行简要梳理与分析。

（一）大西山

有关北京西山的称谓，依现在学界所考，最早始于北宋末年和金朝初年。北宋末，随父镇守燕山后降金的将领蔡松年有《水龙吟·其四》词："软红尘里西山，乱云晓马清相向。"这是迄今为止史料中较早出现的"西山"一词，金初魏道明注蔡词道："燕都迫于西山，故云'软红尘里西山'也。"可见，蔡词中出现的"西山"就是泛指燕京城西边之山，属大西山的地理范畴。及至南宋，范成大使金，居于中都城外燕宾馆，并作《燕宾馆》，末联云"苦寒不似东篱下，雪满西山把菊看"，其中也有"西山"一词。他在题注中提到"西望诸山皆缟，云初六日大雪"，其中"西望诸山"亦指京西诸山脉的大西山。

金章宗辟西山"八大水院"，其中香水院据考证应在门头沟区东北与昌平区交界一带的妙高峰山麓。另外，清水院、圣水院等已被证明应在海淀区西北的阳台山山麓及凤凰岭一带。由诸院位置看，其范围已超出小西山的大致范围。可见，金章宗时对北京西山范围的界定指的应该是大西山。

据元代《佛祖历代通载》卷二十，金大定二十年（1180）正月"敕建仰山栖隐禅寺（今大都西山）"。一说元仰山栖隐寺的前身为金灵水院，位于海淀区西北的樱桃沟村北部，地域明显在"小西山"范围外。二说"大都西山"首次以大都做参照物，足证当时西山之西便指大都西边，所言西山无疑泛指大都西边的大西山。

明朝万历年间沈榜在《宛署杂记·山川》中载："西山，在（宛平）县西三十里。旧记：太行山首始河内，北至幽州，第八陉在燕。"可见彼时西山不仅概指京城之西山地，而且人们已知道到大西山是太行山北端余脉。

明末清初，蒋一葵在《长安客话》卷四《郊坰杂记》中载："京西北诸山，连缀共一百八十里，半隶昌平。"这是较早提出大西山长度的史料记载，按其所道"一百八十里"，折合为90千米，而今天测量为90～100千米，与之相近，可知明末划定的大西山范围与今日差异不大。

1914年，有地质研究所师生入西山实习，在《地质研究所师弟修业记》第一章《范围》中载："民国三年（1914）夏，始由章鸿钊、虞锡晋两氏率全体学生同赴西山一带实习。南至磨石口，西至门头沟,东北至玉泉山而抵温泉村,往来凡七日。"载西山范围"西至门头沟",明显是大西山的地理范围。1920年,北洋政府农商部地质调查所入西山进行考察,嗣后由叶良辅编纂的《北京西山地质志》第一章《地层系统》首载:"京西之山,统名西山,范围甚广。今兹所测,乃其大部。"这里的"西山"虽然没有写清地望,但亦可知其所指乃北京西边之山的统称,即大西山。

综上所述,大西山的地理概念始见于金初,自此至今,人们对京城西边诸山统称"西山"的称谓从未中断,大西山的地理概念一直贯穿于各个历史时代。

(二)小西山

清代于香山、玉泉山、万寿山一带大规模修建园林,最终形成了包括圆明园、清漪园(颐和园)、静宜园、静明园、畅春园的"三山五园"皇家园林格局。有清一代,因其规模巨大,风景宜人,又近在西郊,渐渐形成人们对西山的普遍印象。细查清时李氏朝鲜派遣使臣的"燕行"所记,如韩泰东、韩祉的《两世燕行录》载:"西山,在都城西四十里,景趣殊胜,宫观寺院在焉。海子,去都城与西山同,周围筑墙,方四十里,中有大池。"李海应的《蓟山纪程》载:"西山,在皇城西四十里,即太行之别阜,亦名万寿山,素称名山,非妆占楼台之胜,则一凡山而止。"这些记载中使臣们集中介绍的西山景致皆是"三山五园"一带的风景名胜,甚至误以为西山就是万寿山,可见朝鲜使臣所认识的西山便指"三山五园"所在的近郊丘陵平原地带,也就是小西山的地理范围。

"三山五园"发展至中后期,逐渐变成清帝避暑、处理朝政的"别朝"(类似于今日的政治副中心),因此在一些官衙中也逐渐开始有对"小西山"概念的使用。如同治六年(1867)工部官吏勘西山水源时记《工部右侍郎魁龄同治六年正月二十二日奏报查勘西山水源情形事》(中国第一历史档案馆馆藏):

于二十四日起程，前往西山，逐日会同在附近一带地方详细履勘。先将圆明园迤西，玉泉山之静明园，昆明湖之清漪园，香山之静宜园、碧云寺，樱桃沟之卧佛寺；并圆明园迤南，畅春园外之方河萱花地，泉宗庙后小河泉，巴沟左近之蒲坑、黑鱼坑、菱角泡，西花园之南北河泡；以及圆明园迤北，青龙泉下游之萧家河，凡有泉水处，逐一查明。

从以上记载大致可知其涉及范围包括今香山、颐和园、圆明园等区域，都在小西山的地理范围之内。光绪年间的《顺天府志》卷二十《地理志二·山川》中载：

宛平县山：城西三十里曰西山，总名也。析言之，曰聚宝山，俗呼荷叶山；曰香山，亦名小清凉，乾隆十年诏改静宜园；曰普陀山；曰平坡山，一名翠微山；曰卢师山，有秘魔崖；曰觉山；曰寿安山；曰半天云岭；曰万华山；曰天宝山；曰金山，亦呼瓮山，乾隆十六年命名万寿山，在清漪园；香山后为中峰。

此处具体说明了西山地望之下的诸峰名称，统而观之，可见其山峰所在区域集中于今天的八大处、香山一带的小西山地望。

总而言之，"小西山"概念的出现与清代"三山五园"、寺庙等大规模文化建筑的建设有关，有清一代逐渐被行政及文化领域的人们所接受，从而成为人们对京西一带以"三山五园"为中心的文化集聚区的总称。

（三）大西山与小西山的差异：自然与文化

"大西山"的名称源于古人在空间方位上的称谓习惯，因此一开始便有地理方位指向的作用。"小西山"的名称则来源于清代"三山五园"等近郊皇家园林、私家苑囿、寺观、学校等文化景观的大规模兴建，在近郊丘陵区形成了集中的风景名胜和文化展示区。因此，这一称谓的来源有比较浓厚的人文气息，是人们对该地区带有赞美性质的特指。

大西山与小西山之间的差异，在同一时期的文献记载中可见一斑。例如，民国初年林传甲在《大中华京兆地理志·西山》第十二章《西山》中说："西山横挡京兆区域之西。"此处在介绍西山地理之时，便顺理成章地采用"大西山"的地理概念。同为民国时期，田树藩在笔记《西山名胜记》"自序"中载："古都以西之山，皆名曰西山。风景宜人者，厥为万寿山、玉泉山、香山及八大处，因名曰《西山名胜记》。以万寿山、玉泉山、香山、八大处为主，此外名胜附之。"作者虽将西山定义为"古都以西之山"，却将核心集中于万寿山、玉泉山、香山等处，介绍也以此为要，可见作者认为西山实际指"三山五园"或八大处等文化景观集中的低山平原一带的小西山。两篇记载同样介绍西山，却因自然地理与文化景观的介绍差异而分别采用了"大西山"与"小西山"的概念。

新中国成立后，两者差异更为明显。1953年，西山风景区管理所向上级报告，要求了解所辖地区古迹的历史资料，提到的名胜有西山、卢师山、翠微山、平坡山、灵光寺、三山庵、大悲寺、宝珠洞、证果寺、长安寺（内容见北京市档案馆档案）。卢师山、灵光寺等名胜皆在大西山的范围内，此处却与西山并列，可见这里西山风景区的地理范围应该大致相当于小西山。同一时期，北京市西山国有农场的地望范围就采用"西山之大"。根据1963年的《北京市人委关于制止在西山国有林区内开山、采石、放牧的通知》（北京市档案馆馆藏），西山国有农场地跨今海淀、石景山、门头沟、房山诸区。可见规定区域与大西山范围大致吻合。

总之，大西山指的是西山地理概念的指向，小西山则指的是西山文化集聚区域。大西山作为北京的地势之托、形势之要，给予北京城以安全与依托，而小西山所集中蕴含的西山文化具有极高的历史地位与综合价值，是北京文化的重要组成部分与文化交流的展示窗口，被誉为北京城的文明之源、历史之根与文化之魂。

（四）当今北京西山范围的普遍划定

近代以来，学术界经过多年讨论，在北京西山的范围问题上渐渐达成了一些共识，初步确立了一个相对科学的北京西山的地理范围划分依据。2015年，北京市文物局在开展"西山文化带"的有关调研时，将其四至范围加以确定。"西山文化带"所划定的四至范围如下：

北至北京昌平区南口居庸关的关沟。此沟南端始于昌平区的南口，向北经居庸关至八达岭，其形制近南北向又略向西偏，是北京通往河北及内蒙古草原的重要通道。中国古代横穿太行山有"太行八陉"，关沟便是八陉中最北端的通道，古称军都陉。关沟也是燕山山脉与太行山脉和华北大平原的分界线，其东为燕山山脉，西为太行山脉，东北、北与西三面皆为连绵群山，东南则临华北大平原。

南至北京房山区拒马河谷地。此处采用与河北省涞水县的交界为划界依据。房山区著名的十渡风景旅游区便在此边界之上。

西至北京市行政西部边界。此处采用纯粹的行政边界进行划分，强调西山为北京境内的太行北端山区。此界线在西边与河北省交界。

东至北京小平原。以永定河在海淀一带的山前冲积扇及山前台地为主要区分。

据此四至范围可初步划定，北京西山北起昌平区，南抵房山区，既将历史上的大、小西山的山地面积整体纳入，又将"三山五园"所在的部分山前冲积平原也包括其中。山地与山前平原一共全长约100千米，宽约60千米，总面积约3000平方千米，约占市域面积的17%。

北京西山所占面积在行政区域上，横跨门头沟区全部、昌平区西部、石景山区西北部、海淀区西部、房山区西部、丰台区西部地区。在文化景观区划上，则将清代万寿山颐和园、香山静宜园、玉泉山静明园和畅春园、圆明园组成的"三山五园"皇家园林文化区，大觉寺、卧佛寺、仰山栖隐寺等的宗教文化区，以妙峰山庙会、九龙山庙会及古香道等为代表的传统民俗文化区，以冀鲁豫抗日根据地等为代表的红色文化区，以景泰陵、七王坟等为代表的陵墓文化区，以房山区周口店北京猿人遗址、山顶洞人遗址、琉璃河董家林西周燕都遗址为代表的历史考古遗迹文化区，以海淀区清华大学、北京大学、庄士敦故居、香山慈幼院、中法大学等为代表的高等教育和中外文化交流区尽数纳入。北京西山在2017年被北京市确定为"西山永定河文化带"后，进一步延伸了连接西山山地、山前小平原与北京旧城的长河历史文化廊道。在北京西山的四至范围内，据不完全统计，大约有各类文物单位460项，不可移动文物430项，其中全国重点文物保护单位16项、北京市文物保护单位33项，未纳入文物单位的遗迹数十项，总体文物占地面积达到10余平方千米，是北京市郊地区中文物最密集、文物档次最高的区域之一。"西山永定河文化带"的确定使西山范围内的文化景观由点成线、由线成片，得到全面开发与保护。

综上可见，当今北京西山范围的划定既充分体现了金代以来对京西之山的"大西山"地理概念的划分，又借鉴了"小西山"文化区域概念的应用，具有较高的科学性。

第二节　西山的形成及其地理风貌

西山是北京西部山地的统称，是太行山最北端的余脉。西山地理风貌的形成是内力与外力两种地质作用共同影响的结果。内力作用中起主要作用的是地壳活动与岩浆活动。

一、北京西山地理风貌概况

西山地区位于中国地形第一级至第二级的过渡带，属华北陆台的一部分。西山由一系列山岭、峡谷相间的平行褶皱带状山系组成，山形走势清晰可辨。西山西南起自房山区拒马河谷，蜿蜒而向东北，至昌平区关沟与燕山余脉军都山交会而终，整体呈西南向东北方延伸的走势。西山地势西北高、东南低，逐级下降，依序大体为四列山系：

东灵山—黄草梁—灰金坨—笔架山；

白草畔—百花山—老龙窝—髫髻山—清水尖—妙峰山；

九龙山—香峪大梁（香山）；

大洼尖—马鞍山—卧龙岗—猫耳山。

其中，最高峰为东灵山，海拔为2303米，最低点为永定镇四道桥子，海拔为73米，地形直接落差达2230米。

西山与北京城区一样属于东亚温带季风气候区，温暖湿润，四季分明，又因地势比北京城区高，一年平均气温比城区低2℃～4℃，夏季颇为清凉，为北京的避暑胜地。受太平洋暖湿季风影响，再加上山势抬升，西山地区降雨较为充足，年均降水量600毫米，因此植被茂盛，动植物种类较为丰富，森林覆盖率极高。树种多为落叶阔叶林与灌木丛林，在地势较高的山麓与山顶（如东灵山、百花山等）存在少量针叶林与大面积高山草甸。西山因丰厚的森林覆盖而成为北京涵养水源与净化空气的天然基地，可谓"北京之肺"。早在新中国成立初期，北京市政府就在西山建立了大规模的西山林场。如今，东灵山、百花山等地已划为北京市自然保护区。

西山群峰间河谷纵横，主要水系有四条：永定河、拒马河、温榆河、京密引水渠延及长河一线。永定河横切出山，后沿山前台地纵流，小西山区域几乎都在流域范围内。拒马河径流划分大西山南界，温榆河上游在北端地区，京密引水渠于东北流向往西南，经山前地区。

其中，永定河是西山区域最重要的水系，对西山地形、地貌的形成有巨大作用。永定河自官厅水库下流百里，至三家店出山，形成闻名于世的"官厅山峡"，将西山分成南、北两麓。南麓主峰集中于潭柘山、马鞍山一带，平均海拔800米左右；北麓主峰则在黄石岭、大云坨及妙峰山一线，平均海拔1300米左右。此两麓与东南香峪大梁呼应，呈鼎立三足之势。另外，拒马河亦是北京西山地区重要水系，其流域内集中分布了众多地质遗迹，现已建成面积达1045平方千米的中国房山世界地质公园。

西山山体主要以石灰岩、砂岩、页岩为主，在西北处的史前火山活跃地带也有小部分火山岩与花岗岩等喷出与侵入岩类。这一岩石结构的形成与地质活动关系密切。整体看，西山地形海拔高低相差悬殊，多呈阶梯状上升状态，山岭岩脊中间有沟谷、平缓台地与险峻山地交错，呈现出陡缓相间、复杂多样的地形、地貌。这种地理风貌也是在地质构造与河流等综合作用下形成的。

二、北京西山地理风貌的形成原因

西山的形成经历了漫长的地质年代，如今的地理风貌是内力与外力两种地质作用共同影响的结果。其中，内力作用占据主导地位，基本奠定了西山地形、地貌的基础。此后，在外力的长期作用下，西山复杂多样的地理风貌终于形成。

（一）内力作用

内力作用是以地球内能为能量来源的地质作用，因此具有巨大的威力，可使平原上升为山岳、下沉为盆地，科学界通常认为内力作用是山岳地形形成的主要因素。内力作用一般分为地壳运动、岩浆活动、地震3种，其中地壳运动与岩浆活动在西山的地质形成中起主要作用。

1. 地壳运动

地壳运动对西山地形、地貌的形成起到了至关重要的作用。地壳运动按运动方向可分为水平运动和垂直运动。水平运动指组成地壳的岩层沿平行于地球表面方向的运动，也称造山运动或褶皱运动。水平运动常常可以形成巨大的褶皱山系，以及巨型凹陷、岛弧、海沟等。垂直运动又称升降运动、造陆运动，它使岩层出现隆起和相邻区的下降，可形成高原、断块山及凹陷、盆地和平原，还可引起海侵和海退，发生海陆变迁。

西山处于华北板块中部，为太行山山脉的东北端，东侧与华北平原相邻，北边则是燕山山脉，其在构造上处于一个相对独立的位置，为板块内部重要的三结点之所在。因此，板块水平运动在西山地区尤为明显。学界历来认为，各种构造现象在西山集中发生，尤其是南部周口店一带已成为板块内部浅变质岩地质构造的典型地区之一。

科学家推测，北京地区的板块地壳运动最早发生在20亿～17亿年前。当时北京曾发生一次大规模地壳运动。这次运动直接导致地壳大幅下降，进而发生大面积海水侵入，北京一带尽数被海水淹没。从西山山峰等处出土的三叶虫、史前海鱼化石等可作为地壳运动的证明。

此后，北京地区长期浸没于汪洋中，直到距今约4.4亿年时进入加里东运动时期，海水渐退，北京一带陆地上升。此后，距今约4亿年前，海西运动时期北京地区时而为陆地，时而为海洋，从而形成了大面积煤田，西山木城涧石炭纪、石炭二叠纪的煤田即由此诞生。

距今2.25亿～1.7亿年，北京地区深受中生代燕山运动影响，地壳发生了翻天覆地的变化。燕山运动一般指在中生代的侏罗纪与白垩纪之间发生在中国东部、东南部与西南川、滇、黔等地的一次大规模的地壳活动。此次活动虽然范围很广，却以河北及北京燕山地带的活动最为显著，因而得名燕山运动。学界推测，这次运动发生在距今1.95亿～1.37亿年。而由该运动形成的褶皱带则被称为"燕山褶皱带"。燕山运动被认为在中国地质史上的地壳运动中表现最为普遍，对中国大致地形轮廓的形成起到奠基作用。这次运动对上述地区的地形、地貌产生了极为广泛的影响，而西山及北京城所在台地、平原的基本格局，山峰的隆起、地层断裂成山、谷地的凹陷、岩石的堆积，都是在燕山运动的影响下形成的。燕山运动为北京地区留下了十分厚的沉积岩。据科学工作者勘探，沉积岩的最大厚度达到3000米以上。在北京西山地区的多次燕山活动，也形成了岩石性质差异较大、成分不同的岩石，如西山地区的砂岩、页岩、砂页岩与泥灰岩等，皆是造成西山千姿百态地貌的基础条件和主要成因。因此，学界普遍认为燕山运动塑造了西山的基本面貌。

燕山运动在北京地区持续了约1亿年，直至距今约7000万年时才结束。此后，北京地区形成了西北高，东南低，三面环山，山地面积大，河流皆自北部、西部山区流向东南部平原地区的地理面貌，一直延续至今。

燕山运动后，西山地区的地壳运动渐趋缓和，但仍出现了不少断裂带或山体裂隙。据科学家研究，永定河大峡谷形成于发生喜马拉雅造山运动的新生代晚期更新世，由怀来盆地湖水沿断裂隙冲出而成。

2. 岩浆活动

岩浆活动是地球内部能量的一种积聚和释放。地球内部巨大的热能累积到一定程度之后便会使灼热的岩浆冲向地壳薄弱之处，侵入地壳或喷出，形成岩浆侵入或者火山喷发。岩浆侵入一般形成侵入岩或金属矿藏，火山喷发则会在火山口附近堆积火山物质，生成火山锥，以及形成喷出岩、矿藏等物质。

燕山运动之后，西山地区在较长一段时间内地壳活动较少。但中生代中期侏罗纪及晚期白垩纪时，北京西山地区岩浆活动异常活跃。据科学家勘察，西山地区的火山构造有I级火山喷发带与II级火山盆地；南大岭一带山体是经历多次火山喷发后于侏罗纪早期形成的玄武岩；百花山—髫髻山—妙峰山一线山体均为侏罗纪中期形成的熔岩、火山结块岩，其核部火山岩的厚度达到2200余米；沿河城卫生院一带至今仍保存着形态清晰可辨的古火山口，百花山、清水河流域等处亦存在一些尚可辨认的火山口。至距今7000万年前的新生代（即喜马拉雅山运动时期），彼时地壳活动集中活跃于今西藏地区，北京西山地区也不免受其波及，虽然地壳活动不明显，但岩浆活动仍十分频繁。整个西山山区，火山岩覆盖面积达610平方千米左右，门头沟清水尖山岩即为火山喷发形成的火山岩。可见西山地区曾有大量火山喷发活动。

另外，据科学家勘探，斋堂地区的清水河一带以及永定河雁翅以北的古代地层中存在大量岩浆侵入岩体，其中含有大量的金属矿藏。西山地区的侵入岩至今犹存，长期以来花岗岩等火成岩蕴藏量较为丰富。这些都能证明岩浆活动对西山地区地理风貌的重要作用。

（二）外力作用

在燕山运动奠定地貌基础后的上亿年间，外力不断作用于西山陡峭的地形，对西山的地表进行改造、重塑，使地壳运动后地形起伏极大的西山趋于缓和，并将其塑造成山地、盆地、台地、峡谷及冲积扇等复杂多样的地理风貌。

外力作用是以太阳能、引力能、重力能及生物活动的外营力为能源基础的地质作用。因能量皆来源于外部，因而外力作用常体现为对地球表面地理形态的改变。外力作用的表现形式十分多样，一般学界主要提到的有风化、侵蚀、搬运、沉积与固结成岩五大作用。

1. 风化、侵蚀、搬运、沉积作用

风化作用即利用太阳能、空气、水或生物，对地表或接近地

表的岩石产生破坏作用。侵蚀作用即外营力对地表冲刷、磨蚀和溶蚀。搬运作用则为风化、侵蚀的产物，经流水、风力、冰川、波浪等将物质转移的过程。沉积作用为风化、侵蚀的产物在由外力搬运途中，因流速、风速降低或冰川融化等影响而发生沉积的过程。

这4种作用在西山地理风貌的形成中有着举足轻重的影响。在西山地貌奠定初期，山体高大，岩石覆盖，如今却绿树成荫，百花盛开，这都与山间土壤的产生有关。风化作用使岩石块变小，为侵蚀作用提供物质基础，才使土壤形成有了可能。侵蚀作用在西山地区尤为明显。永定河自官厅顺沿河城裂隙冲出，流水侵蚀塑造了官厅山峡，出山后又大量沉积形成冲积扇，为近郊"小西山"园林的兴起奠定了基础。拒马河谷等西山中不胜枚举的山间水系冲刷山体，产生深沟、河谷和冲积台地，成为后期人类活动的中心区域。门头沟区的百花山、髫髻山、九龙山、香峪大梁等原本都是褶皱凹陷的向斜，周边因侵蚀而成地形倒置，反而成了高山。2007年，在妙峰山镇斜河涧村南广化寺附近山沟内发现了第四纪冰漂砾及冰川擦痕，这是目前国内已知冰川擦痕遗迹之中保存最好、痕迹最清晰的，可见冰川刨蚀及搬运对西山地貌的重要作用。门头沟区潭柘寺一带马鞍山麓、军庄与王平村永定河两岸，以及部分寒武纪、奥陶纪石灰岩地带大量存在流水溶蚀、沉积形成的溶洞。西山山区地层主要分为陆相沉积地层与海相沉积地层，二者各占约50%，均为沉积作用的产物。

这4种作用是相互联系的统一过程。风化为侵蚀提供有利条件，风化、侵蚀的产物又为搬运提供物质来源，沉积则是搬运渐弱的结果。在这4种作用的共同影响之下，西山的地理风貌得以形成。门头沟区马兰黄土是在距今3万～1万年的华北晚更新世之时，由风化、侵蚀而来的微型颗粒和动植物尸骸经风力搬运，再堆积而成。这不仅集中展示了4种作用的协同合作，而且集中记录了当时气候的变迁历史，具有重要研究价值。

2. 固结成岩作用

固结成岩作用是指在地壳或地表的岩石通过风化、侵蚀、搬运和沉积之后，经成岩作用又变为岩石。固结成岩作用在北京西山地区发挥了重要的作用。如上文所述，西山山体主要是以石灰岩、砂岩和页岩为主，其中大量的砂岩、页岩都是在固结成岩作用之下形成的。其范围涵盖西山一半以上的山体。尤其是永定河水流出山以前沉积的山前台地以及冲积扇岩层，更是遍布固结而成的岩石。上文所述的马兰黄土本是西山第四纪最著名的沉积地层，其中埋藏的动植物尸骸则皆由化学变质后，经固结成岩作用形成化石，成为宝贵的研究资源。

三、北京西山地理风貌的种类介绍

北京西山地理风貌的种类十分多样，地质构成颇为完善，是地理研究者的天堂，被誉为"中国地质学的摇篮"。其中，地层成为地理风貌的基础，在此之上，中山、低山、丘陵、峡谷等复杂的地形才得以形成。

（一）北京西山的地层

介绍西山的地理风貌之前应先说地层。西山的地层结构十分完整，除古生代志留纪与泥盆纪暂未发现外，自元古代以来的所有地层都包括了，而志留、泥盆两纪地层的缺失是当今公认的华北地区地层结构的共同点。正因西山地层的典型性，加之对西山一带的地质工作开展较早，所以中国地质学上有许多用西山地区的地名命名的标准地层，如下苇甸、马兰黄土、青白口系、九龙山组、下马岭组、南大岭组、窑坡组、髫髻山组等。

西山的地层按形成环境划分，主要分为海相沉积（海洋环境条件下形成）与陆相沉积（陆地环境条件下形成）两大类。具体地层种类、形成时间与西山地区出露地点见表1-1。

表1-1 北京西山地层种类与出露地点简表[①]

类型	地质年代	时间	主要种类	西山地区出露地点
海相沉积地层	元古代（约18亿～6亿年前）	约16亿年前	元古代早期海相沉积地层	门头沟沿河城碾台村附近
		约14亿～8亿年前	元古代中后期海相沉积地层（石灰岩为主）	大村以西，青白口、柏峪、燕家台、梨园岭、双塘涧以北。总面积360平方千米
	古生代（约5.7亿～2.3亿年前）	寒武纪（5.7亿～5.1亿年前） 奥陶纪（5.1亿～2.3亿年前）	寒武纪、奥陶纪海相沉积地层（含海洋生物化石的石灰岩地层）	1.沿河城大断裂以南，双塘涧、齐家庄以东，林字台以西，双林寺、黄岭西、王家山以北地区 2.田庄与大村之间，穿永定河，经芹峪口、青白口南，连军响与碣石间之群山 3.军庄至落坡岭水库，永定河两岸，妙峰山与上苇甸间之群山 4.潭柘寺镇以南、以西山区
陆相沉积地层	古生代（约5.7亿～2.3亿年前）	石炭纪（3.5亿～2.8亿年前） 二叠纪（2.8亿～2.3亿年前）	古生代晚期陆相沉积地层（砂岩、砾岩为主的含煤地层）	1.潭柘寺北山，永定马鞍山，军庄南山，黑江、艾洼，北岭附近 2.木城涧、千军台山沟两侧的狭长地带
	中生代（约2.5亿～6500万年前）	三叠纪（2.3亿～1.95亿年前）	中生代早期陆相沉积地层（黄色、绿色、紫红色、灰绿色砂岩、页岩与黏土质板岩为主的富含植物化石的地层）	永定镇石龙山、王家岭、葡萄嘴，以及南官园、赵家洼一带余同二叠纪

① 表中数据资料主要参考：叶良辅：《北京西山地质志》，农商地质调查所出版，1920年；北京市门头沟地方志编纂委员会编：《北京门头沟区志》，北京出版社，2006年；北京市门头沟区政协学习与文史委员会编：《京西山水》，中国博雅出版社，2008年。

类型	地质年代	时间	主要种类	西山地区出露地点
陆相沉积地层	中生代（约2.5亿～6500万年前）	侏罗纪（1.95亿～1.4亿年前）	中生代中期陆相沉积地层（玄武岩山体、火山熔岩与结块岩山体密布的陆相含煤地层）	1.百花山、髫髻山向斜及九龙山向斜两翼 2.南大岭山体 3.百花山—髫髻山—妙峰山一线山体
		白垩纪（1.4亿～0.7亿年前）	中生代晚期陆相沉积地层（火山熔岩、火山碎屑岩和花岗岩为主的岩浆沉积地层）	1.王龙口与杨树地、沿河城与石河间的东岭盆地，以及东岭盆地西南方向的群山 2.齐家庄、张家庄、杜家庄以西至河北，天河水以南，龙王村以北的火山熔岩、碎屑岩山地 3.泥皮、上大水、大小东宫间山地
	新生代（至今0.7亿年前）	第四纪（至今300万年前）	新生代陆相沉积地层（年轻的河流台地冲积扇沉积地层）	1.永定河谷、清水河谷与两岸台地 2.北京近郊西山山前平原

（二）西山地理风貌的具体种类

在复杂的地层上，西山形成了多种多样的地理风貌，其地理风貌总体特征为山宽谷窄、山高谷深、山坡陡峭、山脊宽厚。其地貌类型主要包括中山，低山，丘陵，夷平面，穹隆，峡谷（沟谷），断裂裂谷，山间盆地，喀斯特地貌，山前台地、阶地与平原。以下分别简要介绍。

1. 中山

北京西山山体以海拔划分，主要有中山、低山与丘陵3种，其中海拔800米以上的山体为中山。西山的群山之中，中山最多。由于西山整体是由西北向东南逐渐降低，因此中山大多分布在西山西部与北部，作为军事屏障，守护着北京城。中山普遍具有山高谷深的地形、地貌，且多数蕴藏丰富的矿产、茂盛的植被、多样的野生动物种群，自然景观众多，具有较高的开发价值。

西山地区中，中山在百花山—髫鬏山—清水尖—妙峰山山系及其以北的广大地区最集中，仅这一区域内海拔在1500米以上的中山就有160多座，其中著名山体如表1-2所示。

表1-2　北京西山中山简录表①

单位：米

山峰名（别名、曾用名）	海拔（主峰或单体）
峰口鞍（风口岩、峰口庵、大风鞍）	约800
白铁山	800余
金城山	859（主峰）
九龙山	858.3（主峰）
长安岭	902.6（主峰）
独山（莲花山）	915.2
绝石梁	923.8
空山	1000
铁坨山（铁石坨）	1102.8
锅顶山	1131
妙庵梁（庙鞍梁）	1160
张家山	1178.7
孤山	约1200
大寒岭	1239
桃树崖尖（桃树尖）	1267.4
妙峰山（大云山、妙高峰、阳台山）	1290.8

① 表中数据主要参考《北京市门头沟区地名志》《京西山水》等。

山峰名（别名、曾用名）	海拔（主峰或单体）
灰树塔尖	1327.6
水峪东大尖（南梁、轿顶山）	1360
山神庙山	1367
笔架山	1448
棋盘山	1434.5
鬏鬏山（髻髻山、鬏髻山）	1524.7
清水尖	1527.8
金树塔尖（深安梁、色树团儿、帽葫芦安）	1611
大贝梁（南大山、大背）	1591.3
寺尚尖	1613.2
老龙窝	1646.6
灰金坨	1685
铁镢山	1713.5
黄草梁（天津岭、皇妃子梁）	1732
九山（九仙山、韭菜山）	1922.1
百花山（百花坨、小清凉山、飞来峰）	1990.7
白草畔	2161
东灵山（灵山、东天云山、矾山、凤山）	2303

2. 低山、丘陵

低山指海拔在400～800米的山体，丘陵则指海拔在400米以下的山体，相对高差一般小于200米。西山的低山主要分布在九龙山—香峪大梁—马鞍山一带。丘陵则主要分布于清水河谷两侧，以及龙泉镇、永定镇的周边。

低山和丘陵在地形上普遍坡度较为平缓，覆盖肥沃黄土，植被颇为茂盛，因此盛产优质水果和干果，是北京水果的主要供应地。另外，西山的低山、丘陵大多位于小西山的地域范围之内，距北京城较近，地势相对缓和，因此成为西山地区较早开发的山体。

西山地区的低山、丘陵之中名山众多，如表1-3所示。

表1-3　北京西山低山、丘陵简录表[①]

单位：米

低山、丘陵名（别名）	海拔（单体或主峰）
荐福山（克勤峪、尖儿山、尖儿峰、大尖山）	797.3（单体）
马鞍山	690（单体）
牛心山（牛心坨、瓜糟尖、定都峰、望都峰）	642（单体）
万佛山	631.5（单体）
仰山	596（单体）
香炉峰（香山鬼见愁）	557（单体）
天门山（窟窿山）	540（单体）
翠微山	464（单体）
谷积山	438.2（单体）
天台山（天泰山、天太山）	430.8（主峰）
香峪山	379.6（单体）
城子山	325（单体）
百望山（望儿山）	210（单体）
石景山	184（单体）
卧龙岗（龙头冈）	161.3（单体）

---

① 表中数据主要参考《北京市门头沟区地名志》《京西山水》等。

低山、丘陵名（别名）	海拔（单体或主峰）
玉泉山	约140（单体）
万寿山	109（单体）

3. 夷平面

夷平面又称山顶面，是指外营力作用于起伏地表，使其高削低填，从而夷平作用下形成的陆地平面。据地质学家勘测，西山地区在持续2000多万年的北台期地壳稳定，地面经过长期夷平作用，曾经形成准平原。此后地壳抬升，准平原受侵蚀，最后只残存在山顶或山坡上。

山顶夷平面是西山山宽谷窄的地貌特征的重要典型。西山的夷平面地貌分布较为广泛，可以说海拔800米以上的中山中每200米的海拔阶梯上就有夷平面分布，如表1-4所示。

表1-4　北京西山夷平面山体分布与典型景观简表[①]

单位：米

海拔阶梯	分布山体与海拔	典型景观
2000～2300	东灵山顶（2303）	灵山三海：云海、林海、花海
	白草畔顶（2161）	山峰奇、云海绝、蚁冢妙、松林美
	百花山顶（1990.7）	百花山"三绝"：千山万壑赴都门、百花争妍、晴天响雷
1400～1600	黄草梁顶（1732.7）	百草丰厚，野花如锦，五彩缤纷，三季不断
	老龙窝顶（1646.5）	山势险峻，植被丛生，煤炭丰富
	清水尖顶（1527.8）	清泉流淌，沟谷纵横，植被茂盛，风景怡人
	髻鬏山顶（1524.7）	物华天宝，煤田广布，山峰俊秀，风光无限

---

① 表中数据参考《北京西山地质志》《北京市门头沟区地名志》《京西山水》等。

海拔阶梯	分布山体与海拔	典型景观
800～1200	柏峪西梁顶（1248）	山高谷深，风景绮丽
	妙峰山大坨顶（西1290.8、东1277.7）	俊秀峭拔，飞瀑清泉，万亩玫瑰，蝶舞花香，金顶圣境，古迹广布
	阳台山顶（1278）	林木茂密，清泉绵甜，名刹众多，古寺"八绝"
	九龙山顶（858.3）	地质典型，煤业闻名，庙会兴盛，古迹环山

这些夷平面大多海拔较高，保留了准平原时期的堆积地层，土壤肥沃，主要植被虽然是高山草甸与针叶林，但各种花草甸亦是层出不穷，俨然是动植物的乐园。另外，夷平面普遍山宽谷窄，风景怡人，灵山、百花山等地都有引人入胜的高山野花盛景，具有重要的旅游价值。"京城八景"之"西山晴雪"就出自夷平面山体。如今，灵山、妙峰山皆已成为旅游风景区，黄草梁等地亦有开发规划。

4. 穹隆

穹隆是由于侵入岩的顶托作用，上部地层如蒙古包般向四面倾斜的奇特地形。西山地区由于在侏罗纪晚期、白垩纪及新生代时期曾有大面积的火山活动，因此穹隆地形在此亦有分布，可谓西山地区的一道别致的地貌风景。其中最著名的有青白口穹隆和上苇甸穹隆，小规模的以爨底下穹隆最有名。上苇甸穹隆的地貌特点较为完整，青白口穹隆则是北翼受沿河城断裂而略有缺失的半穹隆。

5. 峡谷（沟谷）

峡谷是由季节性地表水流或常年水流在山间冲积而成的河谷，主要特征是两坡陡峭，横剖面呈"V"字形，狭而深。西山地区素有"一山四水"之称，山即太行山，水则指永定河、拒马河等河流。这些河流穿越高山，最终形成数条著名的峡谷，其中以永定河峡谷、拒马河峡谷、大石河峡谷最为著名。

永定河自河北怀来的官厅镇流入西山，劈山成峡，顺流为谷，穿山绕岭，曲流回环，最后于三家店出山，天然落差340余米，平均坡降0.31%，造就100.8千米长的大峡谷。这在世界其他国家的首都境内实属罕见。这条峡谷分为4段：从官厅山峡入口到沿河城为第一段，从沿河城到青白口为第二段，从青白口到落坡岭水库为第三段，从落坡岭水库到三家店水闸为第四段。永定河峡谷穿越了4个主要断裂带，穿过老虎港、珠窝等侵入岩体，集中展示背斜成山、地形倒置等地质现象，常被作为研究断裂带和观察特殊地质构造的重要基地。

拒马河发源于河北涞源涞山，自涞水县入北京西南，经西山后形成的峡谷，即拒马河峡谷。峡谷全长约46千米，比永定河峡谷落差小，谷面更宽阔。

大石河发源于百花山南麓，是拒马河的重要支流，在汇入拒马河前侵蚀形成了全长约120千米的峡谷。大石河峡谷的最大特色是其峡谷地段内形成了许多喀斯特溶洞，为相关地貌研究提供了便利。

沟谷则指狭窄洼地，瀑流大多是由坡地片流汇集而成的地貌。西山的沟谷大多是永定河、拒马河、大石河三大水系的支流下切、溯源侵蚀和谷坡块体运动共同作用形成的。沟谷又因西山带状山的山系走向而分布于平行山系间。西山地区的沟谷有300余条，多呈羽状分布。

整体来看，西山沟谷大多较窄，落差较大，不乏植被丰茂、泉水盈沛、瀑潭独特、景色优美者。

6. 断裂裂谷

断裂是指岩层被断错或发生裂开，在断裂带两翼另有因侧断裂而形成的断谷深峡，即为裂谷。西山断裂构造主要有北东向的华夏系与北北东向的新华夏系，最著名的断裂有沿河城断裂和永定河断裂。沿河城断裂带西起涞水县境岭南台附近，经门头沟区齐家庄—燕家台—柏峪—沿河城—大村至昌平禾子涧附近，长60余千米，宽10余千米，中心沉降深度达2000余米，是一条规模巨大的北东向断裂带。有名的西奚古道、内长城及重要边塞皆在此断裂带北缘。永定河断裂从三家店把九龙山和香峪大梁分开，成为永定河出山口。西山另有妙峰山—大台沟断裂和田庄—雁翅—军响—斋堂断裂，亦颇有名气。

西山有南洋沟、龙门涧、龙门沟、湫河沟等裂谷分布。其中，最气势恢宏者当属南洋沟裂谷。该裂谷位于雁翅镇马套村，长约20千米，宽30～50米，相对高差几百米。裂谷两侧皆悬崖峭壁，似斧砍刀削，另有石塔、石笋、悬石等，造型千姿百态，是优良的影视外景取景地与旅游胜地。

7. 山间盆地

盆地是地势形似水盆的一种地貌。西山地区因流水侵蚀和峡谷、沟谷形成较好，断裂带亦颇多，故而虽有分布，但闭合形势较好、特征明显的盆地较少。西山盆地中闭合条件最好的为永定河出山口至石景山、卧龙岗一带。另外，最有名气的是东岭盆地与军响盆地。东岭盆地是永定河与沿河城大断裂，在沿河城至向阳口一带复合而成。该盆地周边山势高峻，河道深切，山谷开阔。另外，珍珠湖附近的珠窝村亦是一个高山环抱的袖珍盆地。

8. 喀斯特地貌

喀斯特地貌又称岩溶地貌，是具有溶蚀力的水对石灰岩进行溶蚀等所形成的地表和地下形态的总称。因这种地貌在斯洛文尼亚的喀斯特高原最典型，故名。这一地貌中形成的山峰千姿百态，石林奇异，洞穴秀美，有极高的旅游价值。

西山地区含有大面积的石灰岩沉积地层，在经年累月的溶蚀下，生成了大量喀斯特地貌景观。潭柘寺、戒台寺一带马鞍山麓以及军庄至王平村永定河两侧地区是喀斯特地貌最集中的区域。珍珠湖、龙门涧、黄草梁象鼻山、南羊沟地区有着较为典型的喀斯特地貌。这一地貌类型包括石沟、石林、洞穴、溶洞、地下河、石芽、峭壁等。其中，溶洞是西山地区出现最多的喀斯特地形，西山地区多数洞穴仍待探查与开发，现在发现并命名的洞穴已近40处（见表1–5）。

表1-5　北京西山地区洞穴名录[①]

洞穴名（别名）	所处位置
太古化阳洞（太古洞、化阳洞、华阳洞、庞涓洞）	戒台寺西后山约2千米处山腰
仙人洞（建阳洞）	军庄镇灰峪村东北1千米处
将军洞群	妙峰山镇与军庄镇之间
韭园大洞	王平镇韭园村
朝阳三慧洞	戒台寺太古化阳洞西
孙膑洞	戒台寺西南
极乐洞	戒台寺极乐峰
观音洞	戒台寺南佛岩山崖下
朝阳洞（老爷洞）	戒台寺极乐峰和太古化阳洞之间山谷
罗汉洞	距戒台寺极乐峰下朝阳洞30余米处
刘大洞	永定镇石厂村北龙山左后爪中部
八奇洞	门头沟区平原村
洞港沟洞	潭柘寺镇南村村南的山坡上
大仙洞	隐于妙峰金顶下
大云寺岩洞	妙峰山主峰大云坨的台地上
滴水岩	南庄西北5千米，妙峰山西南7千米
锤古洞	妙峰山滴水岩东北隅
葡萄洞	锤古洞北妙峰山
明山居士洞	去妙峰山滴水岩路上
桃源洞	妙峰山镇桃园村西
宝鼎昆仑山洞	妙峰山乡下苇甸村南山上

---

① 表中资料参考《北京西山地质志》《北京市门头沟区地名志》《京西山水》等。

洞穴名（别名）	所处位置
碣石古洞	雁翅镇碣石村西1千米处山腰
盛泉古洞	王平口村西岩里沟内
花坡根平洞	王平口村与吕家坡村之间的花坡根
铁坨山北"天井"	十字道村西北
鸽子石塘	斋堂镇王家山村东北山上
东条洞	斋堂镇坐佛山背后
田寺古塘	清水镇田寺村西南4千米
龙王湖口洞	清水镇龙王村西约250米
朝阳洞	清水镇齐家庄村北面临近山峰山腰
牛眼洞	清水镇齐家庄村北侧1千米处山崖上
北港沟福龙洞	大台地区北港沟菩萨殿院内

9. 山前台地、阶地与平原

台地是四周有陡崖、直立于临近低地、顶面基本平坦如台状的地貌。阶地是由于地壳上升、河流下切形成的阶梯状地貌。平原则是由河流挟带泥沙沉积而形成的地貌。

台地与阶地的形成皆是由于地壳抬升、河流下切。西山地区历史上曾经历大规模抬升，永定河、拒马河等河流不断下切，使河谷两侧在不同高度上形成多层阶地。与此同时，在河谷两侧和山麓也生成相应台地。以永定河为例，其主流自官厅下切，奔腾于峡谷之间，支流也一样，高度渐降，于河流两侧切出陇家庄、丁家滩、雁翅、太子墓、沿河城等层层阶地。同时，亦形成河南台、傅家台、燕家台等台地。自三家店出山，永定河所挟岩砾泥沙逐渐沉积，于龙泉镇、永定镇一带形成宽广的冲积扇平原，它是北京湾小平原的重要组成部分。

西山地区的阶地和台地大都土层深厚，水源条件好，平原地区则更是土壤肥沃，有利于生活和耕作。因此，台地、阶地和平原是西山地区村落分布的重要地区，总面积虽然不大，却集中了西山地区一半以上的人口。

四、北京西山地质名山

"山不在高，有仙则名。"西山以其优越的地理风貌，以及绵延丰厚的文脉而在历史上颇负盛名。许多西山山峰为历代人们所称赞，并见诸史籍，具有地理、人文特色的名山更是层出不穷。

（一）北京西山地质名山的历史记载

西山的地质与地理风貌是形成诸多名山的基础。史籍中记载了西山的许多地质名山，尤其是宋代以降的诸多史料（见表1-6）。

表1-6　宋代以降有关西山地区名山记载部分摘录[①]

时代	出处	记载山名
宋	《资治通鉴》	摘星岭、龙头岗、大安山
元	《佛祖历代通载》	仰山
明	《明一统志》	香山、玉泉山、卢师山、五华山（聚宝山、寿安山）、韩家山、觉山、双泉山、翠峰山
明	《宛署杂记》	罗睺岭、殷山、万佛山、卧龙岗、对子槐山、灰峪山、泥窠山、将军山、思汉岭、牛角岭、童子山、凤凰山、牛心山、仰山、恶风岭、宝瓶山、孤山、锣锅岭、马鞍山、铁石坨、九拱胜坨、凤都岭、花园岭、石窟山、香峪山、裂缝坨、搭连山、青山岭、凌岳山、白铁山、小龙口山、黄岭、清水尖、大汉岭、黑云山、鋬鬏山、摘星岭、百花山

---

① 表中资料参考《宛署杂记》《光绪顺天府志》《大中华京兆地理志》《宸垣识略》《天府广记》《帝京景物略》《京城古迹考》《北京市门头沟区地名志》《京西山水》等。

时代	出处	记载山名
明	《西关志》	笔架山、金城山、柏山、对敌山、东灵山、支锅石山、百花山、梨园山、大寒岭
清	《清一统志》	画眉山、金山、百望山、秘魔崖（卢师山）、香山、玉泉山
	《宸垣识略》	马鞍山、仰山、百花山
	《天府广记》	仰山、百花坨、马鞍山、十八盘岭、青山岭、摘星岭、卧龙岗
	《帝京景物略》	香山、卢师山、罕山、石景山、玉泉山、瓮山、仰山、滴水岩、百花坨
	《京城古迹考》	潭柘山
	《光绪顺天府志》	聚宝山（荷叶山）、香山（小清凉）、普陀山、平坡山（翠微山）、卢师山、觉山、寿安山、半天云岭、万华山、天宝山、金山（瓮山、万寿山）
民国	《大中华京兆地理志》	聚宝山（荷叶山）、香山（小清凉）、玉泉山、普陀山、翠微山（平坡山）、卢师山、秘魔崖、薛家山、觉山、五华、双泉、翠峰、仰山（十八盘山）、寿安山（五华山）、半天云岭、画眉山、天宝山（金山、瓮山、万寿山）、化山（老山）、红石山、五峰、石景山（石经山、石径山）、妙高峰、戒坛山、罗睺岭、百花山、潭柘山、菩萨山

（二）北京西山部分名山简介

宋代以降，西山地区的山峰日渐具有人文价值，广受认可。如今，西山之中处处是名山。以下列举部分名山（依海拔降序）的地理风貌，以历史文化、名胜古迹闻名的名山在后文有述。

1. 东灵山

东灵山又名矾山，位于门头沟区最西处的清水河旁，北京与河北交界处。东灵山海拔2303米，为北京市第一高峰，被誉为"首都的屋脊"，晴空万里时在其顶上可东望北京湾小平原。东灵山地貌形成受断裂作用影响，为燕山运动以来的褶皱断块山地，其构成岩石又是抗侵蚀力强的火山岩，所以颇为壮美峻险，因较高的海拔而形成气温变化较大、植被层级分布、山顶与山底景观差异明显的高山气候。因此，每年6月，东灵山山顶仍有积雪，故名矶山，"矶山霁雪"为河北怀来县八景之一。东灵山上既有暖温带植被，也有西伯利亚寒冷地带亲缘植被及大面积的高山草甸，山上有新疆细毛羊、伊犁马、青藏牦牛等高山物种，极具特色。

2. 百花山

百花山位于门头沟区清水镇黄安坨村与房山区史家营乡莲花庵村之间，主峰海拔1990.7米，为燕山运动后地形倒置形成的向斜山。山地植被类型以落叶阔叶林为主，又混生有针叶林、落叶阔叶灌丛。百花山风光秀美，植被繁茂，野生动物资源丰富。除此之外，百化山还具有丰富的历史人文价值，历代文人墨客曾在此留下诗篇、游记；山顶上庙宇众多，庙会在历史上也颇为兴盛。百花山是一座人文与自然共同造就的名山，是游览西山地区不可错过的旅游胜地之一。

3. 妙峰山

妙峰山原名大云山，位于门头沟区东北部与昌平区的交界处，主峰在大云坨（即西大坨），海拔1290.8米，顶部平缓，东侧陡峭，脊呈东北、西南走向，为燕山运动期褶皱向斜后抬升并经外力剥蚀，地形倒置而成山。妙峰山位于北京小西山与大西山的接合部，清秀峭拔，草木葱郁，清泉飞瀑，蝶舞花香，处于其金顶之上可俯视小西山，既有"京西第一形胜之山"的美誉，又有"北京第一仙山"之盛名。妙峰山盛产玫瑰，东南坡涧沟以"玫瑰谷"著称。清末至民国时期，山上碧霞元君庙（娘娘顶）香火极盛，香道、茶棚遍布山间，文物古迹则密如繁星，是北京西山地区风景最优美并兼有文化底蕴的风景名胜区，堪称北京西山中历史文化名山之最。总而言之，妙峰山既是一座体现了中国民间信仰的丰富内涵及复杂多样性的宗教名山，又是传统民间文化及民俗盛会的"活化石"，更是美丽的自然景观、宗教建筑艺术及名人文化遗迹交相辉映的人文名山。

4. 阳台山

阳台山又称旸台山，俗名大阳山、阳山，历史上又曾称云峰山、妙高峰，因山势高耸，顶部又平广如台，故而得名。阳台山位于海淀区西北部与门头沟区的交界处，主峰海拔1278米。此山植被优良，环境秀美，风景怡人。辽代曾于此山建大觉寺，沿至金代，金章宗将之改为清水院，金元以来山上古刹众多。阳台山地理位置优越，其北为凤凰岭、尖山嘴，东为京郊名山鹫峰，清末至民国时期妙峰山庙会极盛之时，香客进香常经此山，有中道、中北道、北道3条路。

5. 九龙山

九龙山因山麓两侧有数条蜿蜒山梁，形似九龙，故而得名，曾称大峪山。九龙山属太行山系小五台余脉，岭脊为东北、西南走向，是燕山运动期形成的典型火山岩沉积向斜山，主峰海拔858.3米，山体最高处（刺玫花坨）海拔968.7米。九龙山为地质名山，著名的九龙山组尤为典型，故而命名，其山体东部有一系拦龙山，与香峪大梁西端的卧虎山共同构成永定河官厅山峡出山口。九龙山周边地区为北京重要产煤区，有千年以上的开采历史，因此也是煤业名山。另外，九龙山娘娘庙庙会是明、清之时北京西郊最大的行业（煤业）庙会，节目繁多，载歌数月，享誉京城，颇具民俗价值。

6. 香峪大梁

香峪大梁是以香峪命名的山梁，香峪村有文称其香芋沟，也有说此山曾产藁本，有香味而得名。据《宛署杂记》所载，此山在明代已成名。此山梁西起永定河，东至海淀香山并伸延至太舟坞附近，总长约12千米，制高点（主峰）克勤峪（又名荐福山）海拔797.3米。香峪大梁是形成于燕山运动早期的向斜山，与九龙山一脉相承，但发生错位，后永定河冲蚀掉垭口形成出山口，将两大山梁隔开。香峪向斜煤层形成较好，著名的西山石炭纪煤系杨家屯煤系即在此。此处的黑煤品质最好，易燃、耐烧、火力强、无异味。据载，明代香峪大梁一带就有煤窑，有"香峪七十二座窑"之说。在香峪大梁中名山荟萃，其名气甚至超过香峪大梁，如香山、翠微山等。

7. 马鞍山

马鞍山俗称戒坛山，位于门头沟区东南隅，东距北京城25千米，海拔654米。马鞍山海拔虽不高，名气却很大，其以4点闻名于世：一是因其山上之戒台寺。该寺创建于隋初，辽咸雍年间僧人均于寺内设置戒坛（台），传法说戒，从此俗称戒坛（台）寺。每年农历四月初八，戒师登坛说戒，四方僧徒云集。届时"芦棚满山"，热闹非凡，俗称"赶秋坡"，为旧时北京一大风俗。二是因戒坛（台）寺之名松。戒坛（台）寺的古松大多已有数百年历史。后人多有赞诗，连清朝乾隆皇帝亦曾作赞诗。三是山有庞涓洞、孙膑洞。此二人皆战国时期军事家，名声在外。四是马鞍山东麓的大灰厂。它自古以来便是采石烧石灰以供应京师之用。

8. 仰山

仰山位于门头沟区，海拔596米，虽然并不高大，但名冠古今。此山因栖隐寺而名声在外，此寺在金、元两代屡有皇帝驾临，可谓除潭柘寺之外，北京西山的又一处皇家寺院。清乾隆年间山上还有金章宗的诗刻，故有人称此处为金章宗"西山八大水院"之一。仰山之上，山寺呼应，另有五峰、八亭、石刻与古寺等文化遗迹，在文物鉴赏与历史、佛学研究上都有价值。

9. 潭柘山

潭柘山旁有潭，潭上有古柘，因而得名。它位于门头沟区东南部，海拔约400米。潭柘山地层比较古老，山体主要由石灰岩构成，因此其地下水溶蚀的天然溶洞比较多，除"潭柘寺系统"下的诸多古洞外，还有八奇洞、天井等景观。在潭柘山附近，除有煤炭、石灰岩等矿产之外，还有叶蜡石、紫砚石等名贵石材，其开采历史悠久，名扬天下。潭柘山青山叠翠，植被繁茂，古树名花众多，环境极为优美，且殿宇巍峨，名寺耸立。清康熙帝曾赞曰："名山胜境不亚于五台。"山上最负盛名者当属潭柘寺。潭柘寺在千百年来一直以悠久历史、雄伟建筑、优美风景与神奇传说而颇受历代统治者的青睐。多位皇帝曾来此进香礼佛、游山玩水，贵族捐资布施，盛况空前。

10. 石景山

石景山古称梁山，元代称石径山，明代时因山上有金阁寺石经台、藏经洞而称石经山，又因民间传说此山从前只有石头，无他景致，故名石景山。此后此山又称湿经山、石井山，又以此山形似骆驼而称骆驼山。此山位于石景山区西部，永定河东岸，海拔183米。石景山据说以形而取胜，明代《宛署杂记·山川》载，该山"乱石嵯峨，高出众峰"。石景山依山傍水，十分便于控制永定河河水形势，因而其自古皆是河防重地，自曹魏至清代，此地一直是修筑水坝防御永定河水泛滥的重地。石景山上古迹颇多，具有大量古朴、幽静与雅致特色的近郊文物山林，主要有金阁寺与碧霞元君庙两处。现在石景山古建筑群已被定为区级重点文物保护单位。石景山具有孤峰雄峻、怪石嶙峋、崖壁千仞、岩洞幽谷等特色景致，加之众多的名胜古迹，不是仙境，胜似仙境，号称"燕都第一仙山"。

西山的群山虽然没有喜马拉雅山脉那般雄伟高峻，但都是自然与人文结合的景观，是北京历史文化的载体之一，是北京文化的重要组成部分。北京历史文化的发展离不开对西山的名山文化的研究与利用。

第三节　与北京的空间关系：借势西山

北京为中国古代八大古都之一，有3400余年的建城史及860余年的建都史。北京优越的地理条件包括非凡的王者气势、极好的地理条件，使其得以成为数百年的王朝京师。西山在助长北京"王气"、改善北京城地理条件等方面则有着极大的作用。另外，西山地区自古文脉绵延，文化景观的层累深厚，堪称历代文化大观园，成为北京文化景观的密集展示区域。而西山质朴的自然环境、展示原始的野趣，以及与北京城恰到好处的空间距离，皆使之成为北京城里人返璞归真的好去处。

一、强形巨势、背山为靠——北京城的气势与形胜

北京城的气势首提"强形巨势"，即依靠群山所增"王气"，方有京城气象。而西山作为右侧依靠，为西北增加了许多京师"王气"。论及北京地理位置，则首列"背山为靠、坐北朝南"等原则，这些又都与西山的地理位置密切相关。

（一）帝都气势

自古以来，历朝历代都称赞北京城所在地区的"王气"。古人称赞北京城的气势之时，多半会强调其"拥太行""接太行"的优势，"太行"即北京西山。北京西山从太行山延绵百里而来，自北京西南一直延伸至东北，似一个弧形的生态屏障屹立于京师之右。明蒋一葵《长安客话·形胜》载："西山，神京右臂，太行山第八陉，《图经》亦名小清凉也。"可见西山对于北京城就如臂膀一般。右臂孔武有力、雄壮威武，都城才能气势全开、威震寰宇。西山雄壮，历代有目共睹。宋代《纪纂渊海》载："西山在府西三十里，为太行山之首。"把西山形容为"太行山之首"。"太行山之首"的雄伟高峻为北京城增添了雄壮气势，成了北京帝都气象的重要组成部分。

另外，帝都的底气亦在物产丰厚。若建于贫瘠之地，缺衣少食，纵使山高千仞，亦难言气势。而北京城在这点上的底气又正是来自西山。明张鸣凤在《西迁注·西山记》中描述："内接太行，外属诸边，磅礴数千里，林麓苍黝，溪涧镂错，其中物产甚饶。"可见，西山自古以来土石、煤炭、木材、果蔬、草药、山珍等资源丰富，是北京城的重要物资供给地。

（二）帝都形胜

形胜所指乃是山川河流、地理形势和物产优胜等条件。北京建城选址及其形胜被历代名士称道。明蒋一葵《长安客话·形胜》载："京师前挹九河，后拱万山，正中表宅，水随龙下，自辛而庚，环注皇城，绕巽而出，天造地设。"吴长元《宸垣识略·形胜》载："今之京师，居乎艮位成始成终之地，介乎震坎之间。出乎震而劳乎坎，以受万物之所归……自古建都之地，上得天时，下得地势，中得人心，未有过于此者也。"给予北京形胜以无可比拟的评价。

古人在建城方面，主要讲究坐北朝南、西北乾地、前水后山、四灵得位等原则。北京作为都城，遵循上述原则时无不与西山有着密切联系。

1. 坐北朝南、西北乾地

坐北朝南是中国古代讲究的地理方位。《易经》云："圣人南面而听，天下向明而治。"孔子解释："为政以德，譬如北辰，居其所而众星共之。"坐北朝南成为"负阴抱阳"的基本形式以及权力与尊严的象征。由此，坐北朝南便是中国古代方位理念的主体内容，以及最高级的正向之位。历代统治者在修建北京城时深受这种观念影响，因此奠定了坐北朝南的建城、置宅，甚至街道走向的基本格局。坐北朝南展现了京都威严，西山在北京城之右，便成了为其增添王者气象的"神京右臂"。

除了以"神京右臂"之位成为北京城的"扶手"，西山也以其西北的地理位置而成为北京城的"乾地"。《易经·说卦传》载："乾，天也，故称父。"乾在中国古代指代天、父，这是众所周知的。但少有人知晓，在中国古代文化体系中，乾之卦象在西北。《易经·说卦传》有："乾，西北之卦也，言阴阳相薄也。"西山位于北京西北部，自然便是对应乾卦所在。古人视西山为北京城的"乾亥之地"，且以"增王气""圣寿无疆""皇图巩固"等词毫不吝啬地赞美其重要地位，体现了西山在北京城建设体系中的特殊地位。

2. 前水后山、四灵得位

古人在择选建城之地时还讲究"前水后山"的格局。前有水，予人以生气之象；后有山，予人以踏实稳当之感。古代方位，山南水北为阳，山北水南为阴。前水后山无疑也是古代践行"负阴抱阳"理论的一种重要形式。因此，前有明堂开阔、后有靠山稳当便成为中国古代建都、置宅选址的重要原则。北京城的选址遵循了"背山面水"的原则。前有永定河、拒马河等曲水面阔，后有燕山、西山等山脉为靠，其地理形胜上山环水抱、龙盘河济，使北京获得最上乘的中国古代传统地理学系统中气、势、形、理等诸要素，成为名副其实的宝地。值得一提的是西山虽然主体在北京城西侧，但其延伸向东北至关沟一段却也在北京城之北，因而亦属北京城背山。

此外，中国古代素有"四灵得位"一说。《三辅黄图》卷三载："苍龙、白虎、朱雀、玄武，天之四灵，以正四方。"与之对应，则为东青龙、西白虎、南朱雀、北玄武，亦即左青龙、右白虎、前朱雀、后玄武。此四者是为"四灵"，即"四方之神"。建都、置宅若四灵协和，共同守护，便是"四灵得位"，可谓宝地。

西山所在之位便是"西白虎"所在。东晋郭璞奠定"四灵得位"的理论基础，其提出"白虎驯俯，不可抬头"原则，即认为"西白虎"的山应较背山与青龙为低，且于城而言有层降朝拜形势，如此方为得位，这一理念深入人心。西山整体海拔较燕山为低，自西北向北京城所在的东南小平原分列4条山脉，呈现层层降势、步步朝拜之姿，正是"四灵得位"之象。

二、文化层累、人心归真——北京城的扩张与休憩

北京西山地区的文脉历史悠久，文化景观的层累深厚而复杂，是北京市文化景观最密集的区域之一。西山与北京城的空间距离恰到好处，给予北京城里人一种难得的静谧。西山的自然质朴、原始野趣与城中的喧闹嘈杂形成了鲜明的对比。这些促使西山成为北京城里人寻求返璞归真之地。

（一）文化景观的层累之地

文化景观的概念于1925年由美国文化地理学家卡尔·索尔提出，他认为："文化景观是由文化群体对自然景观作用所塑造出来的。其中，文化是代理者，自然区是媒介，文化景观是结果。"[1]此后，英国历史地理学家达比又提出"任何一种文化景观都是由不同历史时期的文化叠加而成，历史文化景观就是历史文化层的不断叠加"，以及"可以采用横剖面的方法，通过一系列横剖面的复原来恢复某一地区地理景观的变化过程，从而为现代地理景观的特点做出发生学的解释"[2]的观点。按此观点，西山的文化景观是由不同历史时期文化叠加的结果。普遍认为，辽定南京为西山地区文化层累之始，金迁中都则促使层累进程加快。而自辽代以来北京西山文化景观的层累从未中断（见表1-7）。

---

[1] C.O. Sauer. *The Morphology of Landscape.* Berkeley: University of California Publications in Geography, 2（2）. 1925.

[2] H. C. Darby, *An Historical Geography of England Before 1800.* Cambridge: Cambridge University Press, 1948；*On The Relations of Geography and History.* Transactions and Paper, Institute of British Geographers, 19（1953）.

表1-7 辽代以来北京西山文化景观概况

时代	主要文化景观	主要文化功能类型	剖面	集中区域
辽代	寺院：上方院、清水院、香水院、白瀑寺、灵光寺佛舍利塔 陵墓：香山北辽皇帝耶律淳陵	主：宗教活动 次：山水游乐、文学艺术创作	较薄	远郊名山 山前平原
金代	行宫：西山八大水院 工程：西山下金口河、玉泉引水工程 陵墓：沿山墓园	主：宗教活动、陵墓文化 次：山水游乐、山水审美、文学艺术创作	薄	山前平原 近郊名山
元代	工程：通惠河（塑造瓮山泊），金水河（引玉泉山泉水入大内） 寺庙行宫：大护国仁王寺、大承天护圣寺、卧佛寺铜卧佛等 游览区：瓮山泊一带（昆明湖） 郊居地：海淀地区	主：宗教活动、水利设施 次：山水游乐、山水审美、文学艺术创作	薄	山前平原 近郊名山
明代	园林：山前平原多所园林别墅 陵墓：沿山一带200余位王、公主、嫔妃墓地，景泰皇帝朱祁钰陵 寺庙：宦官于西山大建寺庙	主：宗教活动、山水游乐、陵墓文化 次：文学艺术创作 再次：山水审美、考察研究、军事屏障、爱国情怀	厚	山前平原 沿山一带 远近郊山
清代	园林："三山五园" 民俗：妙峰山、九龙山等庙会、花会	主：宗教活动、山水游乐 次：山水审美、文艺创作 再次：科考、爱国情怀	较厚	山前平原 近郊名山

时代	主要文化景观	主要文化功能类型	剖面	集中区域
民国	教育机构：燕京大学、清华大学、辅仁大学的前身辅仁社等 慈善机构：香山慈幼院 中外交流：中法大学、法国诗人圣琼·佩斯创作诺贝尔文学奖作品《远征》、法国医生贝熙业建房居住 革命因子：孙中山逝世停灵碧云寺、抗日根据地所在地 地质考察：《北京西山地质志》《北京西山地质图》 园林别墅：双清别墅等	主：考察研究 次：山水审美、文学艺术创作、爱国情怀、科学教育 再次：休闲度假	较厚	山前平原远僻山沟
新中国	革命史迹：新中国成立前夕，中共中央进驻香山 工业遗产：石景山大型钢铁厂、采矿场、西山林场等多所林场 建筑：山前平原出现一批优秀近现代建筑 地质考察：永定河峡谷等地质科考 自然保护：百花山自然保护区等多个保护区	主：山水游乐、山水审美、文学艺术创作、考察研究 次：爱国情怀、科学教育、休闲度假 再次：野营	最厚	山前平原远郊名山整体开发

由表1-7可知，西山地区文化层累的分布虽有厚薄之差，但层累延绵不绝，文化功能逐渐多样，呈现良好的发展趋势。此外，西山文化层累集中地域的差异也体现了北京城的扩张，直观表现了北京城与西山的空间关系。仅从山前平原来看，历代文化景观大都集中于此，而此地的主要特点便是距离历代的都城较近。可见，西山地区文化主体实际是北京城文化扩张的产物。西山与北京城近距离的空间关系，

既便于北京城内文化主体（即人）在此进行一系列文化活动，又可从中获得不同于城内的体验，可谓恰到好处。西山与北京城的空间关系实在可用一个"妙"字来形容，体现了西山与北京城密切的历史发展关系。

（二）京城俗世的归真之所

北京西山与北京城的距离既不似离燕山那般遥远，又非直逼城下，自银锭桥上西望便可隐见其貌的这种欲说还休的空间感，使得西山总能给北京城里人一种难得的静谧，逐渐成为北京城里人寻求返璞归真之所。

中国古代的京城中上自皇帝、下至普通百姓都曾在西山寻求心灵的休憩。北京人在西山的归真之旅，主要表现在两种形式上：其一，将西山作为灵魂的归宿；其二，将西山作为心灵的休憩之所。

1. 灵魂归宿

古人讲究"事死如事生"。《荀子·礼论》云："丧礼者，以生者饰死者也，大象其生，以送其死也，故事死如生，事亡如存，终始一也。"古人崇信人死之后于阴间仍会过着类似于阳间的生活，因而陵墓的地上、地下建筑及随葬生活用品均应仿照世间设置。因此，陵墓被古人视为死后所居"宅第"，挑选葬地时尤为慎重。

西山为名副其实的宝地，风景怡人，又与北京相距较近，许多京城名人的死后"宅第"建于此处。首先，许多帝王贵胄皆选择在西山地区建墓。仅有明一朝便有200余位王、公主、嫔妃选在西山沿山一带建墓。其次，历朝历代的名士多有择西山建墓者。例如，诗人贾岛、名僧姚广孝、梁启超、李大钊等人的陵墓皆在西山地区。另外，在明末政治上发挥重要作用的宦官因无后而不能归葬祖陵，为使死后有所归宿，他们也将目光聚焦西山。有明一代，大量宦官通过在西山造寺建庙，成为香主，以求死后香火，达到有所归的目的。

2. 心灵休憩

北京作为京师，是金朝以后历代王朝的政治、文化中心。京城中上自帝王、下至平民百姓都需要在日常的生活中得到心灵休憩,因而都向往到花园中走走,放松心情。西山是北京人的天然后花园,四时变迁,民众的游乐活动也随之而变。春日赏花,夏日避暑,秋日登高,冬日观雪,在西山百里山川之间的四时乐事无穷无尽。

历朝历代的人们都为西山美景所倾倒。许多人留下诗词歌赋以称颂西山。例如,《宛署杂记·志遗三》中明代大文人王鏊《游京城西山三首》诗曰:

赏心多与宦情违,三载来游一日归。树下杯行殊草草,水边人去更依依。郊原却略青骢度,天水苍茫白鸟飞。回首青山应笑我,漫将尘土涴苔衣。

此外,明、清时西山的妙峰山庙会、九龙山庙会等民俗活动也是北京城里人走出都市而回归田野的重要活动。人们在此祈福还愿,逛庙会,游景赏花,既是一种身心的放松,亦是表达对未来的期望。

第二章

都城所依

——西山功能的演变与北京城的历史关系

北京西山地区是北京地区人类最早涉及的活动区域，自北京猿人至今已有50万年的历史。在这漫长的岁月中，西山的历史文脉一以贯之，从未中断，堪称奇迹。而自蓟、燕建城以后，西山更是与北京城的发展相依相辅。西山在中国历史的每一个重要阶段都能充分体现其历史文化价值，从而使其历史脉络与北京城的发展脉络相融合，为北京历史写下了浓墨重彩的一笔。

第一节 原始家园：早期人类活动的区域

早在20世纪20年代，考古工作者就在北京西山范围内的房山区周口店龙骨山发现了北京猿人的头盖骨，揭开了西山地区、北京地区乃至中国原始社会的神秘面纱，从而震惊了世界。此后，经过几代考古工作者的不懈努力，在北京猿人的基础上又连续发掘出山顶洞人、东胡林人等新石器时代人类化石，使整个西山地区的古人类活动时间未曾中断，从而成为中国乃至世界的人类文化遗产。

一、西山地区古人类遗址发掘历史

北京西山生态环境多样、地理风貌齐全、自然资源丰富、气候温暖适宜，为古人类生存提供了优良的天然场所。因此，自旧石器时代直立人至新石器时代现代人的古人类化石与活动遗址在北京西山地区都有考古发现（见表2-1）。

表2-1 北京西山地区主要古人类化石、活动遗址

时代	所属时期	古人类化石、活动遗址	地点
旧石器时代（约250万～1万年前）	旧石器时代早期（直立人阶段）	"北京人"洞（猿人洞）	房山周口店镇龙骨山
		周口店第13地点	房山周口店镇
		周口店第13A地点	房山周口店镇
		灰峪仙人洞（周口店第18地点）	门头沟军庄镇灰峪村
	旧石器时代中期（早期智人阶段）	新洞人	房山周口店镇
		半壁店遗址	房山坨里乡半壁店村
		周口店第15地点	房山周口店镇
		周口店第3地点	房山周口店镇

时代	所属时期	古人类化石、活动遗址	地点
旧石器时代（约250万～1万年前）	旧石器时代晚期（晚期智人阶段）	周口店第22地点	房山周口店镇
		前桑峪人	门头沟斋堂镇前桑峪马兰台地
		磁家务遗址	房山河北镇磁家务村西北
		王平村遗址	门头沟王平村
		田园洞人	房山区周口店镇
		山顶洞人	房山区周口店镇龙骨山
		西胡林村遗址	门头沟斋堂镇军响乡西胡林村
		齐家庄村遗址	门头沟清水镇齐家庄村
		燕家台遗址	门头沟清水镇燕家台村
		珠窝遗址	门头沟雁翅镇珠窝村
新石器时代（约2000～5000至1万年前不等）	新石器时代早期（现代人）	东胡林人	门头沟斋堂镇军响东胡林村西
		天仙背洞遗址	门头沟斋堂镇所辖沿河城黄草梁南麓天津关
		大东宫遗址	门头沟斋堂镇沿河城大东宫村
	新石器时代中晚期（现代人）	雪山文化遗址	昌平南口镇雪山村
		马坊遗址	昌平马坊镇
		西大台遗址	门头沟斋堂镇西大台村
		镇江营遗址	房山大石窝镇镇江营村
		丁家洼遗址	房山城东北3千米丁家洼村
		檀木港遗址	房山城关街道丁家洼村北
		坟庄遗址	房山长沟镇坟庄村东北

由表 2-1 可知，西山地区至今发掘的主要的旧、新石器时代古人类遗址总计已达 28 处。[①] 其中，发掘地域主要集中在房山区周口店一带及门头沟区斋堂镇与清水镇一带。时间上，自约 60 万年前旧石器时代早期的北京猿人至距今 4000 年左右镇江营新石器时代晚期，完成了直立人向晚期智人的转变。遗址年代一脉相承，形成北京猿人—新洞人—田园洞人—山顶洞人—东胡林人—雪山文化—镇江营等的文化年代接续体系，中间未曾出现文化断裂，具有较好的系统性，这在国内外实属罕见，具有极高的文化遗产价值。

另外，从地形差异来看，旧石器时代人类以狩猎和采集为主，生产力低下，只能采用穴居的方式。北京西山东南角房山一带的山前台地，水源充足，野生动植物资源丰富，又有大量石灰岩水蚀形成的溶洞，正好适合人类居住。因此，房山区周口店一带成为北京猿人、新洞人等旧石器时代人类的聚居之所。而门头沟区的灰峪仙人洞虽不在房山，亦是穴居之处。

进入新石器时代，由于地质结构的变化，以及地震等诸因素，岩壁崩塌、洞穴填塞，洞穴不再是人类的最佳居住场所。另外，原始农牧业兴起，需要更多平坦肥沃的耕地，这也是洞穴难以满足的。因此，在距今 2 万年前，北京猿人渐渐离开洞穴，走向平原、山前冲积扇、平坦盆地或其他地方。在西山地区，这些地形集中于马兰台地、拒马河出山平原、永定河出山平原及斋堂系列谷地一带。因此，包括东胡林人在内的新石器时代遗址几乎皆位于马兰台地等山前台地、山间盆地和山前小平原地带。

由西山地区古人类遗址的分布地点分析，可以管窥北京猿人在旧石器时代和新石器时代聚居地的选择、生活空间的移动、生存环境的变迁，以及在西山范围内的迁移路线等，对考古学、人类学、历史学等学科研究有重要意义。

---

① 房山区周口店河东太平山附近二级、三级阶地上发现十余处旧石器时代中期遗址，但规模较小，又无明确命名，故暂不录入。

二、西山地区著名的古人类遗址（以时代降序）

西山地区的古人类遗址极为丰富，西山一系的古人类文化遗址具有接续性，自旧石器时代早期至新石器时代晚期皆有闻名于世的代表性文化遗产。下文对这些古人类文化遗址以时代降序逐一介绍。

（一）北京猿人遗址（旧石器时代早期）

图 2-1　北京猿人头部复原像

该遗址位于距离北京城 42 千米的房山区周口店龙骨山。该遗址自 1921 年 8 月开始发掘，先后出土了大量动物化石；1926 年瑞典地质学家安特生发现两枚古人类牙齿；1929 年 12 月 2 日中国古人类学家裴文中在猿人洞中发掘到一个北京猿人（见图 2-1）头盖骨化石。这标志着北京历史的开端。从出土层位看，这些北京猿人个体应为生活在距今 46 万～23 万年旧石器时代早期的晚期直立人。在遗址中又发现了几个大灰烬层，表明北京猿人可以用火且有控制火的能力，出土的千余件打制工具证明其拥有制造与使用工具的能力。北京猿人遗址是世界上出土古人类遗骨和遗迹最丰富的遗址，是亚洲大陆史前人类遗存的宝库，展示了人类演化历程。1961 年，北京猿人遗址被列入首批全国重点文物保护单位。1987 年，联合国教科文组织将北京猿人遗址列入中国首批《世界遗产名录》。

（二）新洞人遗址（旧石器时代中期）

该遗址位于龙骨山北京猿人遗址以南约 70 米的洞穴，此洞与北京猿人遗址相通，但相互区分，故称为新洞人。1967年，该遗址由几名外地中学生在周口店北京猿人遗址参观时发现，1973年3月开始发掘。该遗址的堆积年代距今20万～10万年。在发掘中发现哺乳动物化石及一枚人类左上第一臼齿，臼齿形态介于北京猿人和山顶洞人之间。因此，新洞人属旧石器时代中期的早期智人。该遗址中曾发现2件磨过的骨片，被认为是中国最早的磨制骨制品，代表一种新的磨制工艺技术的开端。新洞人的发现解答了北京猿人之后与山顶洞人之前周口店一带是否有人类居住的科学疑问，对于整个西山地区乃至北京的古人类进化连续性具有重要意义。

（三）田园洞人遗址（旧石器时代中晚期）

该遗址位于北京猿人遗址西南约5千米的房山区周口店田园林场内。2001年春，田园林场工人寻找水源时在半山腰的山洞中发现了一些动物骨骼化石。2003年正式开始发掘，同年6月发现古人类和哺乳动物化石。2007年，对田园洞人的骨骼化石进行放射性碳定年法分析，证明其生存年代距今4.2万～3.85万年，属于晚期智人或早期现代人，比山顶洞人提早1万多年，是至今为止欧亚大陆东部最早的现代人类遗骸。据美国人类学家埃里克·特林考斯（Erik Trinkaus）研究，田园洞人的纤细趾骨表明其已开始穿鞋。另外，研究人员在研究上进行新技术尝试获得突破，成功辨识人类DNA并提纯，使田园洞人成为第一例被获取核DNA的早期现代人。如今，田园洞已被定为"北京古人类遗址第27地点"。虽然目前尚未发现田园洞人头盖骨，但发现的古人类化石可弥补山顶洞人化石遗失的部分缺憾。

（四）山顶洞人遗址（旧石器时代晚期）

该遗址位于北京市周口店龙骨山北京人遗址顶部，因在山顶的洞中而得名。该洞发现于1930年，1933—1934年由古人类学家裴文中主持发掘，出土了丰富的人类化石与文化遗物。其中包括3个完整的人头骨和其他人骨，人骨周围散布着赤铁矿粉末，并与人类化石一

图2-2 山顶洞人头部复原像

起出土了石器、骨角器与穿孔饰物，以及中国迄今所知最早的埋葬遗迹。山顶洞人（见图2-2）的生活年代曾被认为距今1.8万年，20世纪90年代重新测定其生存年代应为距今3.4万～2.7万年，属晚期智人或早期现代人。山顶洞人在死者周围撒赤铁矿粉末这一现象，有人认为是一种原始的宗教信仰，有人认为是用来驱赶野兽、防止野兽啃食尸体，亦有人认为这种现象反映了原始人对火的崇拜。这些都证明山顶洞人极可能有一定的生死观念，并形成了葬俗。在山顶洞遗址中发现了大量装饰品和缝制衣服的骨针，说明山顶洞人已有爱美观念。装饰品中的小石珠与中间钻孔的小砾石证明他们已掌握磨制与钻孔技术。在山顶洞遗址中发现的赤铁矿、海蚶和厚壳蚌皆非本地所产，说明山顶洞人的活动范围已相当大，标志人类认识与利用自然界的能力有了提高。山顶洞人遗址是中国自发现北京猿人以后另一处重要的旧石器时代晚期遗址，是早期人类发祥地、世界文化遗产之一。

（五）东胡林人遗址（新石器时代早期）

该遗址位于门头沟区斋堂镇东胡林村西侧，永定河支流清水河北岸高出河床29米的二级阶地的马兰黄土台地上。1966年，北京大学地质地理系学生郝守刚在门头沟区实习期间发现人骨化石后开始进入挖掘阶段。此后挖掘出了有轻微石化的3个个体人骨，以及一批新石器早期的陶器、石器、骨器、装饰品与烧火遗迹等文化遗存。其中，人骨分别来自一个16岁少女与2个成年男子，距今约1万年，为新石器时代早期遗存，是中国完整程度最好且最早的新石器早期人类骨架。由此，东胡林人为世人所知。2001年，北京大学考古文博学院联合北京市文物研究所又对东胡林遗址进行了新的发掘。[①]此次发掘，除弄清了遗址的文化堆积情况，出土了包括石器、陶器、残存人骨、动物骨骼在内的一批重要遗物外，还发现了人类烧火灶址5处，其中一座灶址的底部用砾石块围成近似圆圈状，堆积的灰烬呈不规则圆形，灰烬内包含烧过的砾石块和动物骨头。这为探索整个永定河流域的新石器时代早期人类及其文化提供了重要素材。考古发现表明，东胡林人是北京新石器文化的创造者，是以后新文化的先驱（见图2-3）。

图2-3 东胡林人生活场景复原浮雕

（六）雪山文化遗址（新石器时代中晚期）

该遗址位于昌平区南口镇公路南侧的雪山村，1958年发现，1961年正式命名为"雪山文化遗址"，1962年开始发掘。整个遗址面积共1平方千米，分布在雪山村西北高、东南低的东南台地上。遗址主要分3期，早期距今约6000年，二期距今约5000年，属于新石器时代中期向晚期转化及晚期的原始社会末期，相当于母系氏族社会向父系氏族社会转化时期。雪山文化晚期近似于夏家店下层文化与中原地区的商文化时期，距今4000年左右。雪山文化遗存层立体而多样，其所在地域位于山前小平原，是西山地区旧、新石器文化由穴居向平原过渡，以及新石器向商周国家体制文化过渡的综合体现。

① 赵朝洪、郁金城、王涛：《北京东胡林新石器时代早期遗址获重要发现》，载《中国文物报》，2003年5月9日。东胡林考古队：《北京新时期早期考古的重要突破，东胡林人引起广泛关注》，载《中国文物报》，2003年11月7日。

（七）镇江营遗址（新石器时代晚期）

该遗址位于房山区大石窝镇镇江营村东北北拒马河西岸的台地上。该遗址是在1958年全国文物普查时发现，面积达数万平方米。镇江营遗址中包含新石器时代遗存和商周遗存，其新石器时代遗存可分为4期，从一期的新石器时代早期，跨越二、三期的新石器时代中晚期至四期的新石器时代晚期，发展序列颇为完整，具有较高的研究价值。其中，一期距今7000年左右，有学者认为其乃北京西南地区新石器中期文化的代表，填补了房山区一带山顶洞人以后的新石器时代文化的空缺。二、三期又是铜石并用时代早段的文化遗存，具有地域上的典型性。镇江营四期遗存早段的年代约相当于龙山文化晚期，为铜石并用的中段时期，晚段的年代似乎已进入夏朝，其遗存的器形种类较多，有较多外来文化的因素。整体来看，镇江营遗址集合了新石器时代向商周时代过渡的文化遗存，是北京西山地区原始社会的绝唱，以及北京地区商周社会的开端之一。

综上所述，从五六十万年前的北京猿人到五六千年前的镇江营等新石器时代晚期遗存，北京西山地区的古人类的繁衍从未间断。

第二节　藩篱关隘：民族纷争与交往的见证

北京西山是太行山余脉的最北端，拥有连绵的高山峻岭，自古以来号称"神京右臂"。从西山东南可俯瞰华北平原和雄伟京都，西北连接黄土高原和内蒙古草原，直达塞外，既是天然屏障，也是内外通衢。因此，定都北京的历代统治者都要在西山一带建立重要的军事据点和系统的军事防线，利用其天然地貌与军事设施相结合，构成中原王朝阻挡北方少数民族南下的藩篱。

太行山脉有8条东西贯穿的天然大峡谷，即闻名于世的"太行八陉"。这八陉是中国古代连接华北平原、黄土高原和内蒙古草原之间的主要通道，其中军都陉便是北京西山与燕山的分界线。除了这些大的峡谷通道，大西山群峰中还有很多崎岖狭窄而隐蔽的山间小路，历史上的北方民族曾多次利用它们南下。另外，大西山本身就是一处物产丰富的天然大宝库，加之贯通京畿和黄土高原、内蒙古草原的交通优势，因此又成为历代商贸往来的天然区域。

一、民族对峙与冲突时的藩篱

北京西山亦可称为北京的西大门，其雄伟高峻、谷深林密，形成一道天然屏障。大山两边又属不同的经济区，农耕与游牧的自然分野又使其成为两边民族生活区域的分界线。由于历史上不断发生民族冲突，中原王朝总是试图通过修长城、建关城、屯兵驻守等方式加强西山区域的军事防御设施，将西山打造成阻隔北方少数民族南下的坚固藩篱。

（一）西山地形的屏障作用

西山地处中国第二、三台阶地形的过渡地带，位于北京平原与内蒙古高原、黄土高原之间。中国的地形整体呈现西北高、东南低的趋势，而西山也呈现出由西北向东南逐次降低的4道阶梯的地形。

第1道阶梯：自西北的"北京之巅"东灵山（2303米）向东偏北延伸，顺次为韭菜山（1922.1米）、黄草梁（1732.7米）、笔架山（1448米），隔着永定河往东接八达岭，再隔着居庸关所在的关沟与军都山相对。

第2道阶梯：自东灵山南侧，绕金树塔山（1611米）而向东，经白草畔（2035米）、百花山（2218米）、髫髻山（1524.7米）、清水尖（1527.8米），隔永定河连接妙峰山（1290.7米），至西南连接野三坡，于东北连接驻跸山、神岭峰。

第3道阶梯：自位于老龙窝与髫髻山之间的大寒岭灰树塔尖，趋向东南，经水峪东大尖（1360米）、铁坨山（1102.7米）、绝石梁（923.8米）、九龙山，隔永定河连接香峪大梁。

第4道阶梯：从铁坨山向东南、绝石梁向南，两线相会于马鞍山，隔着永定河与石景山相对。

这4道阶梯自西向东依次大体呈平行状排列，彼此之间以沟谷相间，山高而谷深。这种地形在地质学上称为"隔挡式"的褶皱山脉（亦形容为"多"字形），山险水急，不利于骑兵行军，对阻隔或延缓西、北两方少数民族的侵扰具有重要作用。几层阶梯的平行化分布又是天然的纵深防御屏障，是难得的易守难攻之地。

因此，西山拥有天然的屏障作用，有不少地方甚至具有"二人守关，可挡百人进攻"的所谓"百二河山"之形胜优势。

（二）西山周边历代建置与民族对峙概况

西山所属的太行山脉自古便是中原汉民族与北方少数民族的分界线。中国古代在西山一带的政治建置往往随着民族间的对峙情形而改变。

按《禹贡》中关于"九州"所述，西山地区属古代冀州。冀州与雍州在九州之中位置最北，其北界以外皆为传说中的荒野之地，即游牧民族所在地。可见，华夏文明之初，西山地区就已处在农耕文明与游牧民族的分界地域。

商周之时，西山地处幽州。北京小平原在周武王时期分封蓟国、燕国，两国都城都在西山东南山麓平原一带。此后燕国吞并蓟国，迁都蓟城，此地由燕国主导，春秋战国一以贯之。燕国主政初期，西山地区仍有山戎盘踞，西山之西为春秋强国之一的晋国，国土之南为另一个强国齐国，东边亦有东胡威胁。是后，燕国经过几百年发展，将山戎驱赶出西山、北山，千余里外袭破东胡，拓土开疆，壮大国力，直到位列"战国七雄"之中。东汉应劭《风俗通》载："燕外迫蛮、貊，内错齐、晋。崎岖强国之间，最为弱小，几灭者数矣。"燕国驱离山戎后，西山地区便成为燕国与山戎、东胡、匈奴、晋国的交界区域。

秦王政二十五年（公元前222），秦灭燕国，在此地置广阳郡。秦王政二十六年（公元前221）秦一统六国，后分天下为三十六郡，西山地区属于上谷。秦灭汉兴，西汉在全国实行郡国并行制，西山地区东北分属广阳国，西北属上谷郡沮阳县地，西南则属涿郡。这种政治格局相沿至东汉。秦汉之际，西山隔绝的主要威胁为北边的游牧民族匈奴，以及东边的东胡族。

三国魏时，西山地区西北属上谷郡沮阳县地、东部属燕国幽州管辖、西南为范阳郡涿县地。西晋则分属上谷郡、范阳国与燕国。南北朝之时，西山地区则属上谷郡、范阳郡与燕郡管辖。三国两晋之时，西山地区主要是防御游牧民族鲜卑。南北朝之时，西山地区则常为隔绝突厥、西奚、柔然等民族。

隋朝时，西山地区则大部分属于涿郡。唐代时，西山全在幽州管辖内。具体言之，东部属蓟县，西部属怀戎县。天宝元年（742），东部属河北道范阳郡蓟县，西部属河北道妫川郡怀戎县。宝应元年（762）东部改属广平县。建中二年（781）置幽都县，此为在西山地区内设县的开始。乾宁三年（896），幽州卢龙节度使刘仁恭又在西山境内析矾山县置玉河县。五代时，西山地区则由妫州、幽州、涿州分辖。隋唐五代时，西山一直是防御北方突厥、契丹等民族入侵的前沿阵地。

辽代西山地区总属南京道幽都府管辖，具体在玉河县、矾山县、良乡县境内。开泰元年（1012）幽都府改析津府，幽都县改宛平县。

北宋宣和五年（1123），宋收复燕京，改析津府为燕山府，西山地区亦为下属，主要用以防范女真金人攻袭。

金天会三年（1125），北宋燕山府改为析津府，西山地区改由其管辖。金天眷元年（1138），撤玉河县，并入宛平县。海陵王迁都中都后主要属中都路大兴府宛平县、良乡县，西南部分属涿州。金代西山地区主要为了防御西辽及蒙古各部侵扰。

元代西山主体所属的宛平县先后隶燕京路、中都路、大都路下大兴府和大都路总管府。元初沿河城地带属德兴府矾山县，后改属保安州矾山县。西山境内由玉河乡、京西乡、斋堂乡具体行政管辖，后来王平口司范围亦属斋堂。

明代宛平县先后属北平府与京师顺天府。永乐十一年（1413）设宛平县卢沟桥、石港口、齐家庄、王平口四巡检司具体管辖西山地区。嘉靖三十三年（1554）沿河城一带亦归宛平县。西山地区一直是明代防御北方蒙古诸部进攻的前线，后来又成为抵御后金女真人南侵的重要屏障。

清代宛平县先后隶属京师顺天府和顺天府西路厅。

民国时期西山地区建置多次更迭，此处不再详细介绍。新中国成立以后，西山地区主要由龙泉、永定、潭柘3镇构成，此3镇属北京市门头沟区管辖，余下各乡镇仍归属宛平县与房山区。1952年9月，撤宛平县、门头沟区、矿务局，成立京西矿区。1958年5月恢复门头沟区（今范围），自此以后西山主体在门头沟区，余属房山、海淀、昌平、石景山、丰台等区，延续至今。

（三）西山周边历代军事防御措施

如上文所述，北京西山地区在历史上多为中原王朝的统治区域，却也长期作为中原王朝与游牧民族对峙的边界，具有防御游牧民族等外部势力入侵的屏障作用。西山地区山岭绵延、沟壑曲折、森林茂密、物产资源丰富，是兵家筑城驻防的首选之地。因此，历朝历代都在西山及周边地区修建了大量深沟堑壕、烽火烟墩、堡垒城堞、长城敌楼等军事设施，包括长城、关隘、关城、屯堡、道路等。

春秋战国时期，燕惠王元年（公元前278），燕国为北防山戎、东胡、匈奴等部南犯，西御代、赵两国东侵而开始修筑长城。西山地区随之亦建起长城与关塞。秦汉时北筑长城以抵御匈奴。

三国时期，曹魏统治北方，魏国的镇北将军刘靖就在西山一带的模式口隘口活动。南北朝时期，为防范北方柔然等游牧民族南侵，北魏北筑长城2000余里。北魏太平真君七年（446），修筑了著名的"畿上塞围"，史籍载："发司、幽、定、冀四州十万人筑畿上塞围。围起上谷，西至于河，广袤皆千里。"此次修筑虽未明确提到西山，但其亦在北魏防线上，境内定有相关防御工事。东魏武定三年（545），曾在西山地区王平镇河北村修建军事城池，以防御库莫奚与柔然的入侵。接续东魏的北齐对西山一带的边城修筑十分重视。北齐天保三年（552）至天统年间，为防柔然、突厥、契丹等游牧民族的南下，曾经几次大规模地修建长城。其中在南侧修建的"重城"西起偏关，经雁门关、平型关、居庸关至怀柔县北部与外长城相合，其中的平型关至居庸关一段经过今西山地区的门头沟区境内东灵山、黄草梁、大村一线，至今尚有总长约5400米遗存。北周灭北齐后，为遏制突厥的南侵，也继续修筑长城。

隋统一全国后，为抵御北方突厥的南侵，曾先后7次修筑长城，西山地区也是防御重点区域，多次在西境与北边修筑长城。唐朝时，西山是燕蓟防线的重要边线。唐末，卢龙节度使刘仁恭选定一块四面悬绝、平坦开阔又易守难攻的区域营建其军事指挥部和军事基地——大安馆。他在山势险峻的地方设置军事设施，加紧练兵，并派重兵驻扎，其区域涉及今房山、门头沟和涞水部分地区，主体部分均在西山地区。五代后唐时，辽兵时常南下抢掠财物，尤其是从涿州（今河北涿州市）向幽州运粮时常遭劫掠。长兴三年（932），赵德钧守卢龙（治幽州），在闫沟（今西山地区境内的良乡镇）修筑军城，迁良乡县治于此，并派兵驻守。从此，辽兵退走。辽朝占有西山，便设青白军兼西山巡都指挥使，统管各处关口要道，又增设乡兵各守西山诸村寨。北宋联金灭辽后取得幽州，置燕山府。为防金军，宋廷自易州向北以至居庸关皆派驻重兵防守，并切断西山所有的东西道路。金朝为防范北方日益强大的蒙古，曾几次大规模修筑边堡、界壕或壕堑。明嘉靖二十三年（1544），翁万达"就金长城增筑"，修筑了西关和外三关长城，筑成长1026千米。其间紫荆关至居庸关的一段经过西山地区西部，可见金代长城亦有西山一段。金朝时在西山山区内也有驻军。这从金中都被蒙古攻破后，西山与山后一带仍有靖安民率领的义军坚持长期活动便可见一斑（见《金史·靖安民列传》）。

金末元初，蒙古军占领西山后在此驻军，尤其是斋堂川一带更是元帅军府所在。名道尹志平从通仙观回燕京途中曾向斋堂川驻军的蒙古长官告别，可证确有其事。

元末，为防明军北伐，曾在西山等地修建堡寨，如今仍可见多处遗迹。明朝建立后，北归元人侵扰从未停止。于是，为防蒙古诸部南侵，除永乐迁都而行"天子守国门"外，明廷还先后18次大规模修筑北边长城。《明史·兵志之三》载："元人北归，屡谋兴复。永乐迁都北平，三面近塞。正统以后，敌患日多。故终明之世，边防甚重。东起鸭绿，西抵嘉峪，绵亘万里，分地守御。初设辽东、宣府、大同、延绥四镇。继设宁夏、甘肃、蓟州三镇，而太原总兵治偏关，三边制府驻固原，亦称二镇，是为九边。"西山地区的长城便属"次边"的内长城西关防线。成化八年（1472），以巡抚余子俊筑延绥镇边墙为肇始，西山等地区连年修筑，墩堡相连，层层布防，在紧要之处又多重构筑，将通行人马的地方尽皆堵塞。嘉靖二十九年（1550），蒙古土默特部首领俺答汗南侵，威胁京师，明廷对蒙古采取"以守为经"的方针，更加重视长城的修筑，在此期间便修建了斋堂军城。万历年间又修置了为了西山防线指挥的沿河城，并且大修敌台。明代在西山地区实行卫所军户制度，从而形成了许多军户村落，如军庄、军响、沿河口、石港口（青白口）、东小龙门口（龙门口）、天津关（柏峪）、爨里口（爨底下）、燕家台、袁家坟等。据不完全统计，西山内此类村落总计30余个，均是军事战略要地，既是西山交通中的中转站，又是戍边屯兵的处所。清代在西山地区也沿袭这一制度。

清代时北京北边亦有蒙古诸部，因此在西山地区也设有军镇，如模式口，《光绪顺天府志·地理志》载："西北三十五里磨石口镇（今模式口），千总驻焉。"彼时模式口修筑围墙、设置谯楼、驻有重兵，日夜监守，车辆行人不得通行。可见清代西山此口依然是护卫京城的要塞。道光二十年（1840）鸦片战争后，清政府在三家店西南建神机营火药局，成为西山地区火器驻军的开始。光绪九年（1883），改为神机营机器局。

民国初年，又改为陆军部军械局。民国时期，西山地区曾是军阀混战、抗战、解放战争的发生区域，因此建有不少根据地与据点，如抗日战争时期西山地区的平西抗日根据地。新中国成立初期，西山地区一些重要的古道路口仍有解放军驻守或建有军事战备设施，如奴才岭、塔岭沟沟口、水花峪沟口等。

二、民族交往的通衢

北京西山地区虽然由其地形等因素而成为京都屏障，但也由其地形因素而有"太行八陉"中的军都陉及众多山间古道，形成了中原地区与少数民族地区在军事、商贸上的通道。这种情况历代相沿，促使西山地区成为北京地区各民族交往的通衢。

（一）西山地形中的交通便利

约2500万年前，受第三纪晚期的喜马拉雅山运动波及，西山地区向上抬升，怀来盆地（今官厅水库）的湖水沿裂缝向东南冲出下切，成为永定河山峡，在三家店附近出山，向北京湾平原一泻千里，其从黄土高原带来的泥沙沉积最终形成了北京冲积扇平原。这一山峡成为连接北京小平原和西北地区的一条天然通道，东胡林人等古人类由此渐渐进入西山地区繁衍生息。

西山地形为4条大梁呈"多"字形平行排列，具有天然的屏障作用。但每道大梁间又常有低山隘、长沟谷，便于翻山越岭、人马通行。这些天然的沟谷、低隘与陉道便是西山地区交通的基础道路。西山与燕山边缘"太行八陉"之一的军都陉（居庸关所在）便是著名的天然道路。

人类进入西山以后，不仅在沟谷、山隘间通行，还在南来北往、西去东回的交往中开辟出了许多山间小路。历代统治者为防守西山而大修军道，见诸史料的便有唐摘星岭道、五代李嗣源救幽州之道、五代周德威收燕之道、南山易州大路、辽代南暗口道、辽金皇太妃岭道、元斋堂诸道、明西山大道等。由此，最终形成了比较完整的道路交通体系。向西或西北形成南、中、北几条主路，主路南北两侧各有支路，构成纵横交错的道路网络；在西山内部连接各村镇及名山、古刹、长城；向外延伸则通往房山、怀来、昌平、涞水、涿鹿等地，东渡永定河，经石景山、海淀等区，最后到达北京核心区域。

（二）历代军事冲突

西山地区自古以来战事频仍，乃兵家必争之地。究其原因，其一，该地具有比较完整的道路交通网络；其二，该地具有东瞰燕蓟、西望代地、南通涿易的重要战略地位和交通地位；其三，该地地处蒙古高原与华北平原的交界处，乃汉族聚居区北端，游牧民族生活区南端，为农耕、游牧两大经济区交汇之所，农耕民族与游牧民族在交往过程中难免会有碰撞与冲突。

距今5000多年前，轩辕黄帝三战炎帝，其后黄帝、炎帝、蚩尤3个部落在涿鹿大战。这是最早波及西山地区的战争。黄帝擒杀蚩尤后统一各部落，建都于矶山（西山的东灵山），其城址至今仍有遗迹，后人称为黄帝城。黄帝建都后，在西山地区"披山通道"以逐鹿中原。这大概是西山古道修建的开始。

战国时，燕国在西山地区的斋堂川等地修建石城，用于防御和攻击山戎等游牧民族。秦王政二十年至二十五年（公元前227—前222），秦国攻灭燕国，西山地区也在攻伐范围内。西山地区的军庄出土的燕国兵器青铜剑、青铜戈等正是佐证。

秦朝时，匈奴雄踞北方草原。两汉时期，匈奴渐成北边大患。双方相互攻防，战和不定。西山地区斋堂川的大寒岭原名大汉岭，便传为汉与匈奴的分界线。而西山地区包括斋堂川等所属的上谷郡则是匈奴时常南下攻伐的重要区域，是秦与西汉对抗匈奴的重要阵地之一。

东汉初年，北方乌桓南下。直到三国时，魏武帝曹操取得柳城大胜后，乌桓南侵方告一段落。东汉末年，鲜卑兴起后南侵。这些游牧民族曾多次借道西山，侵入幽州。因此，西山地区曾是东汉抵抗游牧民族的防线之一。西山的东石古岩村曾发掘出汉代军屯遗址和烽火台遗址。

魏晋南北朝是中国北方各民族大融合的时期，各民族杂居的幽蓟地区成为汉族农业经济和北方游牧业经济之间交流的枢纽。贯通西山东南麓山前房山境内的南北大道成为魏晋军队南北奔袭作战的军事通道。晋建兴二年（314），石勒奔袭幽州，攻破蓟城，杀王浚。北魏时，孝昌元年（525年），杜洛周起兵，占据上谷（治西山西北，今河北怀来东南）。下一年，沃野镇鲜于修礼等人占据左城（今河北唐县境），攻定州城（今河北定县），破燕州城（昌平境内）。以上诸役皆利用了此道。

隋朝多有东伐高丽之举，文帝开皇十八年（598），炀帝大业七年至十年（611—614），曾3次出兵高丽。这3次征伐大军都曾经过西山东南麓。

唐太宗贞观十八年（644），李世民派李勣率步、骑兵6万及部分西北胡兵向辽东行军，进击高丽，其陆军行军路线经西山东南麓房山境内的琉璃河、豆店与良乡等地。玄宗天宝十四年（755）十一月，平卢、范阳、河东节度使安禄山举兵20万，出蓟城沿西山东南房山一线西出叛唐，即著名的"安史之乱"的开始。昭宗乾宁四年（897）九月，晋王李克用兵发太原，大举征伐幽州刘仁恭，初到蔚县，初五日经安塞（今河北阳原、涿鹿间），初九渡木瓜涧（位于西山地区），遇伏兵，仓促间于木瓜涧大败，死伤过半。这是唐代发生于西山地区的最大战役。

唐末五代时期，刘仁恭任幽州卢龙节度使驻大安山之时，多次遣军队逾摘星岭（西山大寒岭）袭扰契丹，双方于西山地区多有交战。

后梁太祖开平元年（907），后梁朱全忠派兵征讨刘仁恭父子于幽州城。刘守光入城据守，又出城击退后梁军，其后自称节度使，派兵攻西山地区的大安山，俘其父刘仁恭。后梁乾化二年（912），晋王李存勖派兵进攻幽州卢龙藩镇。大将李嗣本从雁北东攻，收复山后八军（今西山青白口、斋堂至涿鹿一带）。后梁乾化三年（913），后晋军遣大将周德威"抵桑干河，出安祖砦"，渡过永定河，行西山地区的河滩、三家店、五里坨、模式口、衙门口向东攻下幽州城，活捉了刘仁恭、刘守光父子。后梁贞明三年（917），卢文进杀晋新洲团练使李存矩，叛入契丹，引契丹兵马大举南侵，以精兵围攻幽州孤城。后晋李嗣源同养子从珂率3000骑兵为先锋走西山小道奇袭辽军营，大胜而解幽州之围。

北宋雍熙三年（986），宋太宗北伐辽国。辽将耶律休哥取西山间道奇袭以解宋军之围。《燕山纪游》记载其行军路线："出模式口至三家村（即三家店），浑河倒映，崖壁峭绝。"耶律休哥奇袭成功，宋军溃败。

北宋宣和四年（1122）十二月，金太祖分3路攻辽燕京，其中大将粘罕从南暗口出兵，其进军路线为奉圣州矾山县（今属河北省涿鹿县）经麻黄峪，登黄草梁，下天津关，至柏峪，出青龙涧，至斋堂，经大寒岭、王平口，东出门头沟，过永定河，直抵燕京城下。最终他袭击成功，金克燕京，辽亡。

金太宗天会三年（1125）十月，金发动伐宋之战。大将粘罕分兵易州，迫使宋将韩民毅投降，打开西山大门，后沿西山，出奇峰，取凤山（东灵山），驰于皇太妃岭道（黄草梁南侧山中古道），入昌平，自南向北，背击居庸关。宋军一触即溃，燕京落入金国之手。

宋、辽、金多年混战，交战双方互相追逐、争夺与厮杀的主要战场集中于今河北、河南两省与西山东南麓的房山、昌平、海淀等地。至今房山区民间还广为流传"杨家将英勇抗辽"的故事，海淀区也大量存在有关杨家将传说的地名。

南宋瑞平二年（1235），蒙古铁骑借道紫荆关，以及西山地区的黄草梁、天津关出山，突然来到金中都城下，一举灭金。

明正统十四年（1499）七月，蒙古瓦剌也先入侵。明英宗在太监王振鼓动挟持下，下诏亲征。明军至土木堡，被瓦剌攻击，英宗被俘，史称"土木之变"。这次攻伐范围极广，死伤数十万人，西山地区亦受波及。正德十一年（1516），蒙古铁骑进犯西山地区沿河口，宛平县居民及时上山，将蒙古兵阻退。嘉靖二十九年（1550），蒙古土默特部首领俺答汗因贡市不遂发动战争，自西山西北攻入，威胁京师。崇祯三年（1630），后金皇太极率军由疏于戒备的西线进攻，西山沿河城守备毛立芳等出战，兵至东灵山脚下九龙凹，与后金军相遇，毛立芳被俘，怒骂而自刎。明援军后至，追歼后金军于牛角岭。

崇祯九年（1636），清兵西入西山五口，入侵斋堂川，蹂躏劫掠一番才离去。崇祯十七年（1644）三月中旬，李自成坐镇阜成门外定慧寺，在西山的五里坨、模式口与衙门口设防，从居庸关、昌平与清河一线攻打北京。四月三十日李自成兵败，由模式口、五里坨等处向西退回关中。

后金天聪八年（1634）六月，皇太极遣贝勒阿济格、多尔衮等人领军自西山西北的宣府（今河北怀来一带）等地攻伐明朝。

清光绪二十六年（1900），义和团运动兴起，西山地区各村落相继成立义和团组织，总部所在的斋堂川内58村义和团团民联合攻打天主教堂，因寡不敌众而失败。光绪二十七年（1901）春，德军52人自东岭台下攻沿河城，如入无人之境，火药楼、营房、演武厅、大板仓、上下角楼、上衙门均被炸毁，百余名村民遇难。

1922年，奉系军阀张作霖与直系军阀吴佩孚在黄草梁十里坪地区激战。1926年，山西军阀阎锡山与奉系军阀张作霖在火村与大寒岭交战。直系田维勤部与国民军冯玉祥部在沿河城河北梁与向阳口一线激战。同年7月，直系军中的共产党员许权中依李大钊指示，在门头沟率直系2000余人起义，沉重打击了军阀吴佩孚，支援北伐战争。1928年，山西阎锡山率晋军进军北京，途中与奉军在斋堂川激战，一定程度上牵制了奉军，促成了统一。

1933年春，中共宛平县委建立，6月成立宛平县游击队，并在沿河城附近建枪械修造所武装部队。同年冬，吉鸿昌率部在塔湾一带设伏，将国民党第29军步兵营包围缴械，整编入沿河城。1935年12月，中共北平地下党指示宛平县组织武装起义。1936年1月，宛平县委在西山青白口开会，组织武装起义。

1937年全民族抗战爆发后，永定河流域及西山地区是日寇侵华的重点进攻地区，也是国民党冯玉祥部、傅作义部抗日作战的主要战场。八、九月间，国民党中央军与日寇在西山一带激战20余天，史称鬒鬆山战役，又名庄户会战，为七七事变后京西北爆发的规模最大的中日之战。1937年9月，共产党领导抗日武装进入北京西山，开辟平西抗日根据地。根据地建立后组织了多次战斗，如沿河城之战、粉碎日军"十路围攻"之战、王家河滩之战等。1939年，尤其是1940年抗日战争进入相持阶段后日军曾多次对平西抗日根据地进行军事扫荡和经济封锁，冀热察挺进军与地方武装曾多次开展战斗。

解放战争时，平西革命根据地多次打退国民党军队及"还乡团"的进攻，在西山地区曾发生天桥浮之战、十字道阻击战、阻截敌104军残部之战与消灭"还乡团"之战等。

道路是人们在漫长的历史长河里，在南来北往、西去东回的交往与争锋之中开辟出来的。西山地区历史上的军事纷争也是其道路形成的重要因素。西山的古道引发了历代的战争，战争也促进了古道的形成。

（三）历代商贸往来

西山地区为两大文明的交汇地之一，西北的游牧产品和东南的农产品皆曾经西山古道往来交换。而西山的粮食、木材、煤炭等物产也十分丰富，有大量物产供应山外，因此该地区历代都是北疆经济交往的中间贸易活动区。

汉代北方民族内迁，汉廷遂于上谷郡（今西山西北的河北怀来县小南辛堡乡大古城）的宁城（今河北宣化县西北）开通胡市，以供互易。后又通达北京小平原的蓟城等地。《后汉书·刘虞传》载："开上谷胡市之利，通渔阳（今北京密云区西南）盐铁之饶。"西山地区包括东南麓房山区的大道以及山间古道都是汉族的农业、商业经济与北方民族的游牧经济互相交流的重要通道。西山境内的矾山县（堡、镇）一带，汉代便有商业活动，贸易物资主要有陶瓷、皮毛、丝绸、盐铁、肉类等。

隋唐后，南方物产也在西山地区进行贸易。《资治通鉴》载："（后梁开平元年）卢龙节度使刘仁恭，悉敛境内钱藏于山巅，令民间用堇泥为钱。又禁江南茶商无得入境，自采草木为茶，鬻之。"刘仁恭筑馆藏钱之地便在西山境内，所禁区域主体也在西山一带。可见，当时西山地区已有江南茶商等南方经济贸易活动广泛流行。

辽代西山地区贸易通道更加拓展。《辽史·本纪第十二·圣宗三》记载辽圣宗于统和七年（989）三月"诏开奇峰路，通易州市"。奇峰路是彼时新建的重要贸易通道，此道自紫荆关北行，可连接西山大道，进入西山地区开展贸易。

金代以降，怀来等地渐有粮市，贸易更盛。《金史·志·卷二十八》记载，世宗大定二十一年（1181）六月"命修治怀来以南道路，以来粜者"。此诏命修治的道路就包括西山古道，目的是将怀来、蔚州所产粮食运入中都。

明代时明军与蒙古军于西山地区多有交战，但贸易更为频繁。明隆庆四年（1570），双方达成协议，停止对抗，开放互市贸易。此后，明廷开放宣府至甘肃一线的11处马市。由此，漠南蒙古草原与明朝的经济文化交流更为密切。西山地区对蒙古的贸易沟通也更加紧密。西山贸易、交通所用的骆驼为了消暑与贴膘而前往口外、蒙古放牧也畅通无阻、渐成习俗。因此，明代西山及周边地区形成了许多较大的集市。

　　清代的妙峰山庙会、九龙山庙会等活动也常伴随着繁盛的贸易活动。这些贸易与集市的活动长期延续，使西山出产的石材、煤炭、果品、矿物等物产得以运出，供应北京城及平原地区的居民消费，今日北京西山地区仍广泛分布煤矿、果蔬集市等。

第三节　神祇仙居：
各种思想信仰的汇聚与流传

西山地区自西晋佛教传入幽州后历经各朝发展，渐成寺庙林立的壮观景象。《大中华京兆地理志》记载西山"有庙宇五百处之多"，绝非夸张。西山庙宇不仅数量众多，而且祭祀宗教、神祇等文化因素包罗万象。第一，最早传入的佛寺一直相传，香火不绝。第二，道教多神崇拜信仰体系在西山民间的传播，也以民间祭拜的方式衍生出民俗道神寺庙体系。第三，自元代以后，西方的传教士进入西山传教，由此出现了许多天主教教堂，甚至形成了许多天主教教徒聚集的村落。第四，诸如窑神、门神、火神、虫王等祭祀风俗。第五，儒家的忠孝节义、天人合一等观念形成的道德信仰也影响着西山。另外，宗法有序的祖宗信仰体系使西山成为诸多陵墓的所在地，以及宦官"虑生后"修庙受"血食"的首选场所。因此，西山可谓各种宗教文化的聚集之地。各种宗教文化于西山交汇，焕发出灿烂的文化光辉。

一、佛教寺庙的兴盛

学界一般认为佛教于西晋时期传入幽州地区，但今天西山地区军响乡灵水村残存的灵泉禅寺院已证明为汉代创建，可见西山地区的佛教活动比幽州平原地区更久远。"天下名山僧占多"，佛教入幽州后便首选幽静的西山为传教之所。于是，西山地区便有了名寺——潭柘寺，民间常有"先有潭柘寺，后有幽州城"的说法。潭柘寺是至今为止西山地区考古发现中最早的宗教建筑。因此，可认为佛教是最早进入西山地区的宗教。西晋以后，北魏时期更有大量僧侣进入西山地区活动与修行。

隋唐时期，西山地区的佛寺逐渐增多。此时在西山地区先后有云居寺、万佛堂（均位于今房山区）、尸陀林（证果寺前身）等。这一时期的佛教以汉传佛教华严宗（如云居寺）为主，初步奠定了西山地区佛教传播与佛寺兴盛的基础。

辽、金、元时期，北京地区基本上成为全国的佛教中心，西山地区的佛教则更加兴旺，许多寺院都获得了皇家的直接支持。由此，许多佛寺庙宇在西山地区拔地而起，如永寿寺、灵严禅寺（辽称谷积山院）、大房山灵峰寺（位于房山区）等。此后西山的佛寺继续增加，并且辽、金时期律宗兴起，及至元代，禅宗也迅速兴起成为佛教主流。

有明一朝，西山地区的佛寺修建或重建进入鼎盛时期。尤其是明正德年间宦官为"虑生后"而大肆修建佛寺，成为明代西山地区主要的佛寺修建活跃时期。这一时期兴起的佛寺既规模巨大，又声名远扬，其中最著名的有福惠寺、证果寺、法海寺、灵光寺等。

明末清初，西山地区的佛教逐渐衰落，中国民间信仰中神祇地位不断提高，在寺庙供奉中的数量慢慢增多，许多明代原有的佛寺演变成纯粹的神庙，就连潭柘寺、戒台寺等名寺也难以避免。

清朝时期，西山的佛寺进一步增多或翻修，主要有灵光寺、长安寺、大悲寺、皇姑寺、三山庵等。但这些大多已经不是纯粹的佛寺，而常兼及供奉娘娘（碧霞元君）、关帝等民间信仰神祇。另外，清代西山地区也兴建了大量受民俗供奉独立神祇影响、择佛教神祇供奉的神庙，如观音寺（位于潭柘寺镇南村）、观音菩萨庙（位于永定镇石营村）、太谷观音庙（马鞍山）等。这些神庙虽然供奉佛教神祇，但却是民间信仰的产物，使用民间信仰的供奉、祭祀模式，与纯粹的佛寺有着本质区别。上述清代的新现象都是西山地区的佛教信仰与中国民间信仰和文化进一步融合的体现。

二、道教信仰的衍生

据现存史料记载，早在汉代便有道士在西山地区活动。此后，元世祖至元二十八年（1291），清和大师尹志平、清虚大师蔡志仙等又在旧址上重建通仙观，成为大长春宫（白云观）下院。由此，西山中的道观与北京城里的道宫增强了联系，体现了西山道教的对外交流情况。元代是西山地区道教信仰的奠基时期，有元贞元年（1295）创建的太乙集仙观（位于永定镇冯村），元代创建的文昌庙（位于军响乡灵水村）、玉皇庙（位于木城涧村）等道观。

至明代，西山地区的道教信仰进一步发展。道观持续兴建，如正统十二年（1447）创建太清观（位于永定镇何各庄）、嘉靖十八年（1539）重建石厂玄帝庙（位于永定镇石厂村）、嘉靖年间创建盛泉岩道观（位于军响乡军响村）等。道教信仰根植于中国本土文化，因此极易与民间信仰结合。至明末，西山地区的道教信仰民间化趋势颇为明显。许多取自道教中单一神仙来供奉的民间信仰神庙在西山地区渐渐兴起，如明中后期修建的6所娘娘庙便是取自道教神仙体系中东岳大帝之女碧霞元君（俗称娘娘）为供神。另外，数所三官庙选取道教中天官、地官、水官为供，九龙山等祭窑神则取自道教三清之一的太上老君及范丹老祖、雷神为供奉主神。

有清一代专修的道观在西山几乎绝迹，但明末出现的带有民俗性质的娘娘庙与三官庙却进入鼎盛时代。另外，还新增了许多供奉东岳大地的属神"五道将军"的五道庙等。清代所修"三山五园"之中也有道教寺庙，如畅春园中的府君庙等。

三、基督教和天主教的传播

早在元代便已有天主教传教士随蒙古大军来到北京，进入西山活动，北京房山区三盆山十字寺就是由元代修建的景教（基督教的分支聂斯托利派）教堂。至今遗存的两座石碑碑文记载了当年重修十字寺的历史。这有可能是北京最早的教堂遗址。

明代西山地区虽有传教士活动，但没有留下教堂遗址，清代中前期亦是如此，但有资料表明门头沟潭柘寺镇的桑峪村是西山地区较早信奉天主教的地区之一，桑峪村的教堂历史可以追溯到明清之际。及至清末西方列强打开中国大门，天主教活动空前活跃，才有大量传教士进入西山地区，因此又相继有新的教堂创建，如光绪七年（1881）

始建的天主教堂（位于永定镇曹各庄村）、光绪二十六年（1900）以前建的天主教堂（位于清水镇张家铺村）、基督教堂（位于永定镇王村南焦家坡）等。

另外，近现代海淀区西山东南麓山前平原等地成为北京中外文化交流的前沿。因而，许多传教士也在这一带活动。他们建立教会大学，如中法大学、辅仁大学的前身辅仁社、燕京神学院等，并在大学中传教。这一时期西山小平原地区的西方宗教传播活动是北京地区中外交流的缩影，体现了文化交融的魅力。

西山地区的基督教、天主教传播范围总体上来说不及民俗、佛教等，但天主信仰也以其独特的传播途径而在西山宗教文化体系中始终占据一席之地，如桑峪村的天主信仰便代代沿袭下来，始终未改。尤其是西山寺庙普遍衰落的清末至民国时期，基督教、天主教的活跃可谓是西山地区一道特殊的宗教文化风景。

四、儒家文化的影响

中国古代自汉朝"罢黜百家，独尊儒术"后，儒家思想便逐渐成为中国古代的统治思想。《说文》载："儒者，术士也。"儒最早是殷商的教士，本身便根植于祭祀文化的土壤。因此，儒家除却"四书五经""仁义礼智信"等丰富的理论思想体系以外，也建立了完整的神祇祭祀体系。《礼记·月令》载："季夏之月，令民无不咸出其力，以供皇天、上帝、名山大川、四方之神，以祠宗庙社稷之灵，以为民祈福。"儒家文化中起初倡导的神祇祭祀的目的是为民祈福，因而多成为统治者确立正统、树立权威的工具，但随着儒家思想深入民心，民间信仰中亦纳入儒家文化的因素，形成独特的祭祀体系。西山地区的儒家祭祀体系亦是沿袭自政治干预到民间祭祀的转变。

依儒家祭祀的规定，天地、宗庙、日月、星辰、山川、风云雷雨、忠臣义士、名人文圣，甚至对人有益或与人的生活密切相关的动植物皆为儒家祭祀神祇。而祭祀天地、日月、名山大川等皆属国家祭祀，为帝王所专属，民间不可从事。因此，属于民间的起初只有灶神、祖宗等。这些祭祀活动并在庙宇中，不足以记。所以，西山地区的儒家祭祀寺庙迟至明代才出现，即明代创建的文庙（圣人庙，位于斋堂镇沿河城）。此庙供奉儒家至圣孔子，所建也在沿河城，明显是官修祠庙。

明中后期以至清代，西山地区的儒家祭祀与民间信仰深度结合，由此出现了以许多经朝廷与儒家认定的名人为供神的民间祠庙，如明万历二十年（1592）创建的三义庙（位于大台办事处大台矿）、明代三义庙（王平地区办事处牛角岭）、清嘉庆十五年（1810）重建的三义庙（龙泉镇天桥浮村），皆是以刘备、关羽、张飞为祭祀主神的祀庙。清康熙十九年（1680）创建的三皇庙（永定镇卧龙岗村）供奉儒家尊奉的三皇，也是如此。

这一现象中最典型的是自明嘉靖十年（1513）在潭柘寺镇鲁家滩村创建关帝庙后连续修建并香火旺盛的43座关帝庙（或称老爷庙）。关帝即关羽，为明代皇帝所尊奉，被皇家列入国家祭祀。但此后这一信仰传入西山地区，则渐渐与民俗相结合，成为满足民间百姓的各种心理需要的祭祀神。因此，关帝庙的分布虽然遍及整个西山地区，但已成为儒家思想影响下民间信仰崇奉的产物。

五、民间信仰的勃兴

民间信仰是指民众自发地对具有超自然力的精神体的信奉与尊重。严格来说，民间信仰并没有系统教义与信仰体系，更易为普通民众所接受。民众只想通过供奉上香来祈福还愿，而对深奥系统的教义并不多加在乎。

明末清初，随着佛教逐渐衰落、道教乡土化、儒家思想民俗化，民众在信仰选择上的自发性更强，组织性更健全。由此，在西山地区对民间神的信奉进一步兴旺。于是，在西山地区出现了数量众多的娘娘庙、关帝庙、龙王庙、火神庙等民间信仰神庙（见表2-2）。

表2-2　北京西山地区明清民间信仰神庙^①

单位：座

神庙类别	数量（明清建）
龙王类庙宇	49
关帝类庙宇	43
娘娘类庙宇	23
窑神庙	7
药王庙	6
山神庙	6
马王庙	4
城隍庙	4
二郎庙	2
虫王庙	2
火神庙	2
喜神庙	1
河神庙	1
财神庙	1
牛王庙	1
树神庙	1
门神	暂不可计

　　这些民间信仰大多根植于西山地区的自然、风俗情况，直接反映了民众的需求。如龙王与二郎神都是护水保安的民间神，西山地区永定河等在明清时期多有水灾，因此，这两种祭祀是民众对水灾平息、

---

　　① 数据来源于《门头沟文物志》《北京考古志》等。

风调雨顺愿望的直接体现。

这一时期（尤其明末以后），西山民间信仰已取代佛教的地位。彼时，放眼西山，香火旺盛者无不是供奉民间神的寺庙。以因娘娘庙会而知名的妙峰山为例，清代时香火鼎盛非常，富察敦崇在《燕京岁时记》"妙峰山"条中形容盛况："每届四月，自初一日开庙半月，香火极盛……以各路之人计之，共约有数十万。以金钱计之，亦约有数十万。香火之盛，实可甲于天下矣。"许多名寺与古刹甚至也因此逐渐改为民间信仰神庙，开始供奉中国民间神。潭柘寺、戒台寺等历史悠久的名寺不仅供奉龙王、财神，还设坛祭祀窑神、关公帝君等民间神。玄帝庙（位于永定石厂村）、龙王庙（位于三家店）原本皆为佛寺，但为求生计，也只能改奉玄武大帝神、四海龙王与永定河神等。

民间信仰在西山地区的兴盛，除了直接体现民众的心理需求之外，也直接促进了西山地区几种宗教文化间的融合。从另一角度看，西山地区的民间信仰可以说是几种宗教文化融合的直接体现。

六、宗教文化的融合

民间信仰因其随意性而常出现多神混杂的情况，西山地区建修的以供各路神仙合体"办公"的"九圣庙"（位于军响乡西胡林村，包括龙王、山神、虫王、马王、药王、苗王、牛王、财神、武道神）便是最典型的例子。明代中后期以后，西山地区的佛教、道教、儒家等与民间信仰交汇，渐渐形成"你中有我，我中有你"的大融合现象。这种现象的最直观表现便是摒弃原本对佛寺、道观中单一宗教神佛的供奉，将三教的神仙与民间信仰神杂糅供奉，如文昌关帝药王庙（位于龙泉镇圈门里）便集合供奉道教文昌帝君、儒家封赐的"关帝"，以及民俗信仰中的药王等。

有清一代，这种混合祭祀的现象在西山地区十分普遍，总体上反映出混合程度越高、混祭神祇越多则香火越旺盛的现象。其中最典型的就是香火最旺、被誉为"中国民俗学发源地"的妙峰山娘娘庙会。妙峰山娘娘庙建于明代，初为佛教寺庙，尊奉有地藏王菩萨等。入清后，逐渐转化成供奉碧霞元君等五顶娘娘的娘娘庙，嘉庆帝御笔题"敕建惠妙峰山云海济祠"石额，始有惠济祠之称。此外，庙中还供奉药王、白衣观音、月下老人、财神、喜神等民间神，其庙附近又有回香阁、关帝庙、灵官殿、傻哥哥殿，分别供奉玉皇大帝、泰山东岳大帝、岳飞岳武穆、文昌帝君、关公、灵官、傻哥哥等道教与儒家神祇。及至民国，在惠济祠内还有三教堂，将孔子、释迦牟尼与老子三位儒、释、道的祖师一齐供奉在堂内。可见，在妙峰山上，三教与民间信仰已经完全融为一体了。

西山在历史发展中融合了儒、释、道及民间信仰等，由此而形成的宗教文化蔚为壮观。

第四节　离宫别苑：避喧听政的后花园

西山地区拥有山脉蜿蜒、泉脉众多、植被茂密、名泉遍布等极为优越的天然条件，儒、释、道融合而成的宗教文化人文景观为园林建设提供了良好的基础。因此，西山成为北京地区皇家园林最集中的区域之一。自辽定南京、金迁中都，北京逐渐成为全国政治中心，西山地区园林建设风起云涌。经明清两代的持续经营，及至清康雍乾时期建成"三山五园"而达到顶峰。

西山的皇家园林既是皇室成员的休憩之所，也是集多种特殊政治功能为一体的载体。明代许多达官显宦在此建园，以做隐逸休养的第二家苑。清朝西山地区的"三山五园"正式成为皇帝的行宫，帝后在此起居、宴会、看戏、祭祀、礼佛、召见大臣、接见使臣、处置政务、举办朝会、奉养东朝等，履行京城内苑大部分的政治功能，相当于清朝宫廷设在西山后花园的"行政副中心"。

一、辽、金、元的佛寺与行宫

辽代定北京为五都之一的南京。随着南京的地位渐渐上升，辽统治者也进一步加大了对西山的经营。最突出的一点便是对香山的经营与开辟阳台山清水院。有关辽代香山的经营并未见诸史籍，但其后的金世宗建香山行宫时是在原有香山寺园林的基础上扩建，可见辽朝已经开始建设西山的园林。辽代在西山修建许多佛寺，其中不乏迎皇帝驾临的具有皇家园林性质的寺院，其中最典型的是阳台山清水院（今大觉寺）。有辽一代，西山地区园林虽然呈现出规模较小且多与寺院有关的特点，但仍为迎接金朝对西山地区园林建设的高潮奠定了基础。

自金海陵王迁都中都（今北京）后，金朝的帝王几乎都在中都居住。因此，金朝皇帝扩大了对北京周边行宫园林的建设，尤以西山为多。首先海陵王在迁都中都后的贞元元年（1153）就已在西山的金山（今万寿山）建立金山行宫，此为至今可知的最早出现在西山地区的皇家园林。金世宗又在西山修建香山行宫，作为岁时游玩、避暑之所。大定二十六年（1186），金世宗将香山下的安集寺与山上的香山寺合并，建成大永安寺（或称甘露寺）。

此后，继世宗而立的金章宗在登位之初就在玉泉山建有行宫。金章宗时陆续在西山建立了8座行宫，称为"八大水院"（见表2-3）。

表2-3　西山"八大水院"旧址情况

名称	位置	源流
金水院（争议）	海淀区	前身：海陵王金山行宫 后传：好山园（明）、清漪园（清）、颐和园（清末至今）
	海淀阳台山	后传：金山寺（金仙寺）、金仙庵（清末）
清水院	海淀阳台山	前身：辽代清水院 后传：大觉寺（明至今）
香水院	海淀北安河西北妙高峰	前身：唐刹（始建时间不详） 后传：法云寺、七王坟
潭水院	香山香炉峰下	前身：金世宗大定年间香山行宫、香山寺 后传：静宜园松坞山庄（清）、双清别墅（民国至今）
灵水院	樱桃沟村北部仰山	前身：金世宗大定二十年（1180）所建栖隐寺 后传：栖隐寺（至今）
双水院（争议）	石景山区双泉村北	后传：香盘寺（明）、香盘禅院（清）、双泉寺（光绪）
泉水院（争议）	玉泉山麓	前身：玉泉山行宫 后传：昭化寺（元），上、下华严寺（明）、澄心园（清康熙）、静明园（清康熙三十一年后）
圣水院（争议）	西山车儿营西北凤凰岭	后传：黄普寺
温汤院（争议）	温泉中村	不详

这"八大水院"是西山地区首次大规模组合修建的皇家园林，这种联合成面的建院方式既反映了金代西山园林的发展，也为清代建"三山五园"所借鉴。金朝西山地区的园林虽然是多与寺院结合，但"八大水院"等行宫的宗教意味淡化，避暑游玩等功能日渐重要，集中反映了西山园林的发展趋势。金中都建成后的60余年间出现了北京园林史上的一次造园高潮，为北京园林发展奠定了重要的基础。

由于元大都城的修建，政治中心往东北迁移，皇家行宫建设渐向东南发展。因此，有元一代在西山修建的皇家行宫少之又少，皇家在西山的修建活动仍主要是建寺庙。不过，皇家在西山一带的祭祀、休憩、游览等活动仍颇为频繁，元帝在西山一带的活动中不乏与政治有关的祭祀，元仁宗甚至希望在西山"以终天年"。与此同时，元代公共游览更加兴盛，西湖（今昆明湖）美景、香山红叶等皆是人们游览之景，从而引起私家造园的风尚，其中最典型的便是耶律楚材之子耶律铸的独醉园。元代这一风潮对明代在西山的修建活动影响较大。

二、明代士人的隐逸之地

明代皇家很少在西山地区修建行宫，但明代西山地区的寺庙修建却达到高峰，许多寺庙的园林颇为静雅，也是皇家与百姓游览之所，更是京城中人们回归自然甚至隐居的良好去处。另外，受元代遗风的影响以及商品经济的发展，以及在休憩、隐逸等思想影响下，明中后期在西山山前平原一带（今海淀）的私家园林造园活动逐渐繁盛，其中最负盛名的有清华园、惠安伯张园以及勺园、郑戚畹园、万驸马白石庄等。

明代在西山地区没有修建大规模的皇家苑囿，正德年间的好山园规模亦不算大，且使用记载不详。虽然如此，但有明一代修筑的寺庙之中也有皇帝祭祀、上香以及丧葬等活动，显示了明代皇家与西山寺院的微妙关系。明中后期掌权的宦官修建的寺庙更是阉党势力的集中展示，东林党对宦官修寺现象的抨击是双方政治斗争的缩影。明末海淀一带私家园林的兴起则上承元代风气、下开清代修建"三山五园"的先河，在西山园林修建史上具有承上启下的重要作用。

三、清代"三山五园"的盛况

西山地区美景遍地，宗教文化鼎盛，明中后期在西山山前平原的私家园林，都为清代皇家园林建设奠定了基础。因此，随着社会经济恢复与发展，自清入关后第二位皇帝康熙开始，清代皇帝利用北京西山山前小平原山清水秀等得天独厚的资源，在小西山等地进行皇家园林的开发建设，将西山地区的宫苑建设推向顶峰。

清代以"三山五园"为代表的皇家园林既是清统治者休憩、避暑、奉养东朝的胜地，又是清朝帝王处理政务的"政治副朝廷"（类似于今日的"行政副中心"），在清代政治史上具有举足轻重的地位。一部"三山五园"史就是半部清史。

（一）清代西山园林的建设

清军入关后，清朝统治者造园仍在塞外的上都等地修建夏日的避暑胜地，但因变故而未成。此后，自康熙年间开始，经康雍乾三代数十年经营，最终建成了香山静宜园、玉泉山静明园、万寿山清漪园（颐和园）、圆明园、畅春园，即闻名于世的"三山五园"，达到中国古代皇家园林建设的最高潮（见表2-4）。

表2-4　西山"三山五园"修建编年简表

年号	年份	造园大事
康熙	十六年（1677）	在原香山寺旧址扩建香山行宫
	十七年（1678）	重修香山干坡寺，赐名为圣感
	十九年（1680）	在玉泉山下建澄心园

年号	年份	造园大事
康熙	二十三年至二十六年（1684—1687）	在海淀大河庄之北明武清侯李伟别墅的基础上修建大型人工山水园，取名"畅春园"，并在附近修复明代遗园、造新邸
	二十九年（1690）	置畅春园总管大臣
	三十一年（1692）	将澄心园更名为静明园
	四十八年（1709）	将明代一片私家故园赐给四子胤禛。胤禛依"林泉清淑，波淀淳泓"（《日下旧闻考》卷八十《国朝宫苑·圆明园》）的山形水势将该园布置成一座取法自然的园林，康熙帝亲题园额为"圆明园"
雍正	三年至十三年（1725—1735）	开始扩建圆明园，同时加紧修筑圆明园四十景
乾隆	元年（1736）	开始对玉泉山静明园加以修葺、扩建
	九年（1744）	在圆明园以东造长春园。圆明园四十景全建成
	十年（1745）七月	增建香山行宫
	十一年（1746）三月	香山行宫建成，改名静宜园
	十四年（1749）	开始整治金海，对西北郊的水系进行了一次大规模的调整治理，并始建万寿山园林
	十五年（1750）	瓮山改名万寿山，金海改称昆明湖。扩建静明园
	十六年（1751）以前	重修、新建长河沿岸的乐善园、倚虹堂行宫、紫竹院行宫及万寿寺和五塔寺行宫院
	十六年（1751）	在圆明园以东增建长春园。同年，长春园建成。在万寿山南麓相继建造多处厅堂、亭榭、廊桥等，命名万寿山园林为清漪园
	十八年（1753）	静明园建成十六景
	二十四年（1759）	在长春园内建仿欧洲式样的宫廷建筑
	二十六年（1761）	清漪园建成

年号	年份	造园大事
乾隆	二十七年（1762）	将圆明园四宜书屋改建为安澜园
	三十一年至三十二年（1766—1767）	在万泉庄建成泉宗庙行宫
	三十二年（1767）	将熙春园合并为圆明园附园
	三十四年（1769）十月	在圆明园东南扩建交辉园，改名绮春园（同治时改称万春园），归并圆明园
	三十九年（1774）	在圆明园建文源阁
	三十九年至四十一年（1774—1776）	在玉渊潭畔建成钓鱼台行宫
	四十五年（1780）	将春熙院改为圆明园附园

经多年修筑与经营，"三山五园"的格局最终形成。清震钧在《天咫偶闻》中描述彼时的西山园林："朱门碧瓦，累栋连甍，与城中无异。"清代在西山地区修建的以"三山五园"为核心的园林体系是中国古典园林艺术的最高峰，其建设规模极广、内容十分丰富，远超历朝历代在西山的建设。圆明园更是被后世誉为"万园之园"，自建成后直至咸丰十年（1860）被毁的138年间，成为清朝皇帝园居理政的重要场所。

（二）清代"三山五园"的政治地位

清代的统治是以皇帝为核心的集权政治，重大决策皆须皇帝亲自处理，因此皇帝在哪里，哪里就是全国的政治中心。自康熙二十六年（1687）建成畅春园开始，至咸丰十年（1860）圆明园被焚毁结束，清朝几代帝王大多数时间都生活在西山园林区（见表2-5）。

表2-5　清帝年均园居时间①

单位：日

皇帝（居住园）	年均园居	年均宫居	极端年份与备注
康熙（畅春园）	107		园居起二十六年（1687），终六十一年（1722），年均7次
雍正（圆明园）	210	无计	十一年（1733），全年共355日，居圆明园246天
乾隆（圆明园）	126	110	二十一年（1756），有闰月，全年共393日，居大内105日、圆明园168日
嘉庆（圆明园）	162	135	
道光（圆明园）	260	<91	三十年（1850），有闰月，园居达354日
咸丰（圆明园）	217		十年（1860），英法联军入侵京城，圆明园被焚

　　清朝皇帝将原本在北京城中举行的宴会、祭祀、礼佛，以及召见大臣、接见使臣、处置政务、举办朝会、奉养东朝等活动也大多迁至此地举行。因此，"三山五园"便逐渐发展成为清朝的政治副中心，在清朝历史上发挥着重要的作用。

　　"三山五园"成为清朝政治副中心有一个渐进的过程，依其建设进度，主要经历紫禁城至畅春园，再向圆明园转移的过程。

　　康熙二十六年（1687），畅春园建成。次年，康熙帝便诏令"政随帝迁"，自此以后，康熙帝便"时奉孝庄文皇后、孝惠章皇后憩焉，政事几务即裁决其中"。从此，清朝行政中心开始逐渐迁至西郊园林。康熙帝本人也在畅春园中去世。

　　雍正帝继位后，开始大力扩建自己的赐园——圆明园。此后，3年服制期满，雍正帝便在圆明园驻跸，同时强调在圆明园理政的准

_____

　　①　数据来源于《清实录》，并参考何瑜：《浅谈清代圆明园的政治历史地位》，《圆明园学刊》，2012年第十三辑。

则。自此，圆明园取代畅春园而成为皇帝园居行政的中心。"与在宫中无异"也提升了圆明园在皇帝理政中的作用。雍正四年（1726），雍正帝还进一步明确圆明园的每日一旗一部、8日一个轮回的御园轮班奏事制度，并将许多朝政大事迁至园中决定，如雍正帝将勾决死刑犯这样的大事搬到了洞明堂行事，并推而成例。由此，圆明园的行政奏事规格得到再次提升，明确其行政副中心的地位。雍正十三年（1735）八月二十二日，雍正皇帝猝逝于圆明园中。

乾隆帝于乾隆三年（1738）守制期满后临幸圆明园，立刻强调西郊园林的行政副中心的地位。从此，乾隆帝也开始继续雍正帝的活动方式，大多数时间都居住在圆明园，只有举行新正朝贺、祭祀大典等才回紫禁城暂住，大量政务都由官吏送往园中处理。同时，他还沿袭了雍正时的圆明园轮班奏事制度。乾隆帝将更多大事都迁到西郊园林处理，如乾隆三年（1738）三月二十八日，乾隆帝便将原本在紫禁城举行的科道考选挪至圆明园举行。乾隆二十三年（1758），乾隆帝又进一步完善驻跸圆明园时的奏事及日夜值班制度。经乾隆朝60年的经营，圆明园作为行政副中心已成常态，在某种程度上，其实际政治作用甚至超过紫禁城。

嘉庆、道光、咸丰三朝都沿袭了雍乾时期的园居行政制度，使圆明园宫廷副中心的地位得以延续。道光、咸丰二帝甚至将圆明园当成正宫，一年中半数以上的时间在此居住，多数大事皆在此决策，圆明园俨然已成为清朝的政治中心。

纵观有清一朝276年的国祚，畅春园、圆明园等园林作为行政副中心长达138年，正好占据了一半的时间。因此，可以说半部清朝行政史都浓缩在小西山这一带园林之中。虽咸丰十年（1860）这些园林多数被毁，但其曾在清代政治史上书写的浓墨重彩的一笔已被载入史册，永远散发着独特魅力。

第五节 帝都"龙脉"：西山水系对京城的塑造

北京西郊园林的修建与西山众多的水系息息相关，但西山的水系对北京城的意义绝不止于此。北京成为全国政治中心以后，为了更好地利用西山水源，历朝历代在西山一带对水系进行大规模人工改造，西山水系的文化内涵渐渐丰富，奠定了其作为北京文化之源的地位。纵观西山地区水系的源流与变迁，可以看到西山水源在北京水系格局中的重要地位，及其文化意义。

一、西山地区的水系与丰富的水源

北京西山地区位于北京湾西北，其东麓位于渤海暖湿气流的抬升地带，雨量丰沛，因此形成了众多的河流水系。永定河、拒马河自西北向东南分别流经西山的北部与南部，成为如今西山地区的两大河流，加上大石河、温榆河等河流，基本构成了西山地区的天然地表河流体系。

5000～7000年前，西山东麓山前平原地区长期为永定河流经之地，地下水资源极为丰富。西山东麓一带石灰岩较多，透水性较强，溶洞颇多，涵养水源能力很强，极易形成山泉。西山平原玉泉山、巴沟一带地势低洼，易汇聚泉水，导致地下水溢出，由此形成了玉泉山、万泉河两大西山水系，共同成为西山水源的主脉。

（一）玉泉山水系

从西山东来的在玉泉山喷涌而出的水系称为玉泉山水系，如今很有名的卧佛寺西北的樱桃沟泉水就是其中的一个源头。玉泉山系西山东麓支脉，其东南地区为古永定河冲积、洪积扇的山前溢出带，地势低洼，樱桃沟泉与香山等地泉水相汇后经过地下，再汇集至玉泉山间断露出。因而在玉泉山形成了泉流密布、水量丰沛的盛景。《日下旧闻考》卷八十五引《燕都游览志》云："（玉泉山）沙痕石隙，随地皆泉",这在当时并非夸张之语。

玉泉山泉水有水量巨大与水质较优的两大特点。明清时期引玉泉之水建起了众多大规模的园林,足证其水量确实丰足。而对于玉泉山水质,历代更是赞誉有加。乾隆帝称:"朕历品各泉,实为天下第一。"正是由于水量丰沛、水质出众,因此玉泉山名泉众多,如玉泉、迸珠泉、裂帛泉、涌玉泉、宝珠泉、试墨泉、镜影涵虚泉等。其中玉泉出水量最大,裂帛泉、镜影涵虚泉次之,宝珠泉、涌玉泉等最小。至于无名小泉则遍布山麓,难以计数。

玉泉山泉水历来被认为是西湖的源头,是西山地区的主要水系。明乔宇《游西山记》载:"(玉泉山)泉出如沸,……蓄为池,清可鉴毫发,……所谓西湖之源也。"

玉泉山水系是西湖的重要水源,也是西山地区最重要的水系之一。因而,玉泉山水系丰沛的水源成为金代以后历代发展漕运、供应京城及修建园林的良好基础。

(二)万泉河水系

从巴沟(今万泉庄一带)低地向北流形成的水系为万泉河水系。万泉河历史上曾称大河或八沟水。该水系源于海拔比昆明湖还低的万泉河西南部的巴沟低地上游。此低地为古永定河北流古道之一。因此,这周边有许多永定河古道水自乳穴溢出为泉,难以计数,其后分别形成前泡子、后泡子、小泡子及黑鱼坑4个水泡子。这些泉水依势向北经巴沟流入万泉河,后注入丹棱沜,再往东北流入清河。

金代以前,该水系与玉泉山水系直连,并且是玉泉山水流向该水系,因此彼时万泉河水系可说是西山地区最大的泉脉。但金代修金水河,引玉泉水南流,两水分开,虽仍有联系,但万泉河水系主源已变成巴沟与万泉庄附近泉眼。尽管如此,但万泉河水系仍是西山地区两大泉脉之一,为日后畅春园等园林建设提供水源。

（三）其他泉脉

除了玉泉山、万泉河水系两大泉脉，西山山麓沿线还有许多水源丰沛的泉脉，其中最重要的有香山泉脉与瓮山（万寿山）泉脉。

香山泉脉十分丰富由南北两个断层形成，南面一条位于今香山公园东宫门以南山沟之中，北面断层则位于香山与碧云寺间。香山泉水因所在地势较高、分布广泛，往往构成流泉与飞瀑相间、云雾蒸腾笼罩的奇景。

瓮山位于海淀区昆明湖畔。山后有一连串泉眼，如玉龙泉、双龙泉、青龙泉等。山往北延至今昌平境内，沿路有冷泉、温泉、黑龙潭、马眼泉等一系列泉脉。这些泉水或流出涓涓溪流，汇成小河穿行山间；或积聚成潭、汇潴成湖，成串散布于自西向北一端的山坳坡脚。昆明湖便是其中之一。

经昆明湖汇集后的泉脉又向东流至万泉庄（巴沟低地）地区，与万泉诸泉汇集，再向东注入海淀、向东北流入清河谷地，可以算作万泉河水系的支流。西山地区集合玉泉山、万泉河两大水系，加上长年不断的其他水源，水资源无疑是极丰富的。这为历朝历代定都京城之后改造与利用这些水源提供了基础条件。

二、历朝历代对西山水系的改造和利用

今天的西山地区已经形成北有永定河，南有拒马河，中含玉泉山与万泉河两大水系，东侧则有温榆河、京密引水渠、长河等水道连接北京城的整体格局。其中，玉泉山水系、万泉河水系为主要水源。这种格局的形成除了天然因素，金代以后历代对西山地区水系的改造起到了更重要的作用。

（一）金、元、明三代水系的改造

金代以前，西山地区虽有三国魏嘉平二年（250），驻守蓟城的刘靖利用高梁河古河道开凿戾陵遏与车箱渠，对当地农田灌溉发挥了巨

大作用，但大多数的水系与水源仍然保持着原始状态。金朝建立中都，中都用水、漕运的需求大增，原本的西湖（即今莲花池）已难以满足，于是便拉开了人工改造西山地区水系，将玉泉山的水等引入城内利用的序幕。

金代在西山地区的主要改造是整合西山诸多泉水，并开掘金水河，其工程顺序是先整合玉泉山诸泉、瓮山后一亩泉等。一并汇集注入金海（即昆明湖）。然后将金海疏浚，自其东南角开掘人工河——金水河，长10余千米，使湖水自此向东南分流，从中都城西北角会城门的水门进入城内。与明清时期的金水河不同，这条金水河到元代北迁修建大都之时便废弃了，其遗址经考应为现在玉泉山南的南旱河。除此之外，以侯仁之先生为代表的历史地理学家根据间接史料推证，认为沟通瓮山泊与古高梁水道的长河也是金代开凿的。具体开凿时间大约是在太宁宫修建之时，按太宁宫筑成于金世宗大定十九年（1179），因此这条河道也应大概建成于此时。侯先生等认为金代开凿这条长河的原因是高梁河水量太小，对中都的供水不足，因而必须开凿新河，引导玉泉山水转向东南，以接济高梁河上源，为此开凿的结果就与今日的长河河道相近了。这条长河的开凿一方面加强了从太宁宫至西山行宫的联系，助推西山皇家园林的兴起；另一方面也沟通了西山水系与高梁河水系，为北京的漕运开辟了新水源，使西山水系自此成为助推北京城发展的主要"龙脉"。金湖（即昆明湖）也从一个天然湖泊上升为重要水利工程的端点，成为北京城水脉的枢纽之一。

元代废弃中都城，另在其东北处建了新的大都城，引水格局亦发生改变。于是，元代在西山地区又另建新的引水工程系统。元代修建引水工程主要有两方面原因：一方面，大都城的营建使积水潭南半部被圈入皇城，建造皇家苑囿的同时也使得积水潭的水源严重不足。为解决大都皇宫苑囿的用水问题，在郭守敬主持下，元朝废弃了金朝遗留的金水河，重修了专门引玉泉山的水入大都的金水河。元世祖至元四年（1267），京城在水利上完成了几件大事：一是修浚太液池，二是修治玉泉水，三是修通金水河。《元史·河渠志》载："金水河，其源出于宛平县玉泉山，流至和义门（今西直门）南水门入京城，故得金水之名。"由此可知元代金水河路线与金代差别很大。元代金水河起自玉泉山，引而向东，顺瓮山泊（今昆明湖）与长河之西折向东南，行至今车道沟一带，再折向东，沿南长河之南东流至和义门南水口进入大都城。这条金水河是皇家专用水道，与京城内三海的格局关系密切。

另一方面，至元二十八年（1291），又修建了白浮瓮山河，开掘长河（南长河），并通李二寺，合为通惠河。郭守敬主持开凿了这条把昌平白浮泉之水引向西，绕过沙河、清河谷地，沿西山山脚开渠筑堰，流经途中与诸多西山泉水汇合，经青龙桥，入瓮山泊。与此同时，元朝还开掘水渠连接高梁河，引水路经今紫竹院、动物园、西直门北，注入积水潭。此水渠即今南长河，是元代以后西山之水注入北京城的主要水道，至今仍在使用，源源不绝。白浮瓮山河与南长河相连，然后从积水潭出万宁桥，沿皇城东墙外南下出丽正门（今正阳门）东水关，转为东南至文明门（今崇文门北）外，与旧闸河相接，下至通州高丽庄、李二寺河口，全长82千米。元世祖将之命名为通惠河。经白浮瓮山河，西山玉泉水等泉水几乎都包括了，并与昌平白浮水汇集于瓮山泊，使之水量大增，通惠河才有足够的水浮舟通漕。由此，河运得以畅通，积水潭成为漕运码头——大运河的终点。至元三十年（1293）通惠河通航至元亡约50年间，浩荡船队皆凭此河而络绎不绝地穿行于大都城内。

明初定都南京，而北京地区经战乱损坏，因而白浮泉水枯竭，金水河上游废弃，西湖（昆明湖）的水面缩小，西山水系严重荒废。因此，明朝在迁都北京前后，对西山水系进行了疏浚，增加了西湖的蓄水量。疏浚后，玉泉山诸水依旧流入西湖，并修西湖（今昆明湖）景堤379丈，整修了南长河，使西湖水继续向东南流，自德胜门水关入城，注入积水潭及内苑三海，最后汇入通惠河。这一疏浚，使西湖水位得以保持，并增加了蓄水量，明人赞其"见西湖明如半月"，因此才有"大泊湖""七里泊"的称谓。明朝曾多次修浚西山、西湖一带水系，使西山水道系统一直保持至明末。

传承西湖经长河接宫禁、通惠河的西山水道格局，成为建"三山五园"水系的基础。

金、元、明三代整合玉泉山泉、开掘金水河和白浮瓮山河、疏浚西湖，把水流汇于西湖，再通过金水河、南长河引入城内，西山地区水系流向发生重大变化，从此成为京都"龙脉"。此后的明清时期的北京城仍主要依赖西山诸水系提供水源，由此奠定北京城的水系格局，并延续至今。

（二）清代大规模改造与水系格局的形成

明代中后期随着正德皇帝修建山园，以及清华园、勺园等私家园林在西山地区兴起，此时西山水系又增加了园林用水的需求。及至清代，清帝在西山一带大规模修建皇家园林，对西山水源的用水量大大增加，明代遗留的引水道已不足以支撑供应，加之明清之交时局动荡，西湖失于疏浚，已有泥沙淤塞和山水泛滥的现象。基于此，康雍乾时期对西山水系进行了大规模改造和兴修。

首先，康熙年间对万泉河水系及部分玉泉山水系进行修治。先是整治玉泉山水系，康熙十二年（1673）对玉泉山水道进行疏浚。康熙二十二年（1683），在北长河一段建玉泉新闸。康熙二十九年（1690），又于玉泉山建石闸一座，初步完成了对玉泉山水系的修治。康熙二十三年（1684）开始修建畅春园，为引水入园，开始整修万泉河水系，其中玉泉水主要是通过瓮山泊中转，经娄垧河，引入畅春园宫门前的丹棱沜，但修治主体还是万泉河水系。康熙帝为在园林北建成水景为主的布局，将万泉河水顺天然坡势向北导引，水从西北角的闸口处流入畅春园内，再从畅春园的东北角流出，构成了一个完整的水系。水面以岛堤划分为前湖和后湖两个水面，外围环绕着萦回的河道。在畅春园西面建成西堤（今颐和园东堤），以防水患。经此整治，畅春园获得充足水源，万泉河北流水量也大为增加，康熙帝亲自撰写的《畅春园记》称"弥望涟漪，水势加胜"，成为"大河"，形成极好的景观。

其次，雍正继续进行康熙时期对玉泉山水的修治，同时又为扩建圆明园而开始整治其周边水系。但雍正帝在位时间较短，只在雍正十年（1732）疏浚玉泉山内外河。

最后，乾隆年间连续修治、导引玉泉山、万泉河泉水，疏浚西湖（昆明湖），铺设引水古糟，开挖疏泄泉水的南、北旱河等。西山地区的水系最终形成。

乾隆七年（1742）至九年（1744），扩建圆明园等西郊园林，大力引用原为通惠河上游水源的玉泉山、万泉庄、瓮山泊之水，使得往东南流的城市用水与漕运用水捉襟见肘。为了解决漕运与京城用水问题，必须整治西山山麓诸水源，改变原本无序分流的状态，对其进行规划。因此，乾隆帝决定广辟水源，大力疏浚瓮山泊。

乾隆十四年（1749），乾隆帝派遣臣工考察玉泉山水系，并写下《麦庄桥记》，从水源及其与京城水系的关系角度指出西湖（瓮山泊）的重要作用与意义。于是，作为疏浚西湖的前奏，乾隆帝整合玉泉山水系形成八泉：山阳泉、裂帛泉（裂帛湖）、涌玉泉、宝珠泉、试墨泉（坚固林泉）、镜影涵虚泉（镜涵泉）、迸珠泉和涵漪斋泉。修治后的水流方向：第一支向西南，过垂虹桥，自南园墙水城关入高水湖；第二支向东南，经东宫门前的南闸出园，亦入高水湖；第三支汇集裂帛水向东北，途中与北引的宝珠泉、镜影涵虚泉一起自东园墙出孔闸入玉河。部分高水湖之水亦入玉河。诸泉合流后同奔昆明湖。此番整理玉泉山水系为西湖的疏浚奠定了基础。

乾隆十四年（1749）冬，乾隆帝下诏疏浚西湖，其步骤主要有三：一是扩大西湖的水域。通过疏浚，使其向东拓展至畅春园外的西堤，北抵瓮山东麓，并赐名昆明湖。原东岸上的龙王庙成为湖中岛屿，即乾隆帝所说的"西堤此曰是东堤"。东堤北端建三孔水闸，称"二龙闸"，调控湖水的东泄流量。由于具备了灌溉条件，东堤与畅春园间的低洼地被辟为水田。在湖西部筑南北走向的大堤，称为西堤。在堤外，将原零星小河泡开凿为一浅水湖，称养水湖。此番疏浚之后，西湖水面南北长 1930 米，东西最宽达 1600 米，比以前大两倍。二是开凿西湖西北部溢洪干渠，整治瓮山后河道。三是利用疏浚西湖获得的泥土修整瓮山。原本平直的山体，经重新堆筑改造后变成了如今起伏跌宕的山势，取名万寿山，成为园林中一道重要风景。这些修治措施至乾隆十五年（1750）基本完成。为配合对西湖的疏浚，乾隆帝还主持了其他修治工程。乾隆二十四年（1759）在养水湖西南开辟同为西湖辅助水库的高水湖，作为汇集玉泉山之水的又一蓄水湖。成湖后，西湖水源更充足，周边如江南水乡。

为收集更多的泉水，保障昆明湖有稳定充足的水源，乾隆三十八年（1773）铺设引水石槽，把西山卧佛寺、樱桃沟、碧云寺及香山诸泉水流下注至四王府村广润庙内石砌水池，引水东流至玉泉山，再汇合玉泉诸泉，注入昆明湖。

另外，为统筹"三山五园"，乾隆年间还进行了一系列万泉河水系的疏浚。乾隆二十四年（1759），乾隆帝下诏疏浚万泉庄水源。因年久失修，乾隆二十九年（1764）、三十一年（1766）先后两次下诏开挖万泉河道，疏导泉水。乾隆五十八年（1793）二月，因官吏疏忽，万泉河道淤积，乾隆帝命内务府的苏楞额负责疏浚工程。

经过康雍乾三代努力，万泉河水系在乾隆时成为西山地区最重要的水源之一。乾隆帝对玉泉山的整治也使玉泉山水系成为"三山五园"的主要水源。

玉泉山水系与万泉河水系结合而成为西山地区的主要水脉、北京城的主要水源，也是清代宫廷"副中心"——"三山五园"——的主要水源，可称得上是京都"龙脉"。昆明湖疏浚后成为一座集蓄、排、灌功能于一体的水利枢纽。西山水系的来源与变迁是北京城市发展史的一个重要内容，与"三山五园"的形成、发展及其深厚文化的积淀密切相关，深刻影响了北京城市的空间布局及发展。

第六节　科教基地：近现代科教事业的兴起

从19世纪40年代鸦片战争起，由于西方列强的入侵，中国开始一步步沦为半殖民地半封建社会。与此同时，由于西学的大量传入，中国社会的各个层面都逐渐开始近现代化的过程。1860年第二次鸦片战争后，北京作为国都成为这一进程的领先者。而在科学与教育层面，西山地区则又是北京近现代科教事业最早兴起之地。

一、晚清西山地区的新式科学与教育

从鸦片战争至清朝灭亡的约70年间，伴随着民族危机的加深，中国的有识之士纷纷觉醒，产生了维新变革的新思潮。这70年间，为了学习、模仿和引进西方先进的科学教育内容和教育制度，中国古代教育体系终结，近代教育随之诞生。北京作为首都，首先见证了这些变革。而洋务运动、维新变法、清末新政、外国文化渗透则成为这一时期推动北京科教事业发展的思想基础与动力源泉。彼时，北京的这些科教活动中有很多都创立于西山地区，主要活动如下：

1869年，德国地质学家李希霍芬前往西山斋堂等地区进行地质科学考察。

1883年，洋务派在三家店村创建了神机营机器局，用于制造西式枪炮。

1887年，洋务派在昆明湖畔设水操内学堂，成为北京地区最早的水军军事学堂。

1898年7月3日，在维新派的推动下，光绪帝批准创立京师大学堂。该学堂是中国近代第一所由中央政府直接创办的综合性大学，是中国近代国立高等教育兴起的重要标志与开端。京师大学堂是今北京大学前身，虽创立之初校址并不在西山地区，但新中国成立以后迁至的今址（海淀区颐和园路5号）却正是西山东麓。

1901年，日本人中岛裁之助与中国人吴汝纶、廉泉共同创办东文学社。该学社最终定校址于西山东南麓的顺治门外上斜街（今丰台区宛平城内）。该学社是一座较大规模的日文翻译专业学校，为西山地区外国人办学兴教的先河。

1902年，京师大学堂师范馆创立于西北郊，开创了中国现代高等师范教育的先河，是公认的中国师范教育事业的三大源头之一。

1903年，西什库总堂在正福寺建天主教堂的同时建成一所新式小学，成为西山地区最早的教会小学之一。

1895年，房山云峰书院开始购进新学书籍、接触近代新学知识，1903年改书院为小学，1905年改组为房山县高等小学堂。1901年12月，京西健锐营官学改为健锐营高等小学堂（位于京西健锐营印署以西）。1902年10月，京西健锐营正黄旗、正红旗官学分别改为健锐营第二初等小学堂、健锐营第四初等小学堂。1907年，房山县废儒学，立劝学所，掌全县学务。1910年，后桑峪村天主教会废私塾、讲学堂，后桑峪村小学改为大兴新学的国民小学。以上均为同期最早响应时势进行体制改革的学校，可见西山地区在北京教育体制改革上也走在前列。

1908年，京师大学堂师范馆改称京师优级师范学堂，开始独立设校。

1909年，陆军中学堂（后陆军第一中学堂，位于清河）开学，成为北京地区最早的军事中学堂之一。

1909年，筹办游美肄业馆，后定名清华学堂（位于西郊清华园），1911年开学，即清华大学前身，成为中国近现代史上最重要的大学之一。

这些活动促进了西山地区科教事业的进步，也让西山地区在新旧教育体制的变迁中走在了时代的前列。

二、北洋政府时期西山地区科教事业的发展

1911年10月辛亥革命爆发，清王朝统治被推翻，结束了延续

2000 多年的封建君主制度。1912 年元旦，中华民国成立。民族资本主义经济摆脱束缚，获得飞速发展。由此而引起的经济、社会近代化为教育的加速改革与近代化创设了客观条件。民主、共和的公民教育取代了忠君专制的封建教育。北京作为首都，首先受到影响，因此高等教育、基础教育、职业教育、社会教育等方面都有了新的发展。但袁世凯在北京复辟帝制，掀起了尊孔复古逆流。袁死后，国家又陷入军阀混战之中，政局动荡，科教事业的发展受到冲击，运营维艰。然而，这一时期中国近代高等教育制度历经艰难终于基本形成。北京处在政治变动的中心，科教事业的新旧交锋也集中于此。

1912 年 5 月，京师优级师范学堂改称北京高等师范学校，陈宝泉任校长。1917 年，增设体育专修科，使学校成为中国最早的体育人才培训机构。

1912 年 10 月，清华学堂改名为清华学校，开始引进和使用近代新式教育体制。至 1929 年最后一届旧制生毕业，学校完成了新制改革。

1912 年 11 月 11 日，北京大学农科大学迁至西郊罗道庄。该校为中国农业大学前身，为国内最早开办的农业院校。

1912 年，后桑峪天主教会开办若瑟院，是西山地区最早的新式学前教育。

1912 年，熊希龄募捐资助，英敛之、马相伯共同筹建了静宜女子学校，是西山地区最早采用新式教育制度的女子学校。

1914 年，有天主教教父于温泉白家疃创办一所免费教会小学。

1916 年，燕京大学成立。1926 年，燕京大学迁入西山燕园，成为哈佛大学的协作学校，是中国最早与国外学校协作办学的学府之一。

1916 年起，地质调查所的多批师生先后进入西山地区开展科考与实习，成果丰硕。

1918 年，李石曾、蔡元培等人为推动留法教育，在西山的香山碧云寺联合成立中法大学。1920 年，该大学正式成立，蔡元培任校长。1924年，组建孔德学院作为社会科学院，其中生物研究所乙部留在西山地区，并附设西山农场。

1919年2月，北京高等师范学校的学生在社会主义新思想影响下组建进步学生团体——工学会，最终成为五四运动的重要策源地。11月，高等师范学校废除学监，成立学生自治会，成为中国院校中最早的学生自治会。

1919年，叶良辅编纂《北京西山地质志》成稿，成为中国最早、当时最完善的区域地质调查报告，同时绘《北京西山地质图》一张。由此，西山获得"中国地质学摇篮"的美誉。

1920年，北京高等师范学校创办教育研究科，成为中国高等学校招收研究生的起始。

1920年，熊希龄在香山创办香山慈幼院。此院招收和救济孤儿、穷苦儿、受灾儿童，对其进行近代教育。该院后发展成为包括幼儿、小学、中学与职业教育在内的著名慈善教育机构，成为北京地区慈善教育机构的先锋。

1920年，北京启明瞽目院（位于八里庄五路居）成立，由英籍基督教牧师甘德华任院长。这是中国较早的盲童教育学校。

1921年，北京高等师范学校开始招收女生，实行男女同班上课，在当时有重大进步意义。

1922年，香山慈幼院在女校添设师范部，又于1924年在男校添设师范班。1930年创办幼稚师范科，后扩建为香山慈幼院幼稚师范学校。该校教育质量在全国享有盛名，第一期毕业生遍布山东、山西、河北、绥远等省，担任幼稚园园长或教师时成就颇多。另外，1922年成立香山慈幼院中等职业学校，成为中国开设中等职业学校的先驱之一。

1923年10月，中法大学校长李石曾在温泉与北安河分别兴办温泉中学、温泉女子中学与温泉小学，又在香山兴办西山中学、碧云小学。这些皆为西山地区较早的新式中小学。

1923年，北京高等师范学校更名为北京师范大学，成为中国历史上第一所师范大学。

1923年，香山慈幼院高中学部成立，是西山地区较早的新式中学之一。

1924年，培元小学成立。这是一所以"培养中华民族之元气"为宗旨的有教会办学背景的新式小学。

1925年，北京大学的顾颉刚等著名学者前往妙峰山考察当地的庙会民俗，由此开创中国民俗学研究先河。

1925年，英敛之于香山静宜园建立辅仁社，1927年由陈垣任负责人，定名辅仁大学（校址在今西城区定阜街）。这是中外交流中建立的新式大学之一。

1926年暑假，燕京大学迁入西山东麓地区（今北京大学所在地）。

1927年2月，中共党组织在西山地区建立6所农民学校，以促进西郊农民运动与南方地区的活动相呼应。

1928年，冯玉祥创办今是中学。

由上可见，西山地区也在这一时期成为北京中外交流的枢纽之一，许多学府都选择迁至西山地区，中共党组织利用西山之便积极开展农民教育活动，新旧思想与新旧教育不断在西山山前平原上交织碰撞与开展实践探索。另外，许多新兴科学事业也在西山地区如火如荼地展开。

三、国民政府统治时期西山地区科教的进步

1928年12月29日，东三省保安总司令张学良通电易帜，国民党南京政府名义上统一全国。南京国民政府统治时期，大力推行三民主义教育以加强对科教事业的控制。另外，又采取增加教育投入、加紧教育立法、积极吸收西方资产阶级教育的办法，促进教育事业发展。这一时期北平的教育教学和管理体制比较健全，教育事业有了显著发展。这一时期西山地区在科教方面也有了长足进步，走在北平科教发展的前列。此后，日本加紧对中国侵略，北平处于抗日一线，科教活动受到冲击，爱国学生运动掀起新高潮，一直持续至新中国成立。这

一时期西山地区中法、中英、中加之间的交流加强，发生了许多现代科教史上的著名事件。

1929年，燕京大学创办燕京大学附属初级中学。

1930年春，鹫峰地震台建成。此台为当时国内第一个采用近代科学技术的由中国人建立的地震监测机构。

1930年，张中孚、阎锡麟等在圈门龙王庙开办了一所初中补习班。同年，培元女子小学增初中部，改名培元学校。

1938年4月，日伪在西郊白祥庵村一带开办"中央农事试验场"，1940年又改为"华北农事试验场"，即今中国农业科学院的所在地。

1938年10月，日伪在清河原陆军中学堂旧址开办"军士教导团"。1939年10月，陆军军官学校迁入清河陆军中学堂的旧址。

1938年，西山地区的抗日民主政府在解放区发展教育，将原有村办小学与私塾全部改成公办小学，使西山地区成为沦陷时期北平教育发展最快的区域之一。

1944年，祁国栋创办有教会背景的培元中学。

1946年，国统区各煤矿集资于城子村开办了一所私立门城中学。此为西山地区较早建置并最具影响力的新式中学，一直办学至新中国成立以后。1948年，该校改为公办门城中学，1949年又改为北平市第九中学。

1946年，清华大学教务长李中华等在校内创办成志学校。同年，清河制呢厂子弟小学、颐和中学成立。这些中学确立的针对特定人员或特定区域子弟招生的体制一直影响后世。同年，成志学校开办初中部。

国民政府统治时期西山地区的科教事业得到一定程度的发展。尤其是北平沦陷时期（1937—1945），在日伪的打压下，北平城内科教事业陷入停顿，多数院校南迁。而在中国共产党领导下，西山地区的根据地科教事业却蓬勃兴起，成为该时期北平地区教育事业的先行者。

四、新中国成立以来西山地区科教事业的引领作用

1949 年 10 月 1 日，新中国成立，北京被定为首都，继续作为中国的政治、文化中心。1950 年 5 月，北京市都市计划委员会讨论北京市城市规划与建设方案时同意将西山（大致范围在香山、八大处一带）划为风景休养区，并将西北郊（大致为西山东麓小平原延伸的清河以南地区）规划为文教区。同年 11 月，北京市第一个城市规划草案正式划定休养区和文教区。随后，西山东麓的西北郊地区在北京乃至全国的科教事业发展中始终走在前列。

1951 年，中国人民大学在西郊落成。这是新中国成立后建立的第一所正规的全日制综合性大学。

1952 年，西北郊的燕京大学撤销，北京大学迁入。北京矿业学院、石油学院、航空学院、钢铁学院、林学院等大量学校在西北郊一带建立。北京师范大学、中央民族学院等学校也先后在西郊新建校舍。

1953 年 9 月起，北京钢铁学院、北京石油学院、北京航空学院、北京矿业学院、北京地质学院等大学院校先后迁入西北郊新校区。一大批科研机构的部分基建工程在中关村地区竣工。10 月起，中国科学院地理所、物理所等科研机构陆续迁入西北郊。

1955 年 7 月 1 日，北京市工读学校在西北郊的温泉村成立。该校为中国第一所工读学校。10 月 26 日，北师大附中二部由干部子弟学校变为普通中学，更名为北京市第一○一中学。1956 年，育英小学、西苑小学亦如此。延续至 1964 年，原军队系统所属的 26 所学校先后移交地方政府领导。

1988 年 5 月 10 日，国务院同意在西山东麓的海淀区境内设立北京市新技术产业开发试验区，成为中国第一个国家级新技术开发区。9 月 8 日，有 118 家新技术企业被北京市新技术产业开发区认定。

1995 年 12 月 22 日，中华人民共和国中关村海关建成并开关，成为中国第一个设在国家级高新技术开发区内的海关。

20 世纪 50 年代末，西北郊地区先后建成多所高等院校，形成

"八大学院"区；中关村等地区则陆续建成几十个中科院和中央各部委所属的科研机构。从此，西山东麓的西北郊地区成为北京乃至中国科研、教育事业高度密集、发展程度较高的地区。这种情况一直延续，时至今日，西山东麓地区在科学研究与教育发展上始终走在中国前列。

第三章

文化大观
——西山文化的类型、特征与北京的文化关系

北京西山是多种文化相互交汇的文化大观园。在西山，山水园林文化丰富、古道文化广延、物产开采文化历史悠久、名士足迹遍布、宗教文化交融、红色文化深入人心等。这些文化类型多样，互为依托，层级较高，意蕴极深，共同构建了西山宏大的文化景观。因此，西山可谓是北京文化中多元文化形态的展示区，是北京文化的重要缩影与直接展现。

西山分布着众多的自然与人文景观，蕴藏着极为丰富的文化资源。据统计，西山拥有世界文化遗产3处，国家级重点文物保护单位37处，北京市级文物保护单位60处，国家级非物质文化遗产11项，市级非物质文化遗产39项，区级文物保护单位183处，普查登记在册文物1052处，地下文物埋藏区18处，优秀近现代建筑18处，工业文化遗产26处，市级历史文化街区5处，国家级历史文化名村4个。同时，西山还拥有国家级风景名胜区1处、市级风景名胜区4处、区级风景名胜区9处，以及房山区世界地质公园、国家级传统村落、国家级和市级森林公园等风景名胜资源，在数量和质量上都在北京市整体文化资源中占据重要地位。因此，在北京地域文化体系形成以及构建全国文化中心的过程中，西山都扮演着重要角色。西山文化已成为北京文化不可或缺的一部分。

第一节　山水园林

西山拥有北京最美的景色。西山之美在于山清水秀，其中香山、玉泉山、万寿山等名山四季秀丽；永定河水纵横奔流，大增西山气韵；玉泉山水系、万泉河水系泉水澄澈，共同构成西山独特的山水气质。自辽以降，历代统治者及王公贵族相继在此建苑修园，以作为休憩游玩之所。其中建于西山东麓的"三山五园"更是中国古代皇家园林的巅峰之作。山水的自然景致与园林的人文景观，在西山得到了前所未有的完美结合。

一、秀山丽水

西山分布着北京地区最秀美的山水景致（见图3-1）。明沈榜在《宛署杂记·山川》中赞叹："每大雪初霁，千峰万壑，积素凝华，若图画然，为京师八景之一，名曰西山霁雪。"西山四季奇艳，各有绝景，康熙《宛平县志·山川》载："（西山）层峦积翠，叠峰环青。梵宇琳宫，何止千百。

图 3-1　《西山图》①

春夏之交，晴云碧树，花气鸟声，秋则乱叶飘丹，冬则积雪凝素，帝里大观，莫是为最。"此外，西山不仅山秀，水亦美。清吴长元《宸垣识略·形胜》载："（西山）卢沟、琉璃、胡良三河，山水所泄，多归其中。其水皆藻绿异常，风日荡漾，水叶递映，倚阑流览，令人欣然欲赋。"

文人墨客的赞扬使西山许多山峰更增人文因素，成为名山。第一章已对部分西山名山有所概述，为免重复，以下仅选择与园林建设密

---

① ［清］陈梦雷编：《古今图书集成》卷四十二。

切相关的3座名山列出。

（一）香山

香山位于海淀区西侧，主峰海拔575米。山顶有两块巨石，状如香炉，故名香炉峰，后简称香山，主峰因峰顶陡峭，登者望而却步，俗称"鬼见愁"。香山坐落在西山边沿小平原，临近城郭，植被丰茂，花木满山，清泉潺潺，重峦叠嶂，景致怡人，秋日红叶满天，是北京著名景观，游人络绎不绝。明李梦阳《集古句凡五首·其五·香山》描述：

二月已破三月来，山下碧桃春自开。半醒半醉游三日，
并马今朝未拟回。

唐代以来屡建名刹，金代始建香山寺。金章宗辟为"八大水院"之一的潭水院在元代改建成大永安寺，同时建香山行宫，另在东麓建碧云庵。明正德十一年（1516）太监于经于东麓重修寺院，建成著名的碧云寺。清将其扩建为"三山五园"之一的静宜园，且在附近兴建健锐营驻地。民国时改香山公园，并有香山慈幼院，达官显宦也于此大修宅园和别业。1949年3月，中共中央迁北平，暂驻香山，毛泽东于双清别墅办公，奠定了新中国成立的基础。

（二）玉泉山

玉泉山位于海淀区颐和园西，主峰海拔100米，山势呈南北向，长约1300米，东西最宽处450米。山多涌泉，晶莹如玉，故而得名。最大的一组泉眼位于西南部，名玉泉，有"天下第一泉"之称，昔日水从石穴中喷涌而出，水柱可高达尺许，此景被誉为"玉泉垂虹"或"玉泉趵突"，是"燕京八景"之一。明王英有《玉泉》诗赞曰：

山下泉流似玉虹，清泠不与众泉同。
地连琼岛瀛洲近，源与蓬莱翠水通。

出涧晓光斜映月，入湖春浪细含风。

迢迢终见归沧海，万物皆资润泽功。

玉泉水曾是北京城的重要水源之一。元代曾开专渠引玉泉水入大都皇宫，号金水河。之后将玉泉水潴为西湖（昆明湖），成为元代以降北京城主要水源和重要景点。金章宗在此山建行宫，清扩建为"三山五园"之一的静明园，山上的3座宝塔成为颐和园昆明湖的重要借景。

（三）万寿山

万寿山位于海淀区颐和园内，属西山支脉、燕山余脉，是由山地入北京小平原的最后一道山脉，高58.59米，海拔108.94米，前临昆明湖。金代称金山，因此山前湖泊名金海；元代改名瓮山，湖泊名瓮山泊；明正德年间建好山园时又称金山；清乾隆十五年（1750），乾隆帝为母祝寿，山改万寿山，湖改昆明湖。万寿山山体缓秀，又不乏异角突起，与昆明湖相呼应，山光水色，周遭经开发经营，有大量水田，湖中植菱莲，一改原本荒凉氛围，使这一带渐有江南气韵。因此，历代于此建有大量名刹、园林。明弘治七年（1494）孝宗乳母助圣夫人罗氏在山前建圆静寺，清初曾为宫廷养马的草料场。乾隆十五年（1750）于此建清漪园，为"三山五园"之一，咸丰十年（1860）被焚毁，光绪十四年（1888）重修，改颐和园，后又屡遭劫难。

以上三山即清代园林鼎盛时"三山五园"中的"三山"。除此之外，西山仍有卢师山、五华山、翠微山等名山，为历代京城人郊游赏景之地，但与园林关系不大。然而，山高千仞，必以水绕而有丽韵，众多名山因永定河而多了一分气势与一缕婉转，玉泉山泉水、万泉河泉水等水系则又添柔情蜜意与灵动活力。

二、华苑名园

山水相合的西山具有无限的魅力，令北京城里上自帝王、下至百姓无不向往。因此，自辽至清，历代帝王贵胄不断在西山修建别苑园林。其中最早的有辽代清水院，金章宗所辟"八大水院"，以及金、元时期修建的玉泉、香山行宫，明中后期在山前平原辟建的张园、清华园、勺园，最后至清康雍乾三代最终建成的"三山五园"。这些华苑名园既与西山自然景致相结合，又具有独特的人文气息，是西山自然与人文完美整合的典型。

（一）清水院

清水院位于西北郊阳台山麓，即今大觉寺。清水院始建于辽咸雍四年（1068），初名清水院，是一座佛寺。清水院以清泉甘洌绝妙为辽代皇帝所青睐，常常来此驻跸礼佛。清水院房屋都依契丹"朝日"习俗坐西朝东，于西山诸院中颇有特点。至金章宗时清水院进一步扩建为园林，正式成为供皇帝行"秋山"习俗的皇家行宫，而被列为"八大水院"之一。清水院后改名灵泉寺，至明宣德三年（1428）又改名大觉寺。《帝京景物略》载：

> （黑龙潭）北十五里，曰大觉寺，宣德三年建。寺故名灵泉佛寺，宣宗赐今名，数临幸焉。而今圮。金章宗西山八院，寺其清水院也。

寺院今日仍胜景不凡，幽泉曲流，玉兰飘香。留有银杏一株，相传已有800余年历史，秋日金黄缤纷，闻名京城。古朴典雅的庭院建筑皆明清重修所遗，1979年被列为北京市第二批文物保护单位。

（二）"八大水院"

金章宗在西山开辟8座皇家行宫，为金帝游幸驻跸之所，原称"西山八院"，后人因院中都有水景而出名，遂俗称为"八大水院"。金代时已初具皇家园林群落规模，开创了"寺庙兼有园林"的造园艺术。八院建于群山之麓却皆以"泉水"著称，可谓西山山水秀丽的自然优势在园林中的首次集中展示。除清水院、香水院、潭水院位置较确定，其余五院遗址历来多有争议。一般认为五院为圣水院、双水院、灵水院、金水院及泉水院。

香水院位于妙高峰山麓。此院历史悠久，唐代已建名刹法云寺，寺门内砌方池，左右双泉汇注。金章宗据此建香水院，立碑记事。清末，香水院被辟为醇亲王陵寝，人称"七王坟"。今仍称法云寺，但庙宇已毁，方池尚在。

潭水院位于香山山坡，在香山公园双清别墅一带。原为香山寺，始建于金大定年间，寺庙面东，院中有泉及古银杏。金章宗辟为潭水院。明正统年间，宦官范弘曾扩建此院。清代将此院纳入静宜园。民国时熊希龄建双清别墅，今属香山公园。

圣水院位于海淀区车耳营村西边凤凰岭，现称黄普院。原建筑面东，辽金时建，古时院中富有泉水，今仍遗金代银杏。明建明照洞瑞云庵，并有京城一绝"石上塔"奇景。

双水院位于石景山区双泉寺村北五里坨天台山。此院三面环山，后山有泉水涌出，经寺院再入河谷，成双溪，故名双泉。《日下旧闻考》载，金章宗明昌五年（1194）御旨建造，为皇帝夏季避暑之用，始建初便有帝王游幸的行宫园林性质，史家据此以其为"八大水院"之一的双水院。此院曾于明宣德、成化、嘉靖年间3次重修，成化年间重修后改香盘寺。清光绪九年（1883），宦官刘诚印又重修此院。

灵水院位于门头沟区樱桃沟村北仰山巅。金大定二十年（1180）建栖隐寺（一说始建于辽），度僧万人。旧有龙王堂，又有五峰八亭，其中灵泉清澈见底、甘洌可口，为京西名泉之一。金章宗于明昌五年（1194）八月曾亲临此地。元时仍兴盛，赵孟頫《仰山栖隐寺满禅师道行碑》称其"参差珠阁"。清初已破败。现仍称栖隐寺，为西山重要古刹之一。

泉水院位于玉泉山麓。山上较早已为行宫，金章宗多次亲临此地，现仍有芙蓉殿，殿门朝东，是金时遗迹。因此，史家认定该行宫应为"八大水院"之一的泉水院。

对于金水院，一直有两种说法。其一，阳台山麓的金山寺即金水院。寺坐西朝东，为辽、金时期建筑，院中有两株金代古银杏，且院中金水泉是西山名泉之一，与"八大水院"颇为契合。其二，以金水院指颐和园。金海陵王迁都中都时在金山（万寿山）一带建行宫，宫前河流称金水河。金章宗也多次前往金山行宫驻跸。

此外，另有多种说法：其一，海淀区温泉村温汤院为"八大水院"之一。其二，樱桃沟内的金章宗看花台亦"八大水院"之一。其三，海淀区温泉东黑龙潭，凤凰岭龙泉寺、上方寺，以及石景山区五里坨西隆恩寺，皆辽、金时期始建，又都有金章宗多次亲临此地的记载，也有为"八大水院"之一的可能性。

"八大水院"的开辟将西山的山水美景挖掘了出来，呈现于世人面前。此后元、明、清不断在西山营建以供休憩的园林。另外，"八大水院"开西山园林组群辟建的先河，给元、明、清统治者以启示，尤其清代皇帝仿"八大水院"辟建了大规模的"三山五园"，成为中国古代皇家园林建设的巅峰。

（三）惠安伯张园

该园位于阜成门外西北嘉兴观西约2里，为惠安伯张元善的私家园林。该园建于明末，至封伯六世孙张庆臻于万历三十七年（1609）袭封，崇祯十七年（1644）死，历经40余年经营。园地面积广阔，有牡丹、芍药数百亩，为彼时京城争赏牡丹的重要场所。花的名称与品种皆有标记，可见其园的经营颇为用心。《春明梦余录》载明代袁宏道《游牡丹园记》，记有两次入牡丹园观赏所见：

> 约开五千余，平头紫大如盘者甚多，西瓜瓤、舞青猊之类遍畦有之。一种为芙蓉三变尤佳，晓起如珂雪，已后作嫩黄色，午间红晕一点如腮霞，花之极妖异者。
> 红者已开残，唯空亭周遭数十亩如积雪，约十万余本。

两次赏园时日不同，但对牡丹秀色逼人以及张园牡丹规模巨大皆有颇为详细的记载。可惜该园于明末毁于战乱。

（四）万驸马白石庄

该园位于西直门外白石桥稍北，为明末驸马万炜别业。明孙国敉在《燕都游览志》中称："在白石桥稍北，台榭数重，古木多合抱，竹色葱蒨，盛夏不知有暑。附郭园亭当为第一。"可见该园景致不凡，于明末西郊诸园中为佼佼者。该园以柳景取胜，园中有爽阁、郁岗轩、翳月池等景点，浑然天成，颇具韵味。

（五）清华园

清华园一名李园，位于今北京大学西门对面，是明万历朝国戚武清侯李伟私业，成于万历十年（1582）。方圆大约5千米，园中柳堤长约10千米，规模较大。园中有挹海堂、清雅亭、聚花亭、飞桥、水阁、叠石、百尺高楼等景致，名花无数，被誉为柳堤花海，时人誉为"京师第一名园"。该园毁于明末，清康熙朝于旧址辟建畅春园。后经清末战火，该园今已辟为民居与清华大学用地。

（六）勺园

勺园一称米家园、风烟里，位于今海淀区北京大学未名湖一带，由明代文学家、书法家、画家米万钟开辟。该园始建于万历四十年（1612），至四十二年（1614）建成，被公认为是明北京最负盛名的水景园，与清华园齐名。《春明梦余录》卷六十五载：

> 园仅百亩，一望尽水，长堤大桥，幽亭曲榭，路穷则
> 舟，舟穷则廊，高柳掩之，一望弥际。

该园虽仅占地百亩，长堤大桥、幽亭曲榭却皆因水而筑，有巧夺天工之妙。园门北向，题"风烟里"，主要景致有缨云、雀滨、文水波、定舫、松风水月、勺海堂、太乙叶、翠葆榭、林淤溁、色空天

等。水亭、桥廊相互映衬，散步长廊，移步换景，以舟代步，泛舟湖上，沿途观景，妙趣不绝，可惜毁于明末动乱。清康熙间于旧址新建洪雅园，帝亲题园额，并赐郑亲王。乾隆五十九年（1794）该园归内务府，嘉庆初改为城内达官显宦赴圆明园入值时休息之所，名为集贤院，偶尔为外使或外官入京居所。该园于咸丰十年（1860）毁，今为北大"勺园大楼"。

（七）"三山五园"

"三山五园"是清代西山东麓一带皇家园林集中区域的总称。"三山"即香山、玉泉山、万寿山。"五园"指清漪园、静明园、静宜园、圆明园和畅春园。修建始于康熙初年，经康雍乾三代连续修建完成，是西山"八大水院"后又一皇家园林组群。规模巨大，建筑与景观皆富丽堂皇，堪称中国古典皇家园林建筑史上的巅峰，成为清代的政治副中心，在清史上占据举足轻重的地位。"五园"建成顺序为畅春园、静明园、圆明园、静宜园、清漪园，各有特色。

1. 畅春园

畅春园位于海淀大河庄北，今北京大学西南部，是在明代清华园基础上修建的大型人工山水园。该园约始建于康熙二十三年（1684），二十九年（1690）建成。康熙帝将其作为"避喧听政"之所，每年春夏皆于该园听政，使之成为清初最重要的政治副中心。尤其是园正中的九经三事殿为康熙帝听政、会见外使的重要场所。可以说，"三山五园"听政史由该园拉开序幕。

该园方圆3.5千米，建筑金碧辉煌。除中路大殿，东路清溪书屋为康熙帝寝殿及书房，并于康熙六十一年（1722）于此寿终，春晖堂等为乾隆帝生母孝圣太后寝殿。另有澹宁居、玩芳斋、无逸斋、渊鉴斋、凝春堂、恩佑寺、恩慕寺、集凤轩、苏州街、龙凤桥、西花园等景点。该园的景致妙造自然、山水相合的园林特色对后四园影响颇深。

雍正帝扩建圆明园后，该园政治地位被取代，此后清廷国力衰退，逐渐荒废，咸丰十年（1860）毁于战火。该园原址如今东为北京大学用地、西为海淀公园。

2. 圆明园

圆明园位于海淀区挂甲屯北京大学北、清华大学西，起初为康熙四十八年（1709）给四子胤禛的赐园，康熙帝亲题"圆明园"。胤禛在康熙年间曾依"林皋清淑，波淀淳泓"的地理优势而"因高就深，傍山依水，相度地宜，构结亭榭"对其进行妙法自然的整修，初步奠定了园林基础。雍正三年（1725）开始扩建，并贯穿雍正朝。扩建后，面积增至3000余亩，建成正大光明、勤政亲贤、九州清晏、镂月开云、天然图画、碧桐书院、慈云普护、上下天光、杏花春馆、坦坦荡荡、茹古涵今、长春仙馆、万方安和、武陵春色、汇芳书院、日天琳宇、澹泊宁静、多稼如云、濂溪乐处、鱼跃鸢飞、西峰秀色、四宜书屋、平湖秋月、蓬岛瑶台、接秀山房、夹镜鸣琴、廓然大公、洞天深处等二十八景，雍正帝亲自题署。至此，本园规模已大体具备。此后，乾隆朝又对其进行多次扩建增修。其中，乾隆九年（1744）增建了曲院风荷、坐石临流、水远山村、映水兰香、水木明瑟、鸿慈永祜、月地云居、山高水长、澡身浴德、别有洞天、涵虚朗鉴、方壶胜境十二景。之后有"圆明园四十景"之称。乾隆帝不仅题诗以咏，还命宫廷画师唐岱等人依四十景绘制40幅分景图，以记其美景盛况（见图3-2）。

图3-2　《圆明园四十景图》之澹泊宁静

同时，乾隆帝又在园外建长春园。此后，经嘉道咸三代，前后150余年增修，终建成占地达5200余亩、周长约10千米的皇家园林。

该园主体由圆明园、绮春园、长春园组成，加上于乾隆三十二

（1767）、四十五年（1780）划入的熙春园、春熙园，最大时形成"五园之盛"，是清代皇家最大的园林，被誉为"万园之园"。园中有楼台殿阁、亭榭轩馆达140余处，在园中挖湖堆山，植奇花异木，搜罗名贵山石，移天缩地，最终建成100余处景致。园中既有正大光明殿用于听政，又有九州清晏以宴赏群臣，有安佑宫以祭祀祖先神灵、文源阁以收藏书画、武陵春色以仿桃花源、断桥残雪等以仿西湖景致，尽收江南安澜园等名园胜景。

此外，长春园中还仿意大利巴洛克建筑与水戏线法，建远瀛观、海晏堂等欧式宫苑，成为中国古代皇家御苑置入欧式建筑的先例。

经此，该园堪称中国古代皇家园林艺术巅峰之作，成为集行政、居住、游览于一体的大型综合皇家园林。数位清帝一年中大半时间皆居于此，使之成为清朝名副其实的行政副中心。另外，清帝还于园中收藏大量书册、字画、文物古玩等国宝，使之成为一座中国古代文化艺术的宝库。

咸丰十年（1860）、光绪二十六年（1900）该园受到毁坏，20世纪80年代后被辟为遗址公园，作为爱国主义教育场所。1988年，该园被列为第三批全国重点文物保护单位。

3. 静明园（玉泉行宫）

静明园原名澄心园，位于海淀区玉泉山。金代辟此园为行宫，金章宗多次亲临此园。元代改建昭化寺，明代则建上、下华严寺，但皆毁于战火。清康熙十九年（1680）重建，名澄心园，三十一年（1692）更名静明园，形成廓然大公、芙蓉晴照、玉泉垂虹（或玉泉趵突）、竹垆山房、圣因综绘、溪田课耕、绣壁诗态、清凉禅窟、玉峰塔影、风篁清听、采香云径、峡雪琴音、镜影涵虚、云外钟声、裂帛湖光、翠云嘉荫十六景。乾隆帝曾作《题静明园十六景》组诗，对这十六处景致各题诵颂，其中"芙蓉晴照"赞道：

秋水南华趣，春光六月红。羞称张氏面，不断卓家风。

无意峰光落，恰看晴照同。更传称别殿，旧迹仰睎中。

可见建筑与自然风光的完美整合形成了精美绝伦的景致。乾隆十五年（1750）进一步扩建，十八年（1753）完成，增建华滋馆、清音斋、冠峰亭、赏遇楼、观音洞、飞云苁、迸珠泉、长墨泉、分鉴曲、写琴廊、罗汉洞、如如室、延绿厅、犁云亭、层明宇、心远阁十六景。

最终形成总面积约975亩，南北长1350米、东西宽590米的大型皇家园林（见图3-3）。

图3-3　《静明园图》

十六景的建筑皆依山势而建，使之与玉泉山天然的泉壑、山岩、林木交融，秀丽和谐，堪称"三山五园"皇家造园艺术中的典范。静明园虽规模不大，但却拥有"天下第一泉"等"五园"中最佳的泉水景致。另外，该园与瓮山泊毗邻，园中高塔作为清漪园的借景，达到园林间景致联动的境界。

乾隆后几代清帝都曾对该园进行修缮，但清末两遭掠夺与焚烧，大部建筑被毁，渐趋荒废。新中国成立后，该园被辟为国家机关用地，进行重修，1957年被列为北京市第一批文物保护单位。

4. 静宜园（香山行宫）

静宜园位于海淀区香山，金大定年间曾建香山寺行宫，元、明时期翻修。清乾隆十年（1745），在旧行宫上兴建。乾隆十二年（1747），营建告一段落，命名静宜园，建成勤政殿、丽瞩楼、绿云舫、虚朗斋、璎珞岩、翠微亭、青未了、驯鹿坡、蟾蜍峰、栖云楼、知乐濠、香山寺、听法松、来青轩、唳霜皋、香岩室、霞标磴、玉乳泉、绚秋林、雨香馆、晞阳阿、芙蓉坪、香雾窟、栖月崖、重翠崦、玉华岫、森玉笏、隔云钟二十八景。乾隆帝多有题诗，仅"绿云舫"便先后十三题，其一赞道：

是处绿阴稠，几余静憩留。烟霞常荟蔚，鱼鸟任飞浮。

不系乔松畔，将寻古渡头。周髀归妙契，天地一虚舟。

二十八景既有悬崖峭壁，又含流泉飞瀑，更有苍松古柏映衬其间。殿堂庙宇、亭台楼阁则依山而筑、顺树而修，与香山天然景致烘托辉映，既气宇不凡，又静怡宁和，四季景异，颇为宜人，是谓"静宜"。

静宜园亦在清末两遭大难。民国初年，众多官僚文人于旧址造别墅，其中有熊希龄1917年建的双清别墅。1949年3月，中共中央由西柏坡迁京，毛泽东等于此暂住，共商大计。新中国成立后，旧址被辟为香山公园，为北京著名的国家森林公园，今红叶等仍为世人称道。2018年，双清别墅等革命旧址进行修缮复原，与新建的香山革命纪念馆组成中共中央北京香山革命纪念地，2019年9月正式对外开放。

5. 清漪园（颐和园）

清漪园位于海淀区万寿山。金贞元元年（1153），海陵王在金山（万寿山）下建金山行宫。此后，金章宗曾多次亲临幸此地，有说金章宗将此辟为金水院。此后，元代整治金海，于湖畔修大承天护圣寺，明正德年间又修好山园，初步奠定园林基础。清乾隆十四年（1749），为将圆明园等4园景致连成一片，弥补空缺，遂于此修建园林。乾隆十五年（1750）挖湖堆山，扩大水面，加大山势，改瓮山为万寿山，瓮山泊为昆明湖。乾隆十六年（1751）乾隆帝作《清漪园即景》诗曰："山称万寿水清漪，便以名园颇觉宜。"命名此园为"清漪园"。该园历十数年修建，于乾隆二十六年（1761）初成。

该园建成后面积约2850亩，水域面积约占3/4，分朝政、居住、游览3区，宫殿园林建筑达3000余间，规模巨大，金碧辉煌。主要景点有排云殿、佛香阁、智慧海、仁寿殿、玉澜堂、宜芸馆、乐寿堂、德和园、十七孔桥、转轮藏、五方阁、宝云阁、四大部洲、云会寺、善现寺、苏州街、澹宁堂、西堤六桥等。乾隆十六年（1751）仿无锡惠山寄畅园建谐趣园（惠山园），自成一统，为著名的园中园。

园中景致山清水秀，以水映山，雄山镇水，将西山景引入，以达

"宛自天开"的境界,成为中国园林艺术史上的典范(见图3-4)。乾隆《昆明湖泛舟》诗曰:"何处燕山最畅情,无双风月属昆明。"

图3-4 《京畿水利图卷》中所绘的清漪园

咸丰十年(1860)该园遭焚毁。光绪十二年(1886),慈禧下诏重修,改名颐和园,以寓"颐养冲和"之意。光绪二十六年(1900)该园又遭焚烧,二十八年(1902)再度修复。1911年辛亥革命后,为溥仪私产。1914年,清室售票开放,供普通百姓游览。1924年,该园被辟为公园。新中国成立后多次修缮,如今面貌焕然一新,成为中外游客向往的旅游胜地,被誉为"博物馆公园"。1961年,该园被列为第一批全国重点文物保护单位。1986年,该园被评为新北京十六景之一。1998年,该园被联合国教科文组织列入《世界遗产名录》。

明计成在经典《园冶》中云:"借者,园虽别内外,得景则无拘远近。"借景西山可谓西山历代园林建筑的共同特点。勺园创建人米万钟曾强调西山园林的较高境界:"更喜高楼明月夜,悠然把酒对西山。"从"八大水院"依泉水林壑就地建寺辟宫到"三山五园"的浑然天成,无不强调对西山借景,将西山美景引入园林。因此,西山美景为园林建设奠定基础,园林建设在借景西山的同时将中国古代道法自然的园林理念推向顶峰,使西山成为中国古典山水园林的文化大观园。

第二节　曲径通幽

西山的地理位置与地形情况使之成为北京西部屏障与通衢。历史上，西山既是民族隔离的藩篱，又是纷争的舞台。西山物产丰饶，遂成为供应北京城的物资宝库。西山宗教文化的交融与盛行使之成为北京宗教、民俗活动中心。这一切皆由西山中条条曲径联系在一起。因而，西山古道大体分为军事、商旅与进香道3种。历经沧桑，西山古道多已隐没于荒草之中，但仍有较高的历史文化价值。

一、京西古道的起源

西山纵横的谷地、奔腾的河流与广阔平坦的山前台地为人类活动提供了天然道路及开辟道路的有利条件。考古证明，远古时周口店北京猿人已溯永定河而上，到达河北、山西交界的许家窑一带，拉开了西山道路交流的序幕。永定河及相关河系的古道情况将于后文详述。对东胡林人的考古发掘则证明早在数万年前已有人类踏足西山。

此后西山成为隔离与沟通古代游牧民族与中原农耕民族的中间地带。因而，历代在西山建起许多关隘军城，同时开辟了许多军事用道。

另外，北京城市建设和人口生存对物资的需求日益增多。西山石灰、石料、琉璃、木材等都与北京城市建设密切相关，煤炭更是供"京师炊爨之用，尤不可缺"。因此，为方便物资外运，供应京师，西山逐渐出现供应物资所用的商道。

同时，西山中儒、释、道及民俗信仰等文化深入人心，古刹遍布、神庙众多，再加上秀丽的风景，自西向东徐徐展开的山水画卷都使其成为京城人朝拜、祈福、踏青、赏景及避世、追求宁和的圣地。由此产生许多连接宫刹、别苑的小径。随着明清民俗信仰兴起，妙峰山娘娘庙会等民俗活动盛况空前，许多小径被辟成大路，以供香客、游人进山参会。这便是香道的由来。

西山古道或长或短，或宽或狭，或纵或横，通联交织，形成西山中复杂的古道网络。通过这些古道，演绎了古代经典的战役；西山煤炭、矿物、石材、果品等物产运至北京，以供京师消费；北京等地生产的工业和手工业产品及平原地区生产、存储的粮食运进山区，供山中驻军及百姓生活；许多文人墨客沿道进山，寻找休憩之所；民众沿香道入山，上香朝拜、踏青赏景，以寄托愿望，一解心中郁闷。古道将西山与北京城连为休戚与共、祸福相依的一体。

二、京西古道的类型与分布

西山古道依用途大致分为3种：军道用于军事活动，商道用作货物交易，香道用于香客进山与古刹探幽。因而，三者在西山分布区域略有差异。军道多分布于西北边界群山及斋堂等军镇周边，商道多分布于物资产出地与北京城之间，香道则多分布于名刹周边，以及名刹与北京城的通道中间。三者在西山各依此区域密集分布，共同构成西山密而有序的古道网络。

（一）军事古道

历代统治者皆于西山构建防线、修筑防御工事，两者间的道路成为军事古道。西山军事古道按沟通主体可分为长城沿线、关口连线两类。

1. 长城沿线

西山采用关隘处断续修筑的长城体系，长城本身不连成一体。因此，为保护交通、联成军事防线，沿边长城关隘间修建了军道。这种军道与长城修筑息息相关，多随长城防线移动而改变，二者高度统一（见表3-1）。

表3-1　西山古代长城路线一览表

朝代	路线
燕国	门头沟区大村入，过永定河、沿河城、黄草梁、东灵山缘边山岭一线分布
	经八达岭、黄楼院，南经北祁岭，入大村东山的昌平区域西北沿线

朝代	路线
北魏	长城昌平西南至飞狐陉一段，过大村—黄草梁—东灵山
东魏	长城幽州西境一段，沿大村—黄草梁—东灵山的北魏路线
北齐	重城平型关至居庸关一段，经东灵山—黄草梁—大村一线
北周	西起雁门关，东达山海关。经过门头沟区西境东灵山—大村一线
隋朝	幽州西境东灵山—大村一线
唐朝	居庸关西南经门头沟区境
金朝	内长城"明昌边堡"经门头沟区境
明朝	"次边"，永定河左岸属昌镇居庸关镇边城辖，右岸属真保镇紫荆关沿河口、乌龙潭口分辖。三坡东10千米，入宛平县界。又北10千米至小河南，又东北5千米至洪石口，又东北8千米至天津关，又东北11千米至猪窝口，又东稍南5千米至沿河口，又东7.5千米至向阳口。计长30.5千米

由表3-1可见，历代多修长城沿线道路，明代达到顶峰。清代减弱西山防线，这一道路体系渐衰。后多变成往来于京边与河北、山西等地的商道。

2. 关口连线

大道为关，小道为口。军事上，关、口常合称关口，借指水陆通道中专门构筑的防守设施，并实行管理、防卫、守御的地理单位。西山关口虽不在防御一线，却起到驻兵、纵深防御与连接北京的重要作用。关口皆择道而建，成为道路重要节点，其军事驻军功能也使所在道路演变成军道。西山关口比比皆是，玉河大道、斋堂川等线成为重要关口的集中区域。

玉河大道：石港口外通保安州（今河北涿鹿县），内连王平口，东至沿河口。弩寨岭口（奴才岭）于河北涞水县野三坡与门头沟区西境交界，经斋堂东至北京，西南至易州（今河北易县）奇峰、紫荆关、飞狐陉等，即辽圣宗所建奇峰道。青白口位于清水河入永定河河口，祈州、妫山间，南出易州大路，主防山后通往山前的大路。

斋堂川：元代熊梦祥《析津志》载斋堂为核心四至的古道线路：

东安（至）大安岭四十五里，至王平二口子四十里，通八十五里。东至张废小道六十里。

东北至神树口子六十里。清白口东南黑塔儿，通王平口、昌平二处。东北清白口，安窠淤子口，通榆林站。怀来县长谷小口。

南至大安山九蹬湖七十里，属房山界。抢竿岭口八十里，房山界田。四村，黄河村，黄塔村垒。甲局口一百里，属房山界。东、西斋堂垒。扁鹊口六十里，属房山界。

西至浆水河即挍子口四十五里，属保安州界。西至弩寨岭口四十五里，属范阳界。本处有巡检司自把。

北至天津岭口六十里，属保安州界。柏峪梁家庄垒。支过户口五十里，属保安州界。杜家庄。三叉口四十里，属保安州界，通黄芦石阳峪。九山小道六十里，属保安州，人行道。桓峪断。燕家台天桥儿，属保安州。燕家台垒。斋堂乡民口记：王平口，又一小口南路。戴家山口，南入涿州北入大都。佛子庄口、龙门口、燕家口，以上俱入南通涿州。鸡兔台口，南路。青堰皂东口东挐寨口，齐家庄口。入镇上进紫荆关。

可见元末斋堂四至道路上不仅关口密布，且作为支点，使斋堂周边大量道路都成为军道。关口连线的军道大多本已有路，因军事关口修筑成为军道。此现象至明代最盛，清代撤隘口后消亡，道路变回商道或成为香道。

（二）商旅古道

西山物产丰饶，随着北京城的发展，西山物资开发和运输日益重要，形成西山东至北京，或西出山西、内蒙古的商道。商道分布范围最广、连接最远，大体分3种：京抵西山主道；西山大道；重镇支路与乡村间道。

1. 京抵西山主道

在古代，北京与西山间来往的主道大多为运煤、木材等物资的道路。大量西出的运煤车使北京城与西山间开辟出了数条往来大道。

清代以前从北京去往西山主要走阜成门与西直门。阜成门原名平则门，为北京内城西门，因进煤频繁而俗称"煤门"。阜成门以西有古道，《宛署杂记》卷五《街道》载：

> 自阜成门二里曰夫营，又一里曰二里沟，又二里曰四里园，曰钓鱼台，曰曹各庄、曰三虎桥，又四里曰八里庄。又分二大道：一道二里曰两家店、曰松林村、曰阮家村、曰田村，又七里曰黄村、曰黑塔村、曰七家村、曰新庄村、曰北下庄村、曰撅山村，又八里曰磨石口（模式口），又二里曰高井村，又五里曰麻峪村，又五里曰五里坨，又五里曰三家店。
>
> 一道自八里庄八里曰南田村、曰羊望店、曰拱扒村、曰宛家村、曰核桃园、曰朱哥庄、曰枣林村、曰沈家村、曰魏家村、曰打靛厂、曰要哥庄、曰田哥庄、曰张义村、曰吴家村、曰瓦窑头、曰东安庄、曰鲁国、曰南下庄、曰八角庄、曰古城村，又五里曰宫村，又三里曰杨家庄、曰北西安，又四里曰石景山。

阜成门至八里庄后分两道：一道过模式口，至三家店；另一道过古城村，达石景山。

明代西直门是玉泉山向皇宫送水的水车必经的"水门"。明中后期，用煤量加大，西直门也渐成运煤主道。西直门至西山的大道随之开通。西直门西出也有两条大道可行，一经白石桥至罗角庵，另一经高梁桥到北海店连接玉泉山等，为运水道演化而来。二道中有山相隔，山后连成一线。

　　阜成门、西直门线路至清代后运输能力已捉襟见肘。因此，康熙三十二年（1693），将香山于公寺（碧云寺）前山岭削平修成南经八大处东、福寿岭、北下庄、黑石头，达三家店的运煤通道。此外，雍正年间，在河北易县修清西陵，为方便通行而筑大道，由此增加自广安门西出，渡卢沟桥，经大灰厂的京易御道。此后，又修自大灰厂至石佛村以通潭柘寺等的官马大道。北京抵西山之道皆抵西山山前，沿途村落多位于山前小平原地带，抵三家店、石景山后的入山之路则为西山大道。

　　2. 西山大道

　　西山大道主要有北道、中道、南道3条线路。3线实际为阜成门抵西山两条大道的延伸，其中北道为三家店道延伸，中、南道则为石景山道分左、右延伸。

　　对地西山大道北道，《宛署杂记》载：

　　　　西有浑河，三家店过浑河板桥正西约二里许曰琉璃局，又五里曰务里村，又五里曰柔儿岭，又五里曰蝎虎涧，又五里曰牛脚岭，又三里曰桥儿涧，又五里曰落坡村，又五里曰马哥庄，又五里曰桃园村，又五里曰石骨崖，又八里曰王平村……又十里曰王平口，为过山总路。

　　此道起于三家店，达王平口，长约16千米，一般称西山大路正道、北道或北大道，也称大北道，是西山北部山区的主要大通道，北侧村落小古道多会从此路出山。此道造就了三家店、王平村等村镇，尤以三家店为永定河水运、此道起点，渐成京西重镇。王平村始于北魏军镇，后成此道支点。

　　西山大道中、南两道的起点皆是石景山。阜成门南道至石景山后道分左、右道。《宛署杂记》载右道：

石景山之右经十里曰大峪村、曰后台村，又五里曰城子村，又五里曰龙门村、曰中峪村，又四里曰东新房、曰西新房，又三里曰门头村、曰要家坡，又二里孙家桥，又三里曰梁家桥、曰天桥，又二里曰大横岭、曰孟家胡同，又五里曰官厅村，又十里曰峰口鞍。过岭西曰黄石港，又七里曰抢风坡，又十里曰十字道、曰青山岭，又十里亦至王平口，与前诸道相会于此。

此道便是史上有名的玉河古道，又称西山大道中道，自石景山麻峪西出，经大峪村，过峰口鞍、黄石港，达王平口，约22.5千米。
《宛署杂记》载左道：

近浑河有板桥，其旁曰庞村、曰杨木厂（沿浑河堆马口柴处）。石景山之左经八里曰曹哥庄，又二里曰冯村，又三里曰上安村，又五里曰新城，又三里曰卧龙岗，又三里曰小园村，又三里曰石门营，又二里曰何哥庄，又二里曰石厂。过罗角岭十里曰张哥庄，五里曰鲁家滩（本村南房山界）。迤西北三里曰新房村，又五里曰平院村，又四里曰草店村，又三里曰羊保园，又五里曰赵家台，又五里曰十字道，又五里亦至王平口。

此道自石景山区庞村西出，经曹哥庄（曹各庄），辗转赵家台，亦达王平口。其实沈榜所记并不完整，此道线路于石景山处出发线有两条，除所记外，另有一条自麻峪过河向南，经稻地、曹各庄，过万佛堂、桑峪，走平原、阳坡原，达赵家台与前路相合。两线相合方为西山大道南道，亦即庞潭古道（或称麻潭古道）。

西山大道北、中、南三道辗转曲折，最终皆达王平口，形成了一个复杂、完整的闭环大道网，为古人利用骆驼、驴、牛、马进山采煤并返回北京提供了极大便利。

3. 重镇支路与乡村间道

除了上述大道，西山亦有许多以重镇为中心的支路，以及乡村间的小型古道。这些一部分是大道的延伸，另一部分为方便重镇周边小村落及深山古寺与大道交通而兴修，其中有大寒岭、天津关、西奚、火村、黄岭西等古道。

承上文，《宛署杂记》另载：

> 又十里亦至王平口，与前诸道相会于此。又五里曰窄石台，又五里曰板桥村、曰禅房、曰庄窝台，又五里曰千人台，又十里曰大汉岭（大寒岭）。

此即大寒岭古道。大寒岭乃斋堂与大台川分界处，史上有战乱，此道可能亦为军道转化而来。道出王平口，过窄石台，经板桥村，达大寒岭，长15千米。王平口乃西山三大道交会终点，因而此道是西山大道延伸道路之一。

西奚古道，即皇妃子古道，传为西奚旧族开辟，首修于辽金，长130千米。自河北涞水县山南、庄里与罗古台，过奴才岭，走张家庄、梨园岭、燕家台、东龙门涧，越岭至柏峪涧，登十岭鞍、天津关、下东沟，经王大台、西大台、东大台3村南侧窄胡同跳道，行棺材山，下骆驼岭，出西湖涧，至刘家峪，经龙门口、沿河口，至沿河城，自城东上过河，靠山根岩石台阶，东至向阳口，入大东沟，走沙帽翘出根，入套里，经雁湖、南根子、庙安，出马套、棋盘山、大头山，至大村；再经房良村，出门头沟区，入昌平区溜石港、高崖日等，达居庸关。因终点为居庸关，军事史上常被作为偷袭居庸关的重要借道，有强烈的军事色彩。但清代军事衰落，此道便成了沟通河北与北京的重要商道。

火村古道为斋堂通山南大安山、金鸡台的重要通道。斋堂东南火村沟又称双龙峡，此向西南，沿沟而上，至老龙窝向东南至大安山，向西南至金鸡台。

黄岭西古道是未通官山大道前，从斋堂到柏峪上黄草梁等的必经之路。此道从柏峪寺向北，转东过山梁至柏峪涧，北至柏峪村，东至柏峪台，寺北转弯处向西达清水镇梁庄等地，顺清水河接续燕家台古道。

这些支路是对西山大道的延伸与补充，使整个西山大小的商旅古道终得以形成一张完整的网络。千百年来，此网络中，煤炭等物资不断从西山往北京等地输送，平原地区的粮食物资也顺此入西山，使西山实现了利用价值，也丰富了百姓生活。

（三）进香古道

西山香道主要供香客逛庙会、上香、朝拜所行，因而其都以寺庙为终点。虽终点寺庙不同，起点却大多一致。奉宽《妙峰山琐记》载："由京进香之路，出德胜及西直、西便各门。"行香、走会者，若欲往西山西北线的寺庙或自西北上山，则多出德胜门或西直门，取道海淀镇（或圆明园东北树村），走安河桥，过冷泉、黑龙潭、温泉，至北安河、聂各庄。欲往正西线、南线寺庙或自南线上山，则出阜成门或西便门，直西行。民国时，此线增修铁路直至三家店。香道还有一个重要特点，即沿途村落或重要地名点多分布有茶棚，故线路经过点以茶棚为标志。寺庙香火繁盛程度直接影响香道规模与交通情况，因此香火最旺盛的妙峰山也拥有最繁杂的香道系统。

西山香道主要有妙峰山、九龙山、百花山、潭戒等香道，简述如下。

1. 妙峰山香道

妙峰山庙会是"中国民俗学的摇篮"，明至民国初年庙会兴旺，盛极一时，因而其香道系统数量最多，线路最复杂。此香道主分北道、中北道、中道、中南道、南道、岭西道6条。

北道又称老北道，最晚明末已成道。起自海淀区聂各庄，经老爷殿、车耳营、磨镰石河、双龙岭、花儿洞、大风口、磕头岭、贵子港8个茶棚（地名点）。此道在大风口处，有延伸向北，经六郎洞、活山洞、郎儿峪，达高崖口等地。昌平区高崖口、白羊城一带香客常走。

中北道起自海淀区北安河村，经清福观、响塘庙、青龙山朝阳院、金仙庵、玉仙台、瓜打石、妙尔洼7个茶棚，全程20千米。此道人气较盛。

中道起自海淀区北安河大觉寺，经关帝庙、栗子台、寨儿峪、上平台、萝卜地、修道路灯会、松棚、三岔涧、回香亭、菩萨殿、喜神殿11个茶棚。此道为6道中距离最近的，原为羊肠小径，至清同治三年（1864）由太监安德海出资修成石板路。但道中多有险阻，不利轿舆通行，衰落较快。

中南道起自门头沟区军庄灰峪村，经仙人古洞、大石子、城子水、六郎塔、兴隆万代5个茶棚后，与中道合并。此道路况较差，沿途景观最差，人行最少。

南道起自门头沟区妙峰山镇陈家庄，经西北涧、桃园、南庄、樱桃沟、兴隆十八盘、水泉降香会、诚献白米粥会、仰山药王殿香老会、香风岭、引香亭10个茶棚，全程23千米。此道路程最长、最繁盛，且沿途风景最佳。中经仰山寺、滴水岩与抢风岭等，皆是难得一遇的风景名胜。

岭西道又称后山道，起自门头沟区妙峰山镇下苇甸，经水花峪、上苇甸、清风庵口、十八盘等，过跨拉鞍、滑石片、大云寺，达妙峰山灵宫殿，经下苇甸茶棚、滑石片茶棚，以及准茶棚——上苇甸娘娘庵。另有两条延伸小道：一自滑石片东南行，达滴水岩；二由上苇甸出，至田庄等地。此道于明代成道，原为放牧人踏辟小道，明末有人维修，渐成石阶道。此道路况最差，行人最少。

2. 九龙山香道

九龙山娘娘庙会是一个目的性明显，规模宏大，影响面颇广，宗教与行业、手工业生产联系最紧密的民间祭神庙会。每年农历四月二十九日起开庙会，盛况空间，俗称"赶秋坡"。九龙山香道主要分西平岭、中平岭、东平岭3条大道。

西平岭道，即正道，起自东辛房什坊院老爷庙，经西辛房、门头口、炉灰坡至九天玄女庙，西经宽街、东店、中店、西店、孙桥、梁桥、横岭根、天桥浮、孟家胡同、官园、拉拉壶，过韩家沟，至香儿窑，达娘娘庙。此道分3段，东辛房至拉拉壶为玉河古道；拉拉壶至香儿窑是玉河古道支线；从香儿窑上山方为进香道。此道最热闹，门头沟十三会、门头沟的窑主及乡民进香走会多行此道。

中平岭道，即中道，起自岳家坡村北净明寺西侧，登顶便至娘娘庙。此道为门头口、城子一带的村民、乡绅进香走会常行。

东平岭道，即东北道，起自琉璃渠村西南，直上九龙山，顺岭脊西行，便达娘娘庙。此道上山时坡陡难行，至岭脊处则相对平缓。三家店、龙泉务、斜河涧、琉璃渠等地的乡民、商贾进香多选此道。

除上述三大道之外，西北还有一条小道，王平村、色树坟、西落坡、石古岩、韭园、马各庄等地香客进香有行。

3. 百花山香道

百花山虽位于西山深处，庙会影响却很大，香客云集百花山顶，场面热闹非凡。香道包括马栏道（东道）、田寺道（北道）、黄塔道（西道）、山南道（南道）。

马栏道即东道，起自斋堂，南至马栏村上山，登妙庵岭，从妙庵西折，上千佛山，过观音山，到大悲崖，最后达主峰山顶。此道虽险峻，风景却最好。

田寺道即北道，亦称清水道，起自清水，南进田寺沟，穿田寺村、福田寺，登十八盘，至灵崖，到田寺"石堂"（即百花山盛泉岩），上山便为主峰。

黄塔道即西道，起自塔河口，往南经梁家铺，过塔河，到黄塔，东爬黄安坨，再南便登百花山。此道人行较多，道南侧村落简昌、龙王、梁家铺、艾峪、梯子等的村民亦北行至黄塔，循此道上山。

山南道即南道，起自杨林水，经秋林铺，至莲花庵上山，经老爷庙、莲花坨、洼洼儿，到百花山顶。

4. 潭戒香道

"潭"指潭柘寺，西晋始建，位于门头沟潭柘寺镇西北，为北京地区最大的皇家寺院，有"京都第一寺"之美称。"戒"指戒台寺，隋初始建，有中国最大的佛教戒坛，誉为"天下第一坛"。历史上此二寺香火皆颇为繁盛，香客如云，庙会的规模也非常大。同时，两者相距仅11千米，位于道路一线，自北京西行，先至戒台寺，再到潭柘寺，香道体系高度重合，因此将两者合并介绍。

北京西来先至戒台寺，故先介绍其香道。戒台寺香道分为南道、东北道。

南道为卢潭古道东段。自卢沟桥起，经长辛店、东王佐、沙窝村、大灰厂，入门头沟区境，穿石佛村，至石牌坊，达戒台寺。

东北道的一部分为庞潭古道一段，即庞村至戒台寺段。自古城西行，经白庙，至庞村，经东辛秤、西辛秤、栗元庄、何各庄、石厂、岢萝坨，达戒台寺。

潭柘寺古香道比戒台寺香道更复杂，主要有卢潭古道西段、庞潭古道西段、红庙岭古道（辛潭古道）、门潭古道、王潭古道、北岭道及房山道。

卢潭古道西段为自秋坡村径西，越罗睺岭，达里十三。庞潭古道西段起自岢萝坨村，越西峰岭，亦达里十三。此二道于南村合为一道。

红庙岭位于万佛堂村、桑峪村间，为潭柘寺镇、永定镇分界岭。两边翻越皆可达潭柘寺，因而支线颇多，古道网密集，却皆以万佛堂村为汇合点，循红庙岭便达潭柘寺。主线起西辛秤村，故又称辛潭古道。

门潭古道起自门头沟区圈门，再至潭柘寺。此道极近，长三四千米。但自北京城至圈门却有两道：一自石景山麻峪，渡永定河，走玉河古道，至圈门；一行京西运煤大道，经大峪、东辛房、西辛房，达圈门。

王潭古道起自王平口，趋南2千米，至十字道村，往南越岭，至赵家台，达潭柘寺。王平口一地为西山大道终点。

另有一路颇为重要，即自麻峪，过永定河，西行经大峪村中门寺，达赵家洼村，分3路皆达潭柘寺。其一，走白土岭，过黑港、冯村西，西南达万佛堂，入辛潭古道。其二，自南岭出，行大烂石脚下，经山神庙，过雀儿庵，到南村，入庞潭古道。其三，自月亮店出，过牛心坨，上蚂蚱庵，至桑峪梁路口，入辛潭古道。但3路皆羊肠小径，路况难行，且中途无茶棚，因此行人稀少。

西山古道已难寻踪迹，但其形成的古道文化却是西山文化的重要部分、北京文化的重要资源。从古至今，当京城人对都市生活的喧嚣感到厌倦之时，古道周边美不胜收的风光，古道上荡气回肠的英雄故事，古道尽处沉淀宗教文化的百年古刹，古道上一个个蹄窝，都会成为一幅幅古老画卷，助其返璞归真、寻得安然。西山条条古道在诉说自己的历史与文化的同时也是引领人们走向宁静的桥梁。

第三节　物产富饶

西山有品种丰富、储量巨大的物产资源。明代张鸣凤在《西迁注》中直言西山："林麓苍黝，溪涧镂错，其中物产甚饶。"随着北京的发展，北京对西山物产的依赖程度也越来越高。元、明、清时期，西山俨然已成"京城宝库"。及至新中国，仍为北京的现代化建设做出重要贡献。

物产包括天然出产与人工生产的物品。就西山而言，天然出产主要为煤、石料、木材、野生药材、果蔬等，可分为矿产建材、山珍野物两大部分。西山山珍野物的品种极丰富，一言难尽，不作特述。人工生产的主要为瓷器、琉璃、石灰，以及人工蓄养、栽培的动植物产品（如京西稻），亦可分为烧造物产、种养产品两大类。

一、矿产建材

西山的矿产蕴藏量极大。清代于敏中《日下旧闻考》载："宛平洞煤、银、铁、磁、硝、琉璃之珍。"据统计，西山现已探明的非金属矿物有煤、石灰岩、玄武岩、花岗岩、紫砚石、硅石、大理岩、辉长岩、叶蜡石、耐火黏土、陶粒页岩、紫砂页岩、白花玉和冰洲石14种。金属矿物则有铁、铜、锌、钼、金5种。其中以非金属矿物为主，金属矿物为辅。非金属矿物中煤炭含量最丰富，其余按用途可分为建材石料与其他石料两类。

（一）煤炭

北京地区煤炭保有量为27亿吨，西山蕴藏量几乎占一半。西山煤炭具有蕴藏量丰富、质量优的特点。元代熊梦祥《析津志》载："城中内外经济之人，每年九月间买牛装车，往西山窑头载取煤炭……北山又有煤，不佳，都中人不取，故价廉。"此处所述主要是用作燃料的煤炭。

西山煤炭在辽、金时期已有开采。据考古发掘，辽时西山一带的烧瓷窑炉中已有烧煤痕迹。金代已用煤进行烧炕取暖。元代建大都，对煤炭需求大增，西山采煤业蓬勃发展。因此，元代在西山煤炭地设煤窑场，置提领一员、副使二员，属政院管辖。

明代顾炎武《日知录》载："京城百万人家，皆以石炭为薪。"因此，明代西山采煤业进一步增，煤窑发展至百座以上。明廷设高额税金还曾引起矿工斗争。清代北京对煤炭需求极大，因此政府鼓励西山百姓开采煤窑、减免税金，民窑迅速兴起。《清代钞档》载乾隆二十六年（1761）勘查西山煤窑数量："宛平县属西山、门头沟、天桥符（浮）、风口庵、王坪（平）、千军台等处，旧有煤窑四百五十余座，今开一百一十多座。"西山采煤业进入发展高潮。

随着近代科技发展，京西煤炭开采更加兴盛，并逐渐向机械化发展。先后出现通兴煤矿、中美合办通兴煤窑股份有限公司等近代煤矿场，并成立了京西矿务局，专门管理煤炭开采。抗战时，京西煤炭遭掠夺，但同时也是太行山中坚持斗争的中共游击队的重要物资。新中国成立后，京西煤炭仍是北京人的主要燃料。改革开放后，经济的发展更促进了西山煤窑的发展。1998年，西山一带乡镇级煤矿约有254个，成为西山部分乡镇、农村经济发展的支柱产业。

随着环保问题凸显，西山煤炭开发作为京城燃料与能源供应主力的局面已经改变。但北京人不会忘记西山煤炭为北京的发展所做出的贡献。

（二）建材石料

元代以后古代建筑对砖石、石灰的使用渐增，促发北京地区城市、宫殿、民居营建对建筑石材的大量需求。西山历经地质变迁，山体多由石灰岩、白云岩等沉积岩构成，因而成为元、明、清时期北京建材石料的主要产地，尤以大石窝与马鞍山最著名。

大石窝位于西山东南的房山区。此地蕴含丰富的大理石、汉白玉资源，品种较多，品质优良。此地石材开发自燕国时期始，历

2000余年。所产汉白玉是一种色泽洁润、易于雕琢的建材石料，颇为名贵，为元、明、清时期皇家宫苑、园林的必备修筑石材。元代以降的几百年间，此地一直是为北京宫苑建筑供应汉白玉石材的宝库。另外，据考证，明皇宫皆以大理石铺地。这些大理石大多来自大石窝。

明、清时期物料采办的石料来源地素有"京郊三山"之称。"三山"指马鞍山、牛栏山、石经山，其中石经山、马鞍山皆在西山。石经山在大石窝。马鞍山位于门头沟区。山体主要由石灰岩、白云岩两种沉积岩构成，遇盐酸起泡，是烧制石灰的主要原料。因此，历史上马鞍山盛产石灰这种建筑用料。明代王圻《续文献通考》载元至元年间："以马鞍山、大峪等石炭煤炭办课，奉皇太后位下。"元代马鞍山采石烧石灰的活动规模巨大，连皇家都要管控相关开采。采石、烧灰、开挖山石虽是对自然的利用，但亦是对自然环境的破坏。因此，马鞍山麓的戒台寺多次与采石、烧灰者发生冲突，曾立有禁采矿石碑。除马鞍山外，西山斋堂的柏峪沟也是石灰的著名产地。

（三）其他石料

除煤炭等之外，西山还出产许多矿产类石料，给北京人的生活提供了便利。比较典型的有画眉石、玉石与紫石。

西山煤炭除用作燃料，斋堂还盛产一种青煤，用于画眉，被称为画眉石、黛石、墨石脂，最早于金章宗时在斋堂地区已有开采。明代嘉靖年间宛平县令沈榜在《宛署杂记》中载：

> 画眉石，西斋堂村多有之，离城二百五十里。石黑色似石，而性不坚，磨之如墨，拾之染指。金章宗时，妃后尝取之画眉，故名。

彼时画眉石已名声在外，遂大量开采，并延续至明、清时期。另外，西山亦产玉石。清水河北源洪水口一带自古便大量出产玉石。唐末幽州刺史刘仁恭置玉河县，玉河即清水河，取名玉河便因河中产玉。清水河所产玉石除寻常的赤玉、墨玉，还有名贵的白花玉，为北京所产玉中的品质佼佼者。

此外，潭柘寺附近山上还出产一种紫石。此石为形成于两亿年前二叠纪红庙组地层的红柱石铁质板岩，石质致密细腻，色紫如猪肝，叩之似金声，托之如幼儿爽肤，易雕刻，尤其适合做砚。用此石制成的潭柘紫石砚在古代属名砚，颇为名贵。1987年，故宫博物院曾对该砚考证、鉴评：

> 潭柘紫石砚，石质细腻，色泽深紫，蓄水不涸，研之发
> 墨堪与宋端溪老坑砚相媲美。

宋端砚为"中国四大名砚"之一，可见紫石砚质量颇佳。正因如此，明正统年间派宫廷内官监在此监督采紫石，今尚立存督办太监碑记。

二、烧造物产

中国是世界上烧造技术领先的国家之一，也是最先发明瓷器的国家。中国古代的烧造产品主要包括瓷器、陶器、砂锅、琉璃、砖瓦、石灰等。西山土质适宜、森林植被丰茂，且水陆交通颇为便利，因此成为北京地区最早兴起的烧造重镇。东胡林人遗址中发现陶器，斋堂镇大东宫新石器遗址、白羊石虎村与淤白村等战国至汉代遗址也出土灰陶、夹砂红陶、白陶残片，证明西山烧造、使用陶器的历史十分悠久。历史上西山曾有龙泉务瓷器、斋堂薄砂器、斋堂砂锅、安家滩砂锅、官道子砂锅、琉璃渠琉璃、柏峪城砖等重要烧造器出产。

（一）瓷器、辽三彩

早在辽初，统治者便已在龙泉务村建窑场，烧瓷器，形成辽代三大中心窑场之一，俗称"窑火筒"，发现于1958年田野考古调查期

间，发掘证明其始烧于辽初，停烧于金代。烧造工艺受五代后期定窑工艺影响，同时融入地方特色。所产为著名的龙泉务瓷器，窑产瓷品以盘、碟、碗、钵、瓶为主，罐、壶、盂、盒、洗、炉、枕等生活用品为辅，另有猴、羊、熊、塤及围棋子、象棋子、瓷砚等小型文玩。以印花、刻花、雕花、剔花等手法进行花纹装饰。釉色以白釉为主，酱釉、黑釉、茶叶末釉为辅。另外，该窑也出产釉面光亮，胎质细腻、坚硬、洁白的辽三彩，以枕、炉、碗、盒、佛、方碟、净瓶及龙吻、瓦当等建筑构件为主。纹饰则以牡丹纹、莲瓣、蜂、蝶、宝相花等为主。以刻花、印花、贴塑等技法进行装饰。龙泉务出产瓷器、辽三彩，主供并流行于北京及其周边地区。有人认为龙泉务三彩属琉璃制品，将西山琉璃烧造历史提前到辽中期。金代龙泉务停烧后，西山瓷器烧造供应并未断绝。元末明初，上清水村便陆续建立专门烧造民用瓷器、日常生活用水缸等瓷器的窑场。可见西山历史上长期是北京城中瓷器用品的供应地。今日，龙泉镇城子村也有陶瓷厂，专门烧造陈设瓷制品以供应北京。

（二）炻器

炻器是一种介于陶器、瓷器间的烧造制品，具有烧结温度高、吸水率低、透光率差等特点。炻器多呈棕色、黄褐色或蓝灰色，质地致密坚硬，与瓷器相似，主要出产类型为水铫、水缸、水盆、水壶、砂锅等。西山是北京地区炻器烧造的重镇，其著名产品有斋堂薄砂器、斋堂砂锅、安家滩砂锅及官道子砂锅。斋堂所产薄砂器质地优良，为京城中文人雅士所喜爱，曾长期大量供应北京城。另外，斋堂砂锅出产已有700年历史。元代熊梦祥《析津志》载："金、银、铜、铁、锡、画眉石，同出斋堂。其石烧锅、铫、盘，其百年亦不损坏。"除斋堂外，安家滩、官道子两村砂锅烧造始于金、元时期，所烧砂锅具有原料特殊、性能优异、坚固耐用、物美价廉等特点，曾大量供应北京及其周边地区，甚至由此而形成颇具特色的砂锅烧造文化。20世纪后期，两村迁出，从而停止了生产与销售。

（三）琉璃

琉璃渠在元初已成为北京地区重要的琉璃烧造地与材料供应地，所产琉璃是西山出产的重要烧造产品。《元史·百官志》载：

> 大都凡四窑场，秩从六品。提领、大使、副使各一员，领匠夫三百余户，南平树脂瓦，营建素白琉璃瓦，隶少府监，至元十三年置。其属三……琉璃局。

明代沈榜《宛署杂记》载："对子槐山，在县西五十里。山产甘子土，堪烧琉璃。本朝设有琉璃厂，内官一员主之。"对子槐山在琉璃渠村西。可见明代琉璃渠仍设窑烧制琉璃，琉璃渠也是北京其他地区琉璃烧制的重要原材料供应地。张涵锐《琉璃厂沿革小考》载：

> 元代建都北京，名大都城，设窑四座。琉璃厂为其中之一。分厂在三家店，派士到西山采琉璃瓦器之材料，由水路运至海王村之琉璃窑，以备烧制。

琉璃渠如今仍是北京乃至华北出产琉璃制品的重镇之一。

（四）砖瓦

西山的黏土、木柴与煤炭等资源丰富，因此烧造砖瓦历史悠久，地点分布广泛。具体砖瓦烧造肇始时期已难断定，但按西山辽、金古墓已现砖瓦，推测当时已有相关运营。今遗留下来的砖瓦窑多为明长城沿边窑址。这些窑址起初以烧制长城砖为主，后逐渐转换为烧制民用砖瓦。其中以柏峪村、洪水口村、瓦窑村较有名。

另外，上清水村小西峪媳妇鞍缸窑与瓦窑港村缸窑原先皆烧缸，后改烧制砖瓦，为民众生活供应产品。这些窑出产的砖瓦为青灰色，曾长期供应西山与北京城。

三、种养产品

西山养殖动物多为野生品种驯化，种植作物除京白梨等，亦与华北周边大同小异。只京西稻在历史上颇具名气，在西山农业文化史上占有重要地位。

水稻生产需耗大量水。西山东面洼地的玉泉山、万泉河一带水源丰富，是北京地区难得的可供优质水稻生长的地区，遂成北京稻米生产的中心地区。北魏郦道元《水经注》载，京西在三国魏嘉平二年（250）刘靖开戾陵堰、车箱渠，导高粱河水灌溉时，已有水稻种植，距今约2000年。但京西稻形成品牌却始于清代。清康熙三十年（1691），康熙帝南巡回京，带回一种稻种，于玉泉山辟稻田试种，由此育成一种早熟、质佳且适应性广的特有水稻新品种——御稻。此后，康熙帝编制《御制耕织图》，向京西农民普及此稻种的种植技术，开始京西稻的规模化种植。经康、雍、乾长达130年的经营，乾隆后期达鼎盛，京西稻种植面积已有1万～2万余亩，成为清代皇家特供大米，并形成独特的皇家御稻米的京西稻作文化。

清末，京西稻种植面积继续扩大，且供应链逐渐下移，进入北京普通百姓餐桌。20世纪80年代后，西山山前洼地水位大幅下降，京西稻生产受限。今京西稻种植面积仅2000余亩，却成为西山具有数百年历史文化标记的品牌与特色产业。2014年，京西稻被农业部确定为国家农产品地理标志登记保护产品。

西山丰富的物产给了北京城作为京师而雄视天下的底气。北京的860余年建都史可说是西山物产的输送史。北京城市规模与日俱增，西山物产始终是北京发展的后盾，并在今日乃至将来继续为北京的现代化建设贡献力量。

第四节　名人遗迹

"山不在高，有仙则名。水不在深，有龙则灵。"西山闻名于世，除了景色优美、宫苑寺庙林立，还在于遍布的名人踪迹。历史上，西山本身人杰地灵，又以独特魅力而成为僧人、道士、文人墨客养生、隐居之所，留下大量名人遗迹。这些名人与西山互相成就，居西山怡情安然，西山因名人而平添气质。至近现代，许多外国名人入住西山，在此推进中外交流、传播西方文化，使西山成为北京中外交流的前沿，在北京近代化进程中始终走在前列。新中国成立后，西山又成为北京人休闲游览之地，众多名人与其结下了不解之缘。

从古至今西山上遍布名人遗迹。以时间为序，大体可分为古代名人遗迹、近现代中外交流的名人遗迹、近现代政治文化名人遗迹三方面。以下分述。

一、古代名人遗迹

西山是人杰地灵的宝地，先秦已有名人到此。据传，战国王禅（鬼谷子）曾在河北镇半壁店村南云蒙山中的王仙洞修行，并于此调教出孙膑、庞涓、苏秦、张仪、毛遂、尉缭等门生。今房山区仍有庞涓洞、孙膑洞，传为二人修习之所。又传孙膑故里在房山区上乐村，明代时仍遗其墓地、墓碑。

唐代以降，佛道思想影响文人的兴趣爱好。西山寺观众多，高僧名道云集。曾几何时，访僧问道、隐逸西山成为北京或来到北京的文人共同爱好。因此，往来于西山或定居于西山者络绎不绝。如：

明成祖幕僚、名僧姚广孝曾隐居于潭柘寺，常到牛心山（定都峰）上观影察星。他死后，墓塔建于房山区常乐寺村北。

明万历十一年（1583），著名戏剧家汤显祖在北京赋闲一年，其间他寻幽探胜，遍游京畿名胜。因对佛教多有研究，他便借机寻访西山一带寺院，与高僧说法论禅。据传，汤显祖曾多次拜访香山寿安禅林（卧佛寺）住持慧远法师。他还游览浑河（永定河），并于丰台草桥赏牡丹、芍药，代表作《牡丹亭》便为有感而得。

明末清初的政治家、收藏家孙承泽曾于顺治十一年（1654）在西山樱桃沟造别墅，筑退翁亭，建桧巢书屋，自号退翁，开始隐居。他吟诗赏画、以文会友，并著成北京较早的地方志《天府广记》《春明梦余录》，记载明代北京的建置、名胜、城池、宫殿、庙宇、衙署及奇闻逸事等内容。

明末清初的于奕正身出西山，作为作者之一撰成了《帝京景物略》一书，详细记载明代北京城的山川风物、名胜古迹等，尤其记载寺庙、桥梁最为详细。

清代康熙帝在位期间经常前往潭柘寺、戒台寺进香访僧，并题写寺名、匾额等。他在位期间于西山大修永定河，并改为今名。

清代"三山五园"的设计师——样式雷家族自雷发达以后，历7代掌管清代样式房，且世代皆居于西山海淀镇。

曹雪芹隐居于香山脚下正白旗村，披阅10年，在西山山水间获取灵感，著成了小说《红楼梦》，成为中国古典文学"四大名著"之一。

清康熙五十三年（1714）九月，21岁的郑板桥首次入京，暂居于西山瓮山（万寿山）附近。乾隆元年（1736），他第三次进京，与西山法海寺仁公上人、瓮山无方上人及香山卧佛寺青崖和尚过从甚密，互相唱和，多有诗篇。

清代最著名的词人纳兰性德的故居便在玉泉山附近，其所作"纳兰词"在中国词坛上享有极高声誉，在中国文学史上也拥有光彩夺目的一席。

清代第一女词人、中国小说史上第一位女性小说家顾太清于永定河西、大房山东的南谷修建静雅别墅，曾于此著《天游阁集》等名作。

清代"开眼看世界第一人"魏源于嘉庆二十年（1815）、道光十四年（1834）两次到永定河南北河堤询问熟悉"河事者"，最终写就《畿辅河渠议》，资料丰富而翔实，既揭露治河官吏的贪婪，又对京城周边永定河、漳河等的治理提出宝贵的建议。

古代西山的名人活动众多，尹志平、张仁愿、明英宗，清雍正、乾隆、咸丰、奕䜣、奕譞、载滢、宝廷、周文通、刘定之、何景明等皆曾踏足于此。"没有梧桐凤不来"，众多名人对西山的青睐，正是其魅力的集中体现。

二、近现代中外交流的名人胜迹

20世纪初，中国进入半殖民地半封建社会，中外交流得到空前发展。由此，一批法国精英和曾留学法国的民国名人，以及一些西方文化人士，开始活跃于西山。

法国诗人、外交官、1960年诺贝尔文学奖得主圣琼·佩斯于民国初年曾居于西山管家岭村西北一片林木葱郁的山岗上的破落道观中。而他获得诺贝尔文学奖的名诗《远征》，正是在此道观中写就的。

法国医生贝熙业于民国初年来华，曾为法国医院大夫、法国驻华大使馆医官、燕京大学校医，1920年中法大学成立时任该校董事、教授兼校医，抗战期间无私援助中国人民。他在中国生活40多年，其居所贝家花园就在西山海淀区北安河村。

法国人铎尔孟在民国时期一直活跃于西山，作为老师指导《红楼梦》的法文翻译者李治华，按照法文古体诗格式翻译。

清末代皇帝溥仪的英文老师——英国人庄士敦的私人别墅便在樱桃沟村。溥仪亲题"乐静山斋"匾额于正门，至今此宅尚存。

美国人克里逊、甘博、韩书瑞、斯诺都曾到访西山，拍摄大量照片，并写下研究论文、回忆录等向国外宣传西山文化。

近现代史上，外籍人士到访西山、定居西山或在西山传教、宣传文化等，都使西山成为北京中外交流的前沿以及北京教育、工业等近代化的重要前哨。

三、近现代政治文化名人遗迹

1840年鸦片战争后，国门洞开，中国逐渐沦为半殖民地半封建社会。直至1949年新中国成立，在百余年中有无数名人踏足西山，在山水、名刹间留下遗迹。这些人的活动丰富了西山文化的内涵，开拓了西山文化的视野。他们成为历史潮流中的弄潮儿的同时，也为西山文化史增添了浓重的一笔。由于人数较多，限于篇幅，简要列举如下。

亲手培育出杨小楼、梅兰芳、余叔岩，主演了中国第一部电影《定军山》，并灌制了中国第一批唱片的一代京剧表演艺术宗师谭鑫培于光绪二十年（1894）春在戒台寺住持盛老和尚座下求受五支净戒，受戒后又多次捐款修建戒台寺殿堂。他的墓地在门头沟永定镇栗园庄村戒台寺附近。

清末维新派领袖康有为于光绪十四年（1888）入京，游览西山，作《西山游记》抒发对国家危亡的危机感，嗣后受此激发，奋笔上书，倡导变法。

民国初年，袁世凯前往戒台寺进香，为戒坛大殿为题写"选佛场"的匾额。

1921年，民国大总统徐世昌前往戒台寺进香，并题写《戒坛寺碑记》镌刻成碑，立于寺中，明令禁止采煤，以保护戒台寺。

民国第一任民选总理熊希龄下野后于香山创办了慈幼院，涉及教育、慈善等领域，在北京教育史上占有重要地位。胡适、李大钊、张伯苓、顾兆麟、雷洁琼、康克清以及冰心等皆曾出任慈幼院董事会董事。

"京剧三贤"之一、开创京剧"杨派"的京剧"武生宗师"杨小楼注重唱功中"气"的修养，倾慕西山戒台寺的极佳气场，常来寺中练气修身。

开创京剧一代新声的京剧老生马连良生前为戒台寺有名的施主，常于此小住，并与寺中高僧参禅讲法，与僧侣亦交往密切。

民国代理总统周自齐组织在西山海淀一带建清华大学，并常带队于西山城子西坡植树，死后建墓于此，今仍为文物保护地。

西山门头沟区著名的民族资本家胡先洲曾于西山先后开办和经营

宏顺、四维、中兴、利丰等煤矿，生产规模一度超越中英门头沟煤矿，在京西首屈一指。

民国爱国人士英敛之在辛亥革命之后退居香山静宜园，创办女学、辅仁社等慈善教育事业，后又兴办辅仁大学，该校是北京地区较早的新式大学。

西山文化离不开历代名人的活动遗迹。历代名人在西山的活动为西山的自然美景平添了人文气息。这些名人的诗篇也是西山历史、文化的重要组成部分，在历史长河中不断丰富西山的文化内涵，增添西山的文化底蕴。

第五节　宗教与民间信仰圣地

西山是北京佛教、道教、儒家以及民间信仰等文化汇集的大观园。西山宗教传播的历史十分悠久，流派纷呈。除了历史积淀，西山林立的名寺古庙，以及其中的高僧名道也成为西山宗教文化的载体与传播者，促使西山成为一个名副其实的宗教与民间信仰圣地。

一、名寺古庙

西山名寺古庙主要分佛寺、道观、民间信仰神庙、天主教堂等四大类。其中以佛寺规模最大，民间神庙数目最多、香火最盛，洞穴寺庙最具西山特色，道观数量虽少，却多具名人背景。

（一）名寺古刹

西山佛寺具有规模大、数量多、分布广、声名远播的特点。其中潭柘寺、戒台寺引领风气，栖隐寺、白瀑寺等百花齐放，奠定西山佛教数百年的繁盛基础。

1. 潭柘寺

潭柘寺位于西山潭柘山麓，始建于西晋，至今已有1700多年历史，是北京地区最早的佛教寺院，北京民间有"先有潭柘寺，后有北京城"的说法。潭柘寺原名嘉福寺，唐代改龙泉寺，金代赐名恢大万寿寺，明代先后恢复龙泉寺、嘉福寺旧称，清康熙皇帝赐名岫云寺，其寺后有龙潭，山上有柘树，民间称为"潭柘寺"。寺院以悠久历史、雄伟建筑、优美风景、神奇传说而受到历代统治者青睐。上自皇帝，下至王公名士，常于此游山玩水、进香礼佛，并拨款或捐资以扩建、整修寺院。因而，该寺规模宏大、殿宇辉煌，曾为佛教临济宗、曹洞宗等的中心寺庙，高僧辈出，被誉为"京都第一寺"。2001年，该寺成为全国重点文物保护单位，也是著名的寺院森林公园。

2. 戒台寺

戒台寺位于西山马鞍山麓，始建于隋代，已有1400余年历史。戒台寺原名慧聚寺，明英宗赐名万寿禅寺，因内有戒坛，民间通称戒坛寺，又因清乾隆写《初至戒台六韵》，后世又称戒台寺。该寺建有中国佛教最大、等级最高的戒坛，可传授佛门最高等级的菩萨戒，历史上是佛学的最高学府。另外，该寺还拥有辽道宗手抄金字《大乘三聚戒本》，被公认为佛教律宗正统代表信物，因此在辽、金时期成为中国佛教北方律宗的中心寺院，一直是八方僧人受戒之所，有"天下第一坛"之称，对北京乃至世界佛教文化都具有深远影响。

3. 云居寺

云居寺位于房山区大石窝镇水头村，始建于隋末唐初，初名智泉寺，后称云居寺，占地面积7万余平方米，主要由云居寺、石经山藏经洞、唐辽塔群组成。该寺是中国佛教文化特色显著的大宝库，其山下藏经洞起于隋代高僧静琬，经唐、五代至辽大安十年（1094）历480年刊刻告终，世称《房山石经》。洞中共刻佛经千余部，3400余卷，大小石经版计15000余块，分别藏于石经山9个石洞及云居寺西南地穴。此为中国现存规模最大的石刻大藏经，不仅可用于校正印本佛经错漏，还是中国书法、艺术史的珍贵资料。20世纪40年代该寺毁于炮火。新中国成立后，开展了两次大规模修复，成为全国重点文物保护单位。

4. 栖隐寺

栖隐寺位于妙峰山南樱桃树村北仰山上，于唐末由慧寂禅师门徒创建。五代称为仰山院，辽代扩建，改名仰山栖隐寺。高僧希辨于宋宣和年间两次住持该寺，一时四方禅侣云集，让曹洞宗再度发扬光大，迎来历史上的振兴时期，使该寺成为全国禅宗的弘法中心之一。此后该寺又开创禅宗寺院举办医药院的先例。金代该寺成为名刹，大定二年（1162）赐额"仰山大栖隐禅寺"。大定二十年（1180）敕重建，使其成为皇家寺院，规制极高。金章宗多次亲临该寺，辟为"八大水院"之一的灵水院。寺中有大片玫瑰花，常提炼玫瑰油纳贡于朝。该寺于元代几经修建，明代太监王振重修，规模更为宏大。清光绪十八年（1892）再重修，后渐成断壁残垣，1981年被门头沟区公布为第一批文物保护单位。

5. 白瀑寺

白瀑寺位于雁翅镇淤白村北金城山下，始建于唐，辽代在圆正法师影响下重修。金代至民国，历代均有修葺，今貌为民国重修格局。该寺历代皆有高僧，金代有圆正法师，元代有源衍、本勤禅师等。寺内文物十分丰富，至今犹存。1981年，该寺被门头沟区公布为第一批文物保护单位，现为北京市级文物保护单位。

6. 灵岳寺

灵岳寺位于门头沟区斋堂镇北部白铁山山前坡地，创建于唐代贞观年间，规模宏大。五代烽烟四起，兵火殃及灵岳寺，众僧奔逃，古寺毁于一旦。辽、金时期修缮寺庙，辽代称白贴山院，金代称灵岳寺。该寺于元代历数十年修葺，至元三十年（1293）终成巨刹。该寺于至正年间重修，清康熙二十二年（1683）、雍正十一年（1733）又增修。该寺在斋堂川影响极大，斋堂即因善男信女到寺进香，于其地用饭而得名。

（二）香会神庙

香会神庙因民间信仰而兴盛，所以兴建时间多在明代以后。西山神庙数量众多，祭祀神祇多样，但没有特定的祭祀时间、祭祀礼制，建筑亦无大特色。龙王庙、关帝庙数量较多，规模偏小，庙宇格局相似，不作详述。明至民国时期，西山最著名的香会神庙有妙峰山娘娘庙、九龙山娘娘庙。

1. 妙峰山娘娘庙

妙峰山碧霞元君祠（娘娘庙）位于西山妙峰山顶，是一座多神供奉，以道教为主，佛、道、儒和民间信仰并存的庙宇。该庙始建于明代，其信众北至东三省，南到粤港及东南亚，历史上每年香客多达数十万，号称"香火甲于天下"，成为北方影响最大的一项民间信仰、民俗风情活动，是京津冀一带的民间信仰中心，以及北方地区远近闻名的圣地。同时，该庙也是民间花会（香会）的诞生地，在保存和发展民间技艺上有着至关重要的作用。另外，该庙也是民俗知识的宝库，1925年顾颉刚等5位学者考察妙峰山庙会习俗，揭开了中国民俗学研究新篇章，因而被誉为"中国民俗学研究发祥地"。

2. 九龙山娘娘庙

该庙位于西山北部九龙山。该庙建有回香殿、灵官殿、老爷殿、娘娘殿及茶棚等。西山煤业始于明末，庙会活动也由该庙主办。庙会主神九天玄女娘娘被认为是西山煤业保护神。每年农历四月二十九日起会，自九天玄女庙接"娘娘驾"至东什坊院行宫，上山摆在娘娘殿中九天玄女娘娘像前，直供至九月初一回庙。其间，四方香客、商贩及游客等络绎不绝，门头沟区十三会是主要组织者。九龙山娘娘庙及庙会是最具门头沟区特色的娘娘庙及庙会，是煤炭行业与民间信仰最紧密的结合，在北京乃至华北地区可谓独树一帜。

（三）道观

西山的道观数量较少，影响亦小。元代以来，著名的道观主要有通仙观、玄真观等。这些道观虽规模不大，但大多有名人背景。

通仙观位于燕家台村东，始建于汉唐，宋末元初时全真道清和子尹志平为完成其师丘处机遗愿，在旧址上结茅以居。后托清虚子蔡志仙兴建。蔡死后由其弟子刘志远、田志恭、田志觉接续营造。大殿坐北朝南，采四大坡形式，面宽11米，进深9米，前有月台，东、西竖立二碑，后移至过街楼。大殿正中供太上老君塑像，高一丈二尺有余，因此当地百姓俗称为"老君观"。建成后，该观被视为燕京城的大长春宫（白云观）的别业，使道教在西山有了一席之地。

（四）天主教堂

元代，天主教便在西山传播。但鉴于佛教与民间信仰的先后勃兴，天主教传播范围一直不广，至近代国门洞开，西方传教士才以较大规模进入西山。因此,西山的天主教堂较少,以后桑峪、张家铺等天主教堂名气最盛。

后桑峪天主教堂又称耶稣圣心堂,位于门头沟区斋堂镇后桑峪村,是一座已有数百年历史的老教堂,后桑峪村也是北京教区有名的教友村。据传,元代时有传教士入西山用民房作为祈祷场所,行医的同时传播天主教。元统二年(1334),后桑峪村50多户农民有100余人成为教友,于是建起一座由两间房屋组成的小教堂,此乃后桑峪天主教堂之始。清光绪二十一年(1895),教堂扩建为9间,可容纳400人。《辛丑条约》签订后,天主教得到发展,教堂扩建,修建了圣母山、若瑟院和教会学校。抗战时期,后桑峪村及教堂成为中共领导平西抗日根据地的一个坚固堡垒,日本人遂烧毁教堂。新中国成立后,教民重建教堂,过上正常的宗教生活。党的十一届三中全会以后,党和政府落实宗教政策,信教群众恢复了宗教活动。

(五)洞穴名寺

除以上按宗教类别划分的四大类宗教建筑外,还有一类以独特的建筑方式呈现出来的宗教文化遗产,那就是建在洞穴里的寺庙。西山中丰富多样、幽深的洞穴恰恰是僧道修法悟道的好去处,因而洞穴建寺成为西山寺庙的一大特色,其中以朝阳洞弘业寺等颇具名气。

1. 朝阳洞弘业寺

该寺位于清水镇齐家庄村北青楞山。朝阳洞被当地人称为石塘洼,此洞坐北朝南,并有三大洞、一小洞,洞中套洞,相互通联,长年溶蚀,洞壁凹凸不平,似太湖石,并挂有许多碳酸钙石柱,玲珑剔透,巧夺天工。弘业寺因洞而建,是门头沟区如今发现最早的石窟寺,大约已有千年历史,为当今旅游休闲、探幽寻古的好去处。

2. 张仙港圣泉寺

该寺位于清水镇燕家台村东侧墨云山张仙洞。《宛署杂记》描述张仙洞:"在鱼鼓石之上,洞深二丈余,阔如之,内有石泉,汇而成池,清冽异于他泉,相传为张仙炼丹之所。"依洞而建的圣泉庵坐落于此，庙内原有明万历年间铸铁磬，知其建于彼时。该寺建筑奇巧，被誉为"京西悬空寺"。后因战乱损毁，今已重建开发，该寺成为当地旅游景点。2002年，开始恢复一年一度的三月三传统庙会。

二、高僧名道

西山的寺庙之所以能成为传世名刹，离不开历代的高僧名道。这些高僧名道或坐镇古刹，参禅讲法，或建寺修庙，隐修山间，使西山的宗教文化不是流于寺庙富丽堂皇的表象，而是真正散发宗教文明内涵的文化体系。

（一）高僧辈出

佛教是最早进入西山的宗教。在千年的历史发展中，西山的高僧大德辈出。这些高僧有的创建寺院，有的振兴古刹，对西山佛教的传播与发展做出了不朽贡献。另外，他们大多名气较大、地位颇高，为世人所尊崇，对西山名刹地位的提高、传扬佛法、吸引布施以兴旺香火大有助益。

1. 智周

字圆朗，俗家姓赵，祖籍徐州下邳，东晋时迁居山东曲阜。幼时喜佛学，出家为僧，拜师于流水寺滔法师。后又向瞬法师学习佛法，终于学业有成。四处弘扬佛法，弟子甚多。随后远离城郭，隐迹马鞍山慧聚寺（戒台寺），于寺中修葺、兴造殿阁门廊与佛像，并坐镇于此，使寺名声渐起，被誉为戒台寺"开山祖师"。

2. 静琬

又作净琬，籍贯不详，隋大业年间住于幽州智泉寺，鉴于北周、北齐的废佛，恐三灾坏劫而使佛法湮灭，发愿刻一切佛经于石上，以备法灭后学人遵循进道的资本。隋大业元年（605）于涿州白带山（今房山区）山麓开凿岩洞，于石室四壁刻经文，刻《华严经》等，山因而易名石经山，后改石景山。另有部分石经置山下云居寺压经塔下。唐贞观十三年（639）圆寂，由门人继其刻经大业。

3. 华严

俗家姓氏、籍贯等皆不可考。唐代武则天时居住在幽州城北，诵经时声如洪钟，一城皆闻之，因此名闻燕地。后受幽州都督张仁愿敬礼，出资施舍于马鞍山竹林寺，又在张资助下行于马鞍山西嘉福寺，购买周边姜、刘二家土地，重建寺庙，持《华严经》以为净业，此寺遂开始兴盛。后坐化于此，肉身不萎败。所建佛寺便为"京都第一寺"潭柘寺，因而被后世奉为潭柘寺"开山祖师"。

4. 从实

五代后唐时期的禅宗佛学大师。他来到潭柘寺铲除荒夷、整修寺院、建塔于山中，并率徒千人于潭柘寺讲法，使潭柘宗风大振，改华严宗为禅宗，使潭柘寺佛学重新繁盛。

5. 法均

幼时于燕京紫荆寺出家，拜非辱为师，肄习律学，又钻研禅学，出游访师。辽清宁七年（1061）秋，任燕京三学寺论主。次年，授紫方袍，赐号"严慧"。期满，归隐慧聚寺（戒台寺），于寺中肇建戒坛，以供传法。翌年，传戒度众，日度数千辈，声威大振，使律宗之学兴盛。辽道宗闻名，诏见并对其嘉奖，特授崇禄大夫、守司空等显要名爵。寺因此成为佛教最高学府、律宗圣地，后数代住持坛主均为辽国佛教律宗领袖。弟子悟敏与悟铢皆为律宗名僧。

6. 开性

金代禅学临济宗一派代表，自幼于潭柘寺出家，拜振戒和尚为师。天眷初年，至汴京向高僧佛日圆正学法。后游历齐鲁、辽东等地及中都竹林寺，以弘扬禅学。大定初年，回潭柘寺任住持，重整僧务，修建寺庙，制《寺中规条》，编《语录》三卷，使潭柘禅学得以中兴。后终老寺中，被佛门尊为"广慧通理"禅师。弟子善照、了奇、圆悟、广温、觉本等俱为临济宗高僧。

7. 万松行秀

河内人，曾拜胜默光公、雪岩满公为师，习曹洞宗禅学。后至中都，住戒台寺，自建从容庵。金明昌四年（1193），金章宗闻名，诏入宫中，谈论佛法。承安二年（1197），为仰山栖隐寺住持，整顿寺规，钻研佛学，安心静修。蒙古军入南京后，隐居从容庵，收耶律楚材为俗家弟子。钻研禅学、净土宗学，乃金元之际禅、净双修的高僧、北方佛教界领袖，对佛、政两界皆有很大影响。兴福禅师从正、普净等皆为其从学弟子。曹洞宗高僧雪庭福裕、林泉从伦等先后传其衣钵。

8. 海云印简

俗家姓宋，法名印简，号海云，金代山西岚谷宁远人，幼时入岚州广慧寺，拜治公长老为师，习临济宗禅学。后师从中和章公。学有所成，遍历燕京庆寿、竹林，易州兴国，昌平开元等寺，7次主持大规模佛事活动，剃度弟子达千余人。元宪宗时，令其主管中原佛教事务，赐银章。先后被赐以"寂照英悟大师""燕赵国大宗师""佑圣安国大禅师""光天镇国大士"等号。死后葬于潭柘寺下塔院，建塔9级，谥"佛日圆明大宗师"。传法弟子可庵朗公等皆为元大都临济宗高僧。

9. 行满

俗家姓曹，字万山，山东人，元至正十七年（1357）北上大都，先后拜泽庵、素庵二名僧为师，参学云门、临济二宗精要。成宗大德年间，开法堂于仰山栖隐寺，声名大振。武宗赐号为"佛慧镜智普照大禅师"，为其织造金龙锦缘僧伽大衣。后又被授予荣禄大夫、司空高爵，在大都佛教界影响渐增，与藏传佛教头面人物宣政使相迦失里、功德使大司徒辇真吃剌失思等人结交。

10. 圆正

辽宁锦州人，幼年于锦州大崇仙寺出家，习律宗佛法，后转学华严宗。未久，因有超群之解，众人推为法主，成为辽中京乾州地区华严宗公认领袖。后云游各地，于西山金城山的山洞定居，研修华严宗精义，弘扬佛学，声名远播。因其地简陋，四方信士遂集资于金城山下修建"白瀑寿峰禅院"，供其传法。后收崇贵、崇行等人为徒，嗣传其学，名声大振，成北京地区华严宗领袖。

11. 姚广孝（道衍）

法讳道衍，长洲人，明成祖朝功臣，一代名僧。14岁出家为僧，又向道士学阴阳之术。明初，太祖选高僧从侍诸王子，遂辅佐燕王朱棣，至北平，住持庆寿寺。后建文帝削藩，成为朱棣发动"靖难之役"的主要支持者及重要谋士。成祖迁都北京，封为太子少师，赐名"广孝"，参与军国大事。后辞官，隐居潭柘寺，于寺东北的少师静室修行。后为修《永乐大典》与《太祖实录》出山，住于庆寿寺，未久圆寂。成祖亲为其撰写神道碑，赐葬房山县东北，配享太庙。

12. 道孚

知幻，俗家姓刘，世为江浦望族，7岁入南京灵谷寺为僧，后至天童寺，从观公学佛法。明宣德元年（1426）随观公入京，常奉诏入宫讲经，深得宣宗赞赏。英宗朝升僧录司左讲经，钦命为戒台寺住持坛主，重修寺院，使寺焕然一新。此后开坛传戒，弘扬佛法，为明代戒台寺第一代开山大坛主。

13. 真可达观

字达观，号紫柏，江苏吴江人，于苏州云岩寺出家。明万历元年（1573）北游京城，曾就学于高僧遍融真圆、笑岩德宝等。后出游于各地，筹划刊刻《大藏经》。万历二十年（1592）以皇太后所施钱财赎回云居寺寺产，后在北京化钱刻经，从事撰《高僧传》《续灯录》等佛事活动。万历二十三年（1595），出任潭柘寺住持。与笑岩德宝、憨山德清、遍融真圆并称"明末四大高僧"。

14. 印光法师

法名圣量，别号常惭愧僧。清光绪十六年（1890），30岁时转居北京龙泉寺当行堂，苦行培福，潜修密证，长养圣胎，对振兴佛教，尤其是净土宗，居功至伟，乃是对中国近代佛教影响最深远的人物之一。

此外，清代北京律宗最盛，易禅为律的潭柘寺先后出现震寰照福、洞初征林、恒实源谅、静观圆瑞、静海印彻等多位佛学大师。这些高僧的佛门地位高，影响较大，与清皇室、达官显宦交往密切，以保护寺院、吸引布施。即使在民间信仰冲击严重的清代，潭柘寺等仍能保持繁盛香火。

（二）名道耕耘

西山佛教氛围浓重，道教直至元代才于此传教。因而，道教宫观数量较少，传教范围较小，名道不多。但名道尹志平影响较大。

尹志平，字大和（太和），山东莱州人，先后以全真五子为师。金兴定四年（1220）作为十八高徒之一随丘处机西行。返燕京后，丘处机赐号清和子。丘去世后，继全真道掌教。在任期间为完成丘之遗愿，与蔡志仙、刘志远、田志恭、康志觉等人一同修建燕家台通仙观，与燕京城中白云观呼应，促使道教在西山站稳脚跟。元宪宗元年（1251）去世，葬房山一带，中统二年（1261）诏赠"清和妙道广化真人"号。

西山至今犹存的众多名寺古庙是西山千年以来宗教文化蓬勃兴盛的见证。高僧名道在古刹乃至整个西山的活动则成为西山乃至中国古代宗教文化的重要组成部分，丰富了西山宗教文化的内容，赋予其活的灵魂。西山坐拥佛寺道观，历代众多高僧名道留下遗迹，成为当之无愧的朝圣之地。

第六节　红色摇篮

西山红色文化主要产生于西山山区的革命根据地，总体来说，主要内容应包括两方面：一是抗日、解放战争时期在西山发生的抵抗侵略、争取解放的重要历史事件；二是同一时期涌现出的革命英烈及其事迹。西山文化中红色文化与新中国的诞生和定都北京的关系最密切，是北京地区红色摇篮，因而具有极其重要的意义，其特点极为鲜明，社会影响较大，是其他文化所不可取代的。

一、红色革命根据地

西山自古是兵家必争之地。1919年五四运动时，马克思主义便开始在西山有所传播。1921年中国共产党成立，便开始在西山中开展革命活动。此后直至新中国成立，西山一直是北京地区中共活动并领导人民抵抗侵略、实现解放的重要红色根据地。在这20余年间，在西山发生了许多重要的红色革命事件，成为红色文化的代表内容。

1919年，西山燕京大学等学生发起五四运动，从而促使马克思主义开始广泛传播，西山的其他地区也受影响。

1921年，中国共产党成立。1924年，中共党员崔显芳回家乡田庄创建党组织，此后便开始陆续有共产党员在西山开展活动。今门头沟区上清水、东斋堂、田庄、青白口、军庄、门头沟、大村等地都曾是中共早期开展活动的地区。

1930年，中共党员崔显芳秘密组织发动西山抗捐税斗争。

1933年，崔显芳先后组建青白口村党支部、田庄村党支部、沿河城村党支部及黄土贵村党小组，正式建立中共宛平县委。

1937年，七七事变爆发，中华民族的全面抗日战争开始。国民党军撤退后，在西山斋堂中共地下党领导下，魏国元遵照北平市委指示回乡联络农民，发动青年收集国民党军队溃退时丢弃的枪支弹药，组织了一支百余人的抗日游击队。西山开始成为中共领导下的革命武装力量抗战的重要根据地。

1937年9月8日，国民抗日军（平西游击队）组织黑山扈战斗，取得胜利，在社会上产生较大影响。同年10月3日，日军向国民抗日军发动大规模"扫荡"，经一天激战，国民抗日军迅速转入深山区，日军"扫荡"目的落空。同年11月底，国民抗日军来到河北蔚县，与八路军聂荣臻部会师。

1938年1月5日，经一月修整和培训，国民抗日军编为晋察冀军区第五支队，负责建设、坚持平西抗日根据地，下设3个总队9个大队和1个特务连，管辖昌平、宛平、房山、涞水、涿县、怀来6县。

西山地势险要、人烟稀少、气候恶劣、经济贫困、民风淳朴，是创立红色根据地的理想场所。1938年3月，改编后的平西游击队返回平西山区，后改编为一分区三团，成为正规的八路军主力部队。1938年春，八路军邓华师一部挺进西山斋堂地区，建立了平西抗日根据地、平西抗日民主政权。同年5月，八路军将领宋时轮率120师一部到达斋堂川，与邓华部队会师，组成八路军第四纵队，在平西、冀北对日军积极开展游击战。

1939—1945年，西山成为八路军晋察冀抗日根据地的核心地区之一。

1939年初，八路军120师副师长萧克率部来到斋堂川，成立冀热察挺进军，司令部曾驻扎于斋堂、马栏、黄塔等地。

1940年3月6日，日军一个混成旅团纠集大批伪军向平西抗日根据地发动"扫荡"。3月9日，根据地军民开展全面的反"扫荡"战役，兵分几路，分别阻击、袭扰敌军，经过14天大小30余次战斗，取得重大胜利，彻底粉碎了日军铲除抗日根据地的目的，使根据地军民力量更加壮大。

1940年10月，日军采取更大规模的"扫荡"行动。1941年8月开始至1942年，日军对抗日根据地实行"三光政策"，"平西老七团"奉命于平西根据地粉碎敌人的"扫荡"与破坏，展开反蚕食、反封锁的全面斗争，通过组织武工队和发动群众，用长途奔袭、里应外合、化装巧袭、长期围困等游击战术拔除敌据点，袭击敌运输车队，于游击运动中消灭敌有生力量。

1941年末，挺进军主力到达平北后开展武装斗争，积极向敌伪展开游击战争，连续取得战斗胜利，相继成立5个联合县政府和办事处，建立平北抗日根据地。1941年底，在242个村中发展2250名党员，并建立民兵、工农青妇等群众组织。1942年春，挺进军在冯家峪、东山庙、鹿皮关、阎家坪、一撮毛山、谷水峪等战斗中粉碎了日军较大的"扫荡"。

1943年春，平西、平北抗日根据地发展到鼎盛时期，展开大反攻。1945年8月，日本投降，西山境内除良乡、房山等平汉铁路沿线外，大部解放。

1943年秋，在房山区霞云岭乡的堂上村，年仅19岁的晋察冀边区群众剧社成员曹火星满怀对中国共产党的热爱和抗日激情，在堂上村创作了《没有共产党就没有新中国》这首令全中国人民振奋和自豪、中国男女老少都会唱的歌曲。

1946—1949年的解放战争时期，西山前后曾是平津战役的重要战场。西山的平西、平北抗日根据地的主要工作从艰苦的武装斗争转变成为中国人民解放军提供充足的后勤供应。西山的解放军、党组织以及广大人民群众为北平的和平解放做出了重要贡献。

二、革命英烈及事迹

在革命时期曾有大量革命英烈在西山宣传、活动、抗争，甚至献出宝贵生命。这些英烈是西山红色文化的主体，他们的事迹承载着西山红色文化的根基。

（一）崔显芳（1888—1935）

字世勋，号少卿，门头沟区田庄村人，革命烈士、西山中共党组织的领路人。早年就读私塾，1922年就读于上海国语专修学校期间加入中国共产党。1924年夏，回家乡田庄村进行创建党组织的活动。1926年，在家乡兴办完全小学，宣传共产主义，传播革命火种，发展教员入党。1927年，又于青白口村兴办完全小学。1930年，在国民党区党部当助理，秘密组织发动全区抗捐税斗争。1932年，在中共北平市委特派员马建民等帮助下，成立中共宛平县第一个党支部——田庄高小党支部。随后组建了中共宛平县临时县委。1933年，先后组建青白口村党支部、田庄村党支部、沿河城村党支部及黄土贵村党小组，正式建立中共宛平县委。1933年，秘密于向阳口村后山大悲岩建立枪支修械所，为武装斗争做准备。1934年夏被捕。1935年2月出狱，不久病逝。

（二）杨运亭（1917—1946）

又名杨滚，门头沟区斋堂川前桑峪人。1938年，积极参加中共领导的抗日民主政府在斋堂川一带发动的抗日工作。1939年，加入中国共产党。1940年，担任中共宛平县工会主任，被选为县参议员。1941年，日军进行残酷"扫荡"，他仍坚持深入敌占区工作。1941年冬，为宛平县大队做战前动员，队伍开进斋堂川，给予日军沉重打击。1944年，进入矿区工作，搜集敌人情报，在工人中宣传抗日，发展党组织。1946年初夏被捕，不久牺牲。

（三）傅进山（1921—1946）

河北曲阳县石门村人。早年到西山做矿工。1943年，加入中国共产党，化名王进，于矿区进行抗日活动，组织矿工反抗日本侵略者对矿区的残暴统治与对煤炭资源的掠夺。分3批从煤矿鼓动30余人参加八路军。同时，在西山煤矿建立党支部，后又建党总支，下设3个支部，出任党总支书记。1946年，组织西山煤矿工人进行"争取二斤米"罢工，两天后取得胜利。后又领导"争取煤金""给工人发水靴"等斗争，亦取得不同程度的胜利。1946年5月，作为门头沟区矿工代表，参加中共北京市委于张家口市召开的工人代表大会。1946年6月16日，在门头沟坡头村被敌人捕获。同年夏秋之交光荣牺牲。

（四）刘恭（1911—1941）

门头沟区军响村人，中国共产党党员。全面抗战爆发后，曾任村抗日模范队队长、区政府粮秣助理。1941年1月，由于叛徒出卖被捕。在押往斋堂据点途中，高呼革命口号，鼓舞围观群众。在押期间向敌伪军讲革命道理，瓦解敌人队伍。敌人多次威逼利诱均遭痛斥，遂将其捆绑在木桩上，放多条狼狗撕咬。刘恭怒斥敌寇，高呼"中国共产党万岁"，从容就义。

（五）安玉阁（1913—1941）

西北山村人。1938年3月，成为西北山村第一批中共党员，并担任西北山村第一任党支部书记。1940年春，脱产参加革命工作。不久任一区区委组织委员，又被选为区代表会主席。同年秋，日军向平西革命根据地大举进攻，气焰十分嚣张。他走村串庄，发动群众，所负责的沟北工作很有起色。敌人十分恼怒，悬赏1000元捉拿他。1941年3月初，到蔡家岭活动，由于汉奸出卖而被捕，3月中旬就义。

新中国成立后，西山的武装斗争正式结束，但前辈遗留下来的红色文化则仍在发挥着重要的教育作用，是西山文化中至今仍需大力弘扬的文化。

第四章

大河由来

——永定河的形成、流域及名称的演变

北京地区共有五大水系：永定河水系、潮白河水系、温榆河－北运河水系、拒马河水系、泃河－蓟运河水系。它们犹如一个巨大的蘑菇位于北京小平原上，各水系上游发散开来，如同蘑菇的"盖部"；中游则汇聚成束，相互靠近，如同蘑菇的"茎部"；下游又各有分叉，如同蘑菇的"根部"。它们将辽阔的上游流域的降雨和泉水汇集起来，从西南、西北、东北不同的方向集中流向北京地区，在漫长的历史时期共同塑造了北京小平原，为北京地区输送着丰富的水资源。

第一节　从远古走来

永定河是流经北京地区最大的一条河，它的洪积冲积扇构成了北京小平原的主体，北京城就是在永定河洪积冲积扇的脊部形成、发展起来的。

一、流域概况

永定河发源于山西省西北部宁武县管涔山，流经山西省朔州、大同市，河北省张家口地区，北京市延庆、门头沟、房山、丰台、大兴五区，再经河北省廊坊市、天津市武清区汇入海河，流至渤海，全长747千米（含永定新河），途经43个县市，流域面积4.7万余平方千米。其中，从河北省怀来县南部的安家淀村南即今官厅水库大坝流入北京市境，又至北京市大兴区南端崔指挥营村东流出北京市界。流经北京市的干流河段约为170千米，流域面积为3168平方千米，占全市总面积的18.9%。

永定河为海河水系五大支流之一，正源为山西省宁武县管涔山北麓的恢（灰）河，与源子河在朔州市马邑镇汇合后称桑干河。自阳高县南出山西省进入河北省，至怀来县朱官屯村与洋河汇合后称永定河。东南流过三家店出山，进入华北平原，成为今北京地区最大的河流。又东南经河北、天津，在天津市北辰区屈家店分为两支，一支南入北运河，另一支东南入永定新河，最终均流入渤海。

永定河的主要支流有山西省的浑河、御河，河北省的壶流河、洋河，北京市的妫水河、湫河、清水河等。一般说来，官厅水库以上河段为其上游，官厅水库至京西三家店的河段为其中游，三家店以下河段为其下游。在流域划分上，官厅水库以上为永定河上游，自官厅水库至三家店为永定河中游，自三家店出山以后即进入下游。流域整体呈上宽下窄形，上游支流众多，中游相对稳定，下游变动迁徙频仍，留下很多条故道。

二、形成溯源

永定河是北京境内最大的河流，也是最古老的河流，形成于第四纪更新世（距今15000～250万年前）后期，至今已有几十万年的历史了。说起它形成的原因，就要追溯到6000万年前"华北陆台"的地质变化了。"华北陆台"是一个地质学概念，它的面积很大，包括今河北、山西、山东、河南、辽宁五省和内蒙古自治区大部、陕西省北部、甘肃省东部、安徽省北部、江苏省北部等地。永定河流域仅是"华北陆台"上很小的一片地方。

地质学家把地壳发育历史首先划分为隐生宙、显生宙两大阶段。"宙"下再划分为"代"（又称"界"），共分为太古代、元古代、古生代、中生代、新生代5个"代"。太古代大约起始于45亿年前，元古代大约起始于24亿年前，古生代大约起始于5.7亿年前，中生代大约起始于2.3亿年前，新生代大约起始于6700万年前。"代"下又划分为"纪"（又称"系"），如元古代后期称为震旦纪，距今约5.7亿～19亿年。古生代从早至晚分为寒武纪（7000万年，此为持续时间，下同）、奥陶纪（6000万年）、志留纪（4000万年）、泥盆纪（5000万年）、石炭纪（6500万年）、二叠纪（5500万年）5个"纪"。中生代从早至晚分为三叠纪（3500万年）、侏罗纪（5800万年）、白垩纪（7000万年）3个"纪"。新生代则分为第三纪、第四纪两个"纪"。"纪"下还分为"世"（又称"统"），如第三纪分为古新世、始新世、渐新世（以上属老第三纪或早第三纪）、中新世、上新世（属新第三纪或晚第三纪）；第四纪早期称更新世，晚期称全新世，现在仍属于全新世。

永定河是新生代的产物。第三纪早期，"华北陆台"相对稳定，后来在喜马拉雅山运动影响下，"华北陆台"上形成许多断陷盆地。由于当时的气候温暖湿润，这些断陷盆地里积聚了大量的水，形成很大的内陆湖泊。那时候，今大同盆地、阳原盆地、蔚县盆地、涿鹿－怀来－延庆盆地等都是水面广阔的大湖泊，在涿鹿－怀来－延庆盆地大湖泊的东边本是燕山运动中形成的山地，经过长期的外力侵蚀，已变成准平原，并有一些较短的河流发育，今门头沟区境的永定河河段就是其中的一条，在三家店附近进入北京湾，并将大量泥沙和砾石搬运到下游堆积下来。为了叙述方便，这条较短的古河流，我们不妨先称为三家店河。在喜马拉雅山运动影响下，北京湾与河北平原拗折下沉，而西边的准平原地带重新慢慢隆起，从西向东地面一升一降的变化使三家店河上游的溯源侵蚀加剧，河源越来越接近涿鹿–怀来–延庆盆地大湖，河水也随着地面的抬升而下切，河床变得越来越深。与此同时，涿鹿–怀来–延庆盆地的湖水受喜马拉雅山运动的影响，向东的侧压力增大，湖水的波涛对其东岸的侧蚀也加剧，大湖东岸不断崩陷后退，在地层断裂、岩石破碎的地段，湖水的侵蚀更严重。经过几十万至百万年的这种作用，相向进行的三家店河的溯源侵蚀与大湖湖水的东向侧蚀终于冲垮了之间的薄弱地带"会师"了。于是，涿鹿–怀来–延庆盆地的浩渺湖水顺三家店河的河道倾泻而下，三家店河由一条重新隆起的太行山东麓的小河变成一条穿山而下、汹涌澎湃的大河。至第四纪更新世晚期，大同盆地、阳原盆地等古湖泊的湖水大都已消失，变成湖积平原。但是，夏秋季节降落在这些盆地及其周围山区的雨水由涓涓细流汇成大河，顺势东注，过涿鹿–怀来盆地，与三家店河连为一体，形成了今永定河的主体河道。

在漫长的第四纪地质岁月里，古永定河从晋北高原穿过崇山峻岭奔腾而下，一过现在的门头沟三家店便坡势骤缓，再过了卢沟桥所在地则更是一马平川。"巨龙"突然没有了束缚，便伴随着季节性水量的增减，在这片广阔而平坦的平原上随意地奔流、摆动。由于河道坡度减缓，河水流速变慢，大量砾石和泥沙迅速沉积下来，形成了北到清河、东到温榆河—北运河、南到白沟—大清河、西到（房山）小清河的辽阔的洪积冲积扇，其范围包括北京市石景山、西城、东城、朝阳、大兴等区的全部及海淀区南部、丰台区东部、通州区西南部、房山区东缘，河北省固安县、永清县、安次区、霸州市的全部及涿州市东北隅、辛集市新城镇东部、保定市雄县东北部、天津市武清区西部等，总面积约为7500平方千米。海拔为50～55米，地势平坦，土壤肥沃，河流密布，湖泊成串，并拥有丰富的地下水，非常有利于农业开垦。北京城就坐落在永定河洪积冲积扇的中上部，肥沃的土地哺育了北京地区最初的文明，由多个村庄、聚落逐步发展为燕国的都城——蓟，进而又逐步演进为区域性的政治文化中心和全国政治文化中心（见图4-1）。

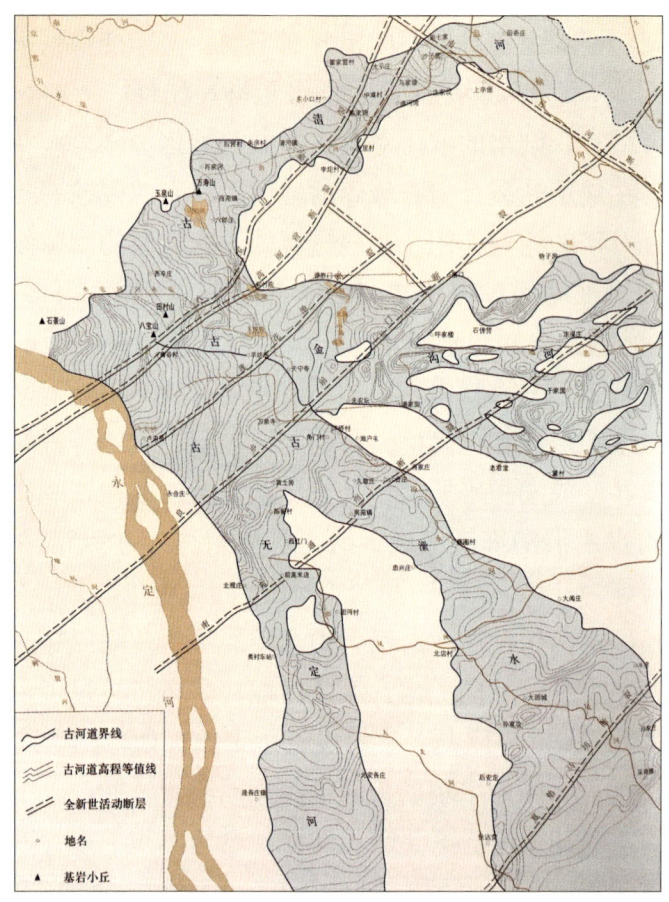

图4-1 永定河古河道和全新世活动断裂带^①

---

① 侯仁之：《北京历史地图集·文化生态卷》，北京出版社，2013年，第80页。

第二节 携百川入海

永定河的源头多、支脉多、分汊多，其分支铺散在华北地区的北半部，像一朵蘑菇，"盖部"从山西、内蒙古、河北山区收集各路泉水，不断汇聚成"茎"，到下游又分别奔流入海。永定河干道与先后汇入的众多大小支流共同构成了繁杂多变的永定河水系和范围广阔的永定河流域。

有关永定河的源头，历史上曾有很多争议。不同时代，永定河的名称不同，其发源地所指也各不相同。秦、汉至北朝时期，永定河称治水或㶟水，说其源出累头山，以今黄水河为正源；隋、唐时期，永定河被称为桑干河，遂有称其源出桑乾泉；元、明时期称浑河，说其源出恒山之阴浑源县的浑源川。现在则统一以最长、最远的源头——山西省宁武县管涔山天池的恢河——为永定河之正源了。

现以恢河为干道正源，依据北魏时期《水经注》《清一统志》，光绪《畿辅通志》等记载，将历史上永定河的流向、流经以及先后汇纳的支流简述如下。

一、上游区域的永定河水系

永定河自山西省宁武县管涔山分水岭北麓发源后，古称马邑川水，后称恢河，亦名蔚李河，为永定河的南源，今视为正源。恢河流向东北，至红崖儿村，伏流7.5千米，于塔底村南复出，经宁武县东，有黄花涧水自北注入。然后又北流，有凤凰山水注入。北经阳方口西，出长城，入朔州（今朔州市）界，有神泉堡水自西来注之。继续东流，经朔州南，有青羊渠、干涧河、腊河先后注入。之后又东南流，纳七里河、沙楞河。折向北，至故马邑城（在今朔县东北20千米）南，与㶟水、桑干水交汇。三源毕汇，以下通称桑干河。

桑干河向东偏北流，收马跑泉水又东流，至西河底村，有雁门关水自西南注入。桑干河又东北流，先后有鄯河、泥河、尾河汇入。经安银子村东南、沙岭之北，至山阴县（指山阴旧城，在河之南）西，北转东折，绕经黄花岗（即黄瓜阜）南，又东流，有新庄子河自北来汇入。桑干河又向东流入应州（今应县）界，有黄水河、白泥河汇入，经大营村南有木瓜河自西汇入。桑干河又东南流，经北贾家寨、曹娘子堡，有磨道河自北汇入。桑干河又东北流，经臧家寨南清水河自北汇入；经屯儿村有里八庄河自北汇入。桑干河又东流，经西安堡南，又东经边耀山（山在应州北15千米）西、赵霸岗（岗在应州东12.5千米）北，浑源河自南合诸水汇入。桑干河汇纳浑源后又俗称浑河，泥沙含量增多。又东经郑家庄南，折向北，入大同县界。有大峪口河汇聚红山峪、金龙山、镇子海等8条小河的水自北入注。桑干河又东北流，经瓮城驿，至新桥村南，如浑水（今名御河，流经大同市，是永定河上游较大支流之一）由塞外自北向南注入。桑干河又东流，经古定桥北，又东经西册田、东册田，入河北省阳原县界。

以上是山西省境内永定河上游河段的水系构成，共有一级支流26条，二级支流23条，三级支流3条，总计52条。其中见于《水经注》的有12条，较大者有浑源河（又名崞川水、浑河）、御河（如浑水）等。光绪《畿辅通志》将山西境内永定河支流统计为64条[1]，其中包括桑干河源地的七泉（桑干泉、上源泉、玉泉、金龙池、司马泊、小芦泉、小蒲泉）及乾隆年间开凿的引水渠等。

桑干河进入河北省阳原县后，至芦子屯（在今阳原县城西南20千米北、嘴儿图（在今阳原县城西南约12.5千米）南，有石门沟水汇五泉河入注。桑干河又东流，经东、西白家泉堡（在阳原县城南约17千米），有王灵池水自南注入。桑干河又东北流，至疙瘩头有浒河合一突泉、徽泉、虎眼泉等自西北汇入。桑干河又东经揣骨疃（今阳原县城东南12千米）北，有车厂水、濯缨泉自南注入。在揣骨疃桑干河对面辛其庄，又有柳园泉合五里河自西北汇入。桑干河又东北流，一路汇集响水沟、汊河、无名沟、谷水、温泉等诸多小河。在辛堡东北、

---

① 光绪《畿辅通志》卷七十八，河北人民出版社，1989年，第172—173页。

小渡口西，有壶流河汇入桑干河。据光绪《畿辅通志》记载，壶流河长125余千米，共收纳了30条河流^①，是永定河重要的支流。

桑干河纳壶流河后继续向东北流，至上油房村口，有大黑沟自北注入。然后东流，至谢家湾出今阳原县界，进入宣化县内，至郭家东北流出宣化县入涿鹿县境。这一河段有狼洞沟、上河沟、上沙沟、下沙沟、王家湾泉、抢红崖泉、花园沟、干沙河、望扒儿渠、公务渠、惠南渠等11条支流，较大支流有石山口水。桑干河东入涿鹿县境后纳协阳关水、温泉水，流至朱官屯东南、夹庄北，有洋河自西北注入。洋河古称修水、于延水，是永定河最大的支流。

桑干河继续东流，八宝山水自北注入。经沙城堡（今怀来县治）之东南，又有西水泉自北注入。桑干河又东南流，有矾山水自西南注入。此矾山水即《水经注》中的涿水，它出自涿鹿山，经涿鹿县故城南，与阪泉、蚩尤泉汇合后，"经祚亭北，而东北入漯水"（《水经注·漯水》）。桑干河又东南流，有东水泉合石泉自北注入。东水泉与石泉总名石河，源出怀来县土木堡北面的炮儿山，明英宗正统十四年（1449）发生的"土木之变"的战场即在土木堡附近的石河两岸。

二、北京段永定河水系

桑干河又东南流，有清夷水自东北注入。《水经注》中对清夷水的记述非常详细：其水源出居庸关北口，西北流至居庸县（今延庆区）西与牧牛山水（沧河）汇合，下游共道通称清夷水或沧河，今已淹没于官厅水库中。清夷水的主要支流有平乡川水（今为干沟）、牧牛山水（又名沧河，即今妫水河）、古城河（以谷水与浮图沟水之名见于《水经注》，为妫水河之西源）、西龙湾河（《明一统志》中载龙湾河）、新华营河（为妫水河东源，又名闵河）、地裂沟水（西晋时因地震而形成）、粟水（即沽水，今名三里河）、阳沟水（即今蔡家河）、温汤水（即今佛峪口沟，又名黑龙河）、板桥河、西桑园屯河、泉沟

---

① 光绪《畿辅通志》卷七十八，河北人民出版社，1989年，第173、192页。

水、花园泉、桓公泉等。这些支流，除花园泉、泉沟水与桓公泉在怀来县境外，其他皆在北京市延庆区境内。清夷水汇纳桓公泉后，又西南流，经怀来县城（因修水库而西迁于沙城）西南汇入桑干河，汇合处原有地名曰合河口。

1954年修筑官厅水库后，清夷水河道自延庆城西大路村以下皆被水库淹没，只剩上游妫水河了。官厅水库以下今称永定河。永定河自合河口又东南流，经水关堡东，南入山区，两山夹峙，形势险要，人称水门，也就是《水经注》里所说的落马洪，官厅水库在此设立大坝。永定河又南流，经旧庄窝村东，北有小清河自西南汇入，南有水峪口沟自南汇入。永定河又东南经安家渡村南、幽州村西，进入今北京市界。

永定河流进北京市界后，曲折穿行于山间峡谷，直至门头沟区三家店附近流出大山。这一段也有多条支流汇入。

永定河入北京市界后，流至檀木沟东，从斋堂镇北上大水村一带山间流出的狮子沟水自西汇入。流至沿河城，有源出黄草梁南麓，一路汇集了龙门沟、石岩沟、石河诸水的刘家峪沟自西南注入。

永定河自沿河城东北流，至向阳口（一作杏叶口）折而东南流，经珠窝南（今建有珠窝水库），又至庄户洼东，有湫河自北注入。湫河源出昌平区老峪沟乡长峪城北，向南流，经五里松、黄土洼、马跑泉等村东，又南经房良口纳入了镇边城沟水后入门头沟区。

永定河又东南转而西南流，至青白口，清水河自西南注入。清水河源出灵山东麓江水河村北，沿途汇集大地沟、龙王沟、黄塔河、田寺河、北沟、达摩沟、马栏沟、火村沟、灵桂川、十里沟、法城沟等溪流沟渠，在青白口注入永定河。清水河是永定河流经北京市境最大的一条支流，自西南而东北斜贯斋堂川，对斋堂川的历史文化产生了很大影响。

永定河又东北流，黄岩沟自东南来注入。黄岩沟水出青水尖北麓，西北流经三锅地，于傅家台东南注入永定河。

永定河又东北流，经傅家台东，转而东南流，经太子墓西，又转而北流经下马岭东，至芹峪东南，下马岭沟自东北注入。

永定河又东流，经雁翅南，折向西南复转而东南流，过安家庄南，至落坡岭西有清水涧自西南注入。清水涧原名清水河。《宛署杂记》载："清水河在县西一百一十里大台村，入浑河。"该清水河即今清水涧。出大寒岭东麓，东北流经千军台、东西板桥、宅舍台（窄石台）、大台、东西桃园等地，至落坡岭村西入永定河。

永定河峰回路转地向东流，经王平村东、色树坟北、东西石古岩北、韭园北，南涧、南港、桥耳涧等小河沟自南汇入。永定河又北至下苇甸，苇甸沟自北而南又自西而东地注入。苇甸沟水出妙峰山西，南流，经大沟、炭厂、岭角等村及上苇甸乡驻地西，至黄台村转而东流，于下苇甸村东南入永定河。

永定河又东北折向南流，至护驾庄（妙峰山乡政府驻地）西北，樱桃沟自北注之。樱桃沟水出妙峰山东麓，南流，经樱桃沟、桃园等村，至担礼村转西南流入永定河。

永定河又南转东、东北转东南流，左有军庄沟注之。军庄沟水出香山后经东山上村，西南流，经东、西杨坨南，至军庄村南，自西南注入永定河。

永定河又东南流，至三家店村出山，右合门头沟水。门头沟水出九龙山南麓，东北流，至大峪东入永定河。

永定河纳入门头沟水后继续向东南流，只是再也没有一条河沟汇入其中。相反，只有因河水泛滥、河道移动而留下的汊道、故道，或是为泄洪分流而人工开挖的一些减水河和为了以清刷浑而人为引入的支流。例如，房山区的小清河本不入永定河，而明代为了用清水冲刷浑河（明代永定河的称呼），特地凿引小清河水东流，于金门闸附近汇入浑河。于是小清河就成为浑河下游纳入的一条支流了。但到了清康熙三十七年（1698）修筑永定河大堤后，泥沙很快将永定河河床淤高，小清河的清水不能注入永定河，反倒成为永定河排泄洪水的河道了。还有一种情况是由于河道淤塞和变迁，永定河的干道和支流会互相取代、此消彼长。比如，明代及清代前期，浑河主流从固安西南流，至雄县、霸州入玉带河归海；或者从固安北东流，经永清县东境、东安县南境、武清县西南境入淀归海。同时，辽、金、元时期遗留的浑河故道即龙河、凤河也还有水，独自流至直沽入海。但至清后期，永定河尾闾因泥沙淤积而不断地向北迁移，晚清时已迁移至东安县城南北和武清县西境，即今永定河所在，由龙河、凤河下游河道下泄入海。这样龙河、凤河也就成为永定河的支流了。

曾经的永定河自三家店出山至白庙村间分为东、西两股：东股经五里坨西、麻峪村西、石景山西、侯庄子东、四道桥东、庞村西、白庄东，至白庙村南；西股经城子东、大峪东、坝房子西、曹各庄东、上岸东、新圭石西、西新秤（城）东、卧龙岗北，至东河沿（芦井）北，与东股复合，出门头沟区，进入石景山区与丰台区地界，长10余千米。东股基本为门头沟区与石景山区的界河。永定河又东流，经水屯村南、衙门口南，为石景山区与丰台区的界河。永定河又东南流，出石景山区，经丰台区张仪村西、小刘庄东、齐庄子西、刘庄子东、小郭庄东，至卢沟桥；永定河又东南流，经张庄子西、老庄子西、永合庄西与长辛店东、大宁村东，至北天堂（在河东）与高佃村（在河西）间，流出丰台区，转而南流，进入大兴区与房山区地界。永定河又南流，经大兴区高家堡、立垡、鹅房、六合庄、桑马房、西大营、诸葛营、南北章客、赵村、南庄等村西，至韩家铺；经房山区独义、稻田、马厂、阎仙垡、葫芦垡、下（夏）家场、佛满、公义庄、赵营、任营、万里、窑上、鲍庄等村庄东，至韩营；在韩家铺与韩营之间转向东南流，出房山区界，进入大兴区与河北涿州市地界。永定河自韩家铺又东南流，经大兴区孔家铺、刘家铺、西麻各庄等村西和涿州市北蔡、屯子头、长安城等村东，至大兴区辛庄对岸，流出大兴区与涿州地界，进入大兴区与河北固安县地界。永定河又东南流，经大兴区求贤、阎家铺、东西胡林、十里铺、王家屯、马家屯、东西押堤、石佛寺、崔指挥营等村庄以西或以南，经固安县东西北村、东西杨村、东西坨头、辛立村、东庄、北五里铺、大小孙郭、窦家铺、纪家庄、丁村、河津、辛务、梁各庄等村以东或以北，在崔指挥营和太平庄之东流出北京市界和固安县界，进入河北省安次县与永清县地界。如今，这些村庄很多已经消失，部分河道也非原貌，之所以如此详尽地记载于此，也是为了给后人留下更多的历史线索。

三、北京段以下的永定河水系

永定河流过北京市境，复入河北省地界，先进入涿州市，再流经固安、永清、廊坊，最后进入天津市界。

在河北安次县与永清县地界，永定河下游河道的历史变迁极其复杂。就现状来说，永定河是由西向东又转而向东南流，经安次县北寺垡、东更生、王玛等村南，又经大小北市、安乐、西太平庄、孟村、茨平村、西储村、大北尹等村西；经永清县张庄子、安育、陈辛庄、南北陈、琥珀营、柳园等村北，又经南石、东西苑家务、庄窝、东西解口、横亭等村东，于横亭村东南和大北尹西流出永清县界，进入安次县境。永定河自大北尹西东南流，经宗史家务、南史家务、达王庄等村西，朱村、桃园、窑上、西张庄等村东，于朱官屯北折向东流。永定河经大小麻庄、谷庄、麻子屯、前所营、邢官营等村南和崔辛屯、赵庄、杨官庄、前后沙窝、芦七堤等村北，于邢官营与芦七堤二村间出河北省及安次县境，进入天津市武清区地界。

永定河入武清区，东经罗古判南，黄花店、甄家营村北，于豆张庄西南纳入龙河。永定河又东南流，经茨州、小营村南，大旺村、城上村（汉泉州县故城）北，下汇凤河，于汉沟西南入北运河，共道达天津，汇入海河。1963年华北发大水之后，为了根治海河，于天津之北北运河上修建屈家店水闸，又由屈家店水闸向东开凿永定新河，东经大张庄镇南、朱唐庄北、西堤头镇北、造甲城南，下至宁车沽南汇潮白新河，由天津北塘入渤海。

第三节　历沧桑留名

永定河在不同历史时期有不同的名称，同一时期也有多种称呼，可以说它是北京地区拥有最多曾用名的一条河。

一、隋、唐及以前的永定河名称

先秦典籍《山海经》中称永定河为浴水，《汉书·地理志》称永定河为治水，据谭其骧先生考订，浴水即治水，或因字形相似而传抄致讹，或因读音相近而用字有别，一般多以治水为是，也就是今天的永定河[①]。东汉许慎《说文解字》又称其为灅水："灅水出雁门（郡）阴馆（县）累头山，东入海，或曰治水也。"

在三国时期的文献中，称永定河为高梁河。三国魏嘉平二年（250），持节都督河北诸军事、征北将军、建城乡侯刘靖造戾陵遏、开车箱渠、导高梁河，其遏表云："高梁河水者，出自并州，黄河之别源也。"[②]这里说的出自并州（今山西省）的高梁河就是灅水，高梁河也就是灅水的另一名称。

之后直至魏晋南北朝，均称灅水，《魏书》中"灅"写作"㶟"。北魏郦道元的《水经注》中专有《灅水》篇（有的版本的《水经注》误作"湿水"），对灅水流出西山后的下游河段则称清泉河："灅水自南出山，谓之清泉河。"顾名思义，清泉河系因河水清澈而得名。根据郦道元《水经注·灅水》中所引《魏土地记》的说法"清泉河上承桑干河"，又可知当时灅水上游又称桑干河。关于"桑干"之名的由来，《水经注》说是源自桑干泉："灅水又东北流，左会桑干水。（阴馆）县西北，上下洪源七轮，谓之桑干泉，即漯涫水者也。"并进

---

① 谭其骧：《〈山经〉河水下游及其支流考》，原载《中华文史论丛》第七辑（1978年6月），后收入谭其骧：《长水集》下册，人民出版社，1987年。

② ［北魏］郦道元：《水经注》卷十四《鲍丘水》引《刘靖碑文》，上海古籍出版社，1990年。

一步解释：桑干系"漉涫"之音转，而"漉涫"是指水流呈现沸腾之状。也就是说桑干泉有"上下洪源七轮"，泉水喷吐，浪花涌动，状如水沸，故称之为漉涫水，进而音转为桑干水、桑干河。

隋、唐时，则上、下游通称为桑干水或桑干河。《隋书·礼仪志》载："大业七年（611），征辽东，炀帝遣诸将于蓟城南桑干河上，筑社稷二坛，设方墠，行宜社礼。"而《旧唐书·韦挺传》中记载了唐太宗为征战辽东而命令韦挺筹运粮草之事，其中有"挺至幽州，令燕州司马王安德巡渠通塞。先出幽州库物，市木造船，运米以进，自桑干河下至卢思台，去幽州八百里"之句。可见，隋、唐时期通称灅水为桑干河。

二、辽、金至元、明时期的永定河名称

宋、辽、金时期既称桑干河，又称卢沟河。《宋史·宋琪传》载：端拱二年（989），宋太宗准备攻打辽朝收复幽州，诏令群臣献计献策。宋琪上疏云："从安祖砦西北有卢师神祠，是桑干（河）出山之口，东及幽州四十余里。……其桑干河水属燕城北隅，绕西壁而转。大军如至城下，于燕丹陵东北横堰此水，灌入高梁河，高梁岸狭，桑（干）水必溢，可于驻跸寺东引入郊亭淀，三五日弥漫百余里，即幽州隔在水南。王师可于州北系浮梁以通北路，贼骑来援，已隔水矣。"其中反复提到了桑干河，他建议引桑干河水阻挡辽军南进。唐宋八大家之一的苏辙有一首《渡桑干诗》："北渡桑干冰欲结，心畏穹庐三尺雪。南渡桑干风始和，冰开易水应生波。"（见《长安客话》卷四）不仅宋朝人这么称呼，辽朝人也称桑干河。《辽史·圣宗纪》载：统和七年（989）五月，"猎桑干河"，十一年（993）秋七月，"桑干、羊河溢居庸关西，害禾稼殆尽"；《辽史·地理志》于南京析津府下列有桑干河之名。由此可见，宋、辽时期均称桑干河。但同时又有称卢沟河的："从雄州白沟驿渡河，四十里至新城县，……又七十里至涿州，……六十里至良乡县，渡卢沟河，六十里至幽州，号燕

京。……门外永平馆，旧名碣石馆，请和后易之。南即桑干河。"①这是《契丹国志》中收录的一篇北宋大臣王曾出使辽朝的《王沂公行程录》，其中就同时出现了卢沟河、桑干河的名称。

至金代，上游专称桑干河，《金史·地理志》于西京路大同府所属大同县，朔州所属鄯阳、马邑县，应州所属金城、山阴县，蔚州所属灵仙、定安等县下都有"桑干河"之名可证。同时，下游专称泸（卢）沟河。《金史·世宗纪》载：大定二十六年（1186）五月，"泸沟决于上阳村，湍流成河，遂因之"。《金史·章宗纪》载：大定二十九年（1189）六月，"作泸沟石桥"。明昌三年（1192）三月，"泸沟石桥成"。《金史·河渠志》也载有"卢沟河"专条，但"泸"作"卢"。明代蒋一葵《长安客话》载："以其黑故曰卢沟。燕人谓黑为卢。"也就是说，称其为"卢沟"是因为河水发黑。

元、明时，该河的名称进一步复杂，前代旧名如桑干河、卢沟河既沿袭不废，又出现几个新名。《元史·河渠志》云："卢沟河，其源出于代地，名曰小黄河，以流浊故也。"又云："浑河，本卢沟水，从大兴县流至东安州、武清区，入漷州界。"《明史·河渠志》载："桑干河，卢沟上源也。发源太原之天池，伏流至朔州马邑雷山之阳，有金龙池者，浑泉溢出，是为桑干。东下大同古定桥，抵宣府保安州，雁门、应州、云中诸水皆会。穿西山，入宛平界，东南至看丹口，分为二，其一东由通州高丽庄入白河，其一南流霸州，合易水，南至天津丁字沽入漕河，曰卢沟河，亦曰浑河……《元史》名卢沟曰小黄河，以其流浊也。"这里既有"卢沟河""桑干河"旧称，又有"浑河""小黄河"新名。特别是"浑河""小黄河"的名称直观地反映了河水中多泥沙的特点。正是因为河水泥沙含量多，导致下游淤积严重，使河道常常迁徙，故又有了"无定河"的名称。对此，清代包世臣在《记直隶水道》中解释说："浑言其浊，无定以其系流沙，倏深倏浅而名之也。"（载《安吴四种》）值得注意的是这些名称都是自

---

① 引自《契丹国志》卷二四，上海古籍出版社，1985年。

元代才有，而绝不见于前代文献记载。

三、今名"永定河"的来历

至清康熙三十七年（1698），才有"永定河"的名称。《清史稿·河渠志》载："永定河亦名无定河，即桑干下游。源出山西之天池，伏流至朔州、马邑复出，汇众流，经直隶宣化之西宁、怀来，东南入顺天宛平界，经卢师台下，始名卢沟河，下汇凤河入海。以其经大同合浑水东北流，故又名浑河，《元史》名曰小黄河。从古未曾设官营治。其曰永定，则康熙间所赐名也。"又云：康熙"三十七年，以保定以南诸水与浑水汇流，势不能容，时有泛滥，圣祖临视。巡抚于成龙疏筑兼施，自良乡老君堂口起，经固安北十里铺，永清东南朱家庄，会东安狼城河，出霸州柳岔口三角淀，达西沽入海，浚河百四十五里，筑南北堤百八十余里，赐名永定"。《清史稿·圣祖纪》云：康熙三十七年三月十六日，直隶巡抚于成龙奏偕西洋人安多履勘浑河，帮修挑浚，绘图呈进。得旨："于六月内完工。"同年七月二十一日，"霸州新河成，赐名永定河建河神庙"。显然，康熙皇帝将治理后的浑河赐名"永定河"是针对旧名"无定河"的，寄托着期许该河"永远安流"的美好愿望。虽然后来的永定河水并未完全"永定"，但此河名已沿用300余年，而且今后也不会废弃，这也可以说是"永定"了。

综上所述，永定河的名称先后共有12个，即浴水、治水、灅水、湿水、清泉河、高梁河、桑干河、卢沟河、浑河、小黄河、无定河、永定河。毫无疑问，北京地区没有任何一条河流像永定河一样有这么多的名称。永定河名称的这种变化反映了河流特性的变化。特别是清泉河、卢沟河、浑河、小黄河等名称的演变直接反映了河水由清变黑，又由黑变黄、变浑，也就是河水中泥沙不断增多的变化过程。为什么会发生这样的变化呢？这是后文要深入探讨的一个问题。

第四节 造文明血脉

永定河从源出晋北管涔山到自天津入海，一路上聚水成川、挟沙衔泥，既塑造了流经之地的山川地貌，又滋养着沿岸的人们。文明的曙光就在永定河万古奔流的进程中出现了。

一、上游地区的文明曙光

永定河官厅以上的上游河道长约416千米，流域面积约43400平方千米，约占总流域面积的92.3%，包括山西省北部、河北省西北部和内蒙古自治区丰镇县、兴和县，为黄土高原东北隅。这一大片流域内既有诸如管涔山、恒山、小五台山、灵山、大海坨、燕然山、大马群山等崇山峻岭，也有大同盆地、阳原盆地、蔚县盆地、怀安盆地、宣化盆地、怀来盆地等一系列山间盆地。在山区，历史上曾分布着茂密的森林；在盆地，则覆盖着厚厚的黄土。整个永定河上游流域都是河水侵蚀区，大约有一半面积为易侵蚀的黄土丘陵区和自然集中产沙区，是永定河中砾石、泥沙的主要来源地。

也就在这片土地上，200万年前就孕育了人类的祖先。今河北阳原县境内的泥河湾一带，从1万～200多万年前的旧石器时代早、中、晚期一直都有人类在此活动，呈现出一个古人类文化遗址群落。它包括了距今约200万年前的马圈沟遗址、170多万年前的黑土沟遗址、136万年前的小长梁遗址、100万年前的东谷坨遗址、10万年前的侯家窑遗址以及1万年前的虎头梁遗址等，共出土各种石器、化石5万余件。遗迹内容十分丰富，文化序列相对完整、连贯，几乎涵盖了人类起源和演变的全过程，昭示了永定河流域是人类最早的文明发源地之一。在山西阳高发现了距今10万～20万年前旧石器时代中期的许家窑人；在山西朔州发现了距今1万～10万年前旧石器时代晚期的峙峪人和鹅毛口古石器工场遗址。鹅毛口遗址中出土了较多的石锄、石镰等农具，还有割剥兽皮、兽肉用的刮削器、尖状器等，可见当时这里人们的生产方式已经由刀耕阶段进入锄耕阶段，过着以农业为主，兼有狩猎、驯养动物的生活。鹅毛口石器工场是华北地区最大的一处古石器工场遗址，与内蒙古的大窑、广东的西樵山合称中国史前时期三大石器制造场。这些都说明了永定河上游对人类文明起源的贡献。

二、中下游地区的文明演进

官厅水库至三家店之间的中游河道长约108.5千米，流域面积约1600平方千米，占总流域面积的3.4%，包括门头沟区大部、昌平区老峪沟乡以及河北怀来县东南部。流域内绝大部分为高山、丘陵区，历史上也曾是茂密的森林。这段河道蜿蜒曲折，河道纵向坡度较大，又是北京市暴雨中心之一，故汛期洪水峰高、量大、流急，往往给下游造成灾害。中游流域也是河水侵蚀区，是砾石和粗砂的主要产地。

在这片流域内也有不少远古先民留下的遗迹，在门头沟区军庄镇灰峪村、王平镇王平村、清水镇齐家庄，雁翅镇青白口、松树峪，斋堂镇石羊沟大东宫村、东胡林等地都发现了旧石器时代的遗址，而特别具有代表性的是距今11万年前的旧石器时代中期的前桑峪人、距今1万年前的新石器时代晚期的东胡林人和卧龙岗遗址等。关于这方面内容，本书第二章中已有详细介绍，在此仅补充一二。

前桑峪人遗址位于北京市门头沟区斋堂镇前桑峪村马兰黄土台地上，永定河支流清水河北岸。出土的是一个完整的古人类股骨化石，形成于11万年前。结合其出土环境及附属物判定这一带在旧石器时代起已是人类的活动区域。

东胡林人遗址位于北京市门头沟区斋堂镇东胡林村西，也是在永定河支流清水河北岸的二级台地上。它是一座新石器时代早期的墓葬，C14测年校正在公元前8300—前8000年，为探索北京市乃至华北地区新石器时代早期文化提供了重要线索。[1]这一遗址的发现是继北京人和山顶洞人旧石器文化遗址后的又一重要考古成果。这项发掘成果

---

① 周国兴、万玉桂：《北京东胡林村的新石器时代墓葬》，《考古》，1972年第6期。

对考古学、人类学、环境地理学等多个学科的研究皆具有重要意义。从考古学上说，东胡林人墓葬对考证人类社会制度及陪葬制度，对研究北京西山、北京地区乃至华北地区的地层，对研究距今约1万年前的新石器时代早期人类的生活，对发现与分析东胡林人与北京人、山顶洞人间的历史渊源等都有重要学术价值。

卧龙岗遗址在门头沟区永定镇卧龙岗村，位于永定河出山口附近的山前台地上，曾出土石斧、石磨棒、刮削器、陶器等新石器晚期直至战国时期的器物，显示了其作为人类聚落的历史。

三家店以下的下游河道长约155.5千米，流域面积2016平方千米，约占总流域面积的4.3%。永定河由三家店出山后，进入平原地区，河道较宽，纵坡平缓，河流随意迁移，变化较大。同时由于河水流速骤减，泥沙沉淀淤积，地表地貌的变化也非常大。尤其是随着上游地区开发力度加大、植被被破坏，泥沙含量增加，永定河下游河床填高，形成地上河，汛期洪水暴涨时极易决堤改道，泛滥成灾。所以下游是永定河的泛滥区、淤积区。也正因如此，永定河下游地区发现的古人类文明遗址反而稀少，而更多呈现的是有农业开垦史后的人类文明。这其中极为珍贵的是发现北京市东城区王府井遗址。

王府井遗址位于东城区王府井东方广场地下12米处，出土了石器、木炭、烧骨、骨片化石等2000余件，还发现了人类用火的遗迹——炭灰坑、炭屑层等，被认定为距今2.5万年前的旧石器晚期人类遗址。从其旁边的河漫滩沉积物分析，2万年前这里曾是永定河的主河道——高粱河（也就是后来人们所称的"三海大河"）的故道，遗址正好位于其东岸堤上。这一发现直接说明了永定河对北京早期聚落形成的影响和北京城出现的基础。

可以说，从200多万年前到现在，永定河流域内的人类活动遍布多地。而这正是与永定河水如同血脉般的供养分不开的。

第五章

大都血脉

——永定河与北京城的关系

永定河是北京的母亲河。它不像天津的海河、上海的黄浦江、洛阳的洛河、哈尔滨的松花江那样要么穿城而过，要么绕城而行。在相当长的一段时期，我们几乎看不到它碧波万顷的景象。但是，回顾北京的历史就会发现，北京的每一步发展都离不开永定河。历史上的永定河如同血脉一般哺育和供养着北京城，深刻影响着北京的城市格局和发展方向。

第一节　北京城诞生的空间

　　在北京城的早期——蓟城时代，永定河与城市的关系非常密切，永定河经历了穿越今北京城区的从南到北的大迁徙，先是在蓟城西北向东流，流过蓟城北后又东南流；后又从其西向东南流，流经蓟城南再往东去；还可能存在南北多条汊流同时流过蓟城周围。正是这样一种情形，使得蓟城受益于永定河的多种便利因素，即水源、沃土、灌溉、交通、航运等，城市因此逐渐发展起来。事实上，由于历史上永定河的频繁迁移，形成的洪积冲积扇广阔而丰腴，北京城犹如坐落在母亲河宽阔的"胸膛"上，多条永定河故道并联、叠加而形成的肥沃土地成为孕育北京城的温床。

一、永定河洪积冲积扇的形成

　　永定河自北京西郊三家店流出重峦叠嶂的太行山北段（即北京西山）后，下游形成广阔的洪积冲积扇平原，其范围大致北至清河—温榆河（下游），南至大清河，西至小清河—白沟，东至北运河（见图5-1）。

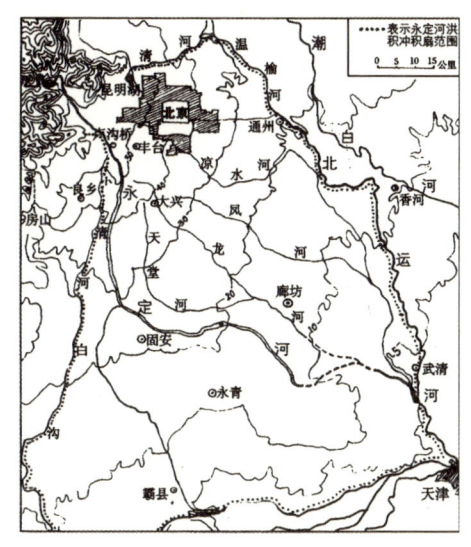

图 5-1　永定河下游洪积冲积扇范围略图

　　永定河上游地区属于黄土高原东北隅，既有高山峻岭，又有山间盆地，拥有丰富的砾石、沙粒和疏松的黄土资源，容易被流水片蚀和沟蚀，化为沙砾、泥沙随水流走。

　　永定河流域气候属于暖温带大陆性季风气候。冬季寒冷干燥，夏季炎热多雨。一般年降水量600毫米左右，但70%～80%降水集中在夏季，且多暴雨。在一些山地的阳坡，因地形雨而往往成为暴雨中心。这种气候特点使永定河水在夏季常常暴涨，汹涌澎湃的洪流有巨大的侵蚀力和搬运力。众所周知，我国的地势西高东低，自西向东呈现3级阶梯状下降，永定河则横跨第二级（太行山以西）和第三级（太行山以东）阶梯。当永定河从第二级地势阶梯（黄土高原和内蒙古高原）向第三级地势阶梯（华北大平原）奔流的时候，冲过北京西山的河段（从官厅至三家店）长108.5千米，落差达340米，平均坡降为3.2‰；自三家店至卢沟桥河段长仅17.25千米，平均坡降为2.6‰[1]。这种大坡降的河道使河水以居高临下之势奔腾而下，势能与动能叠加，大大增强了河水的搬运能力，大量的砾石、泥沙随湍急的河水倾泻而下，在下游河道淤积、沉淀，形成沃野。

永定河自三家店出山后进入北京小平原，即华北大平原的西北隅。华北大平原自新生代以来就处于沉降动态中，是大面积的凹陷区。特别是河北中部，地势最低，为南北汇水区。历史上这里分布着许多大大小小的湖泊，有"九十九淀"之说，成为接收永定河水和泥沙的天然场所。

史前时期的永定河流出西山后，以向东北或向东流为主。当永定河洪积冲积扇的北侧因首先受到永定河从中上游搬运而来的大量砾石和泥沙堆积，地面不断升高之后，其南侧地面变得相对较低，永定河水就会改向东南流，去淤填东南较低的地面。永定河出山后在其洪积冲积扇上的左右移动，使其洪积冲积扇的发育大致保持均衡状态。

二、永定河河道的变迁

据北京大学地理系王乃梁、杨景春等利用沉积物的岩性和岩相分析、冲积砂砾体的特征分析、卫星照片解译和地貌分析、C14年代测定等方法，对北京西山山前平原的古河道共同进行研究后发现了4条

---

[1]　北京地方志编纂委员会：《北京志·水利志》，北京出版社，2000年。

从晚更新世后期至全新世的永定河古河道，依由北而南的分布顺序分别命名为"古清河""古金钩河""㶟水""古无定河"[①]。

古清河从石景山流向东北，经西苑、清河镇到温榆河，宽度一般为3~4千米，最宽可达5千米，最窄为1.7千米。纵比降为0.5‰~0.7‰，在陈家营至中滩村之间的一段（立水桥一带）达2‰。该古河道的沙砾层掩埋在地表以下3~5米，厚度一般为4~5米，上游厚度可达7~8米。上游石景山一带以砾石为主，粒径一般为10厘米。下游砾石逐渐减少，粒径也逐渐变小，洼里、陈家营一带砾石的粒径大多为3~5厘米。在中下游的沙砾层之上，普遍有一层1~2米厚的砂层，局部地区在砂层之上，还有一层3~5米厚的泥炭。对在仓营（清河镇东南）东的"古清河"沙层中采到的树干进行C14年代测定，结果为距今7200（±110）年。也就是说，"古清河"是史前时期永定河的故道。

古金钩河是永定河出山后向东通过今北京城区的一条古河道，其北岸从紫竹院附近向东，经动物园、德胜门、东直门、麦子店、辛店、驹子房一线，而南界从右安门向东，经陶然亭、贾家园、东八里庄至董村一线。这条古河道南北宽达7~8千米，到朝阳门外呼家楼一带分成多股河汊，其纵比降在八宝山一带达3.5‰，向东从玉渊潭南路晾果厂至天安门之间，以及从朝外呼家楼至于家园一带，都只有0.7‰。上游为厚层砾石沉积，到北京城区则变为沙砾石层，上部覆盖着6~8米的砂黏土和人工土。到东郊定福庄、于家园一带，古河道中的沉积物则以沙和淤泥为主，砾石很少，并大多埋在10米以下。从地层切割和叠置关系看，古金钩河的形成时代和古清河相同或稍早。这说明在7200年以前，古金钩河已存在，在以后的一段相当长的时间内，与古清河同时或交替成为永定河的主流河道。本书第四章中所提到的古高梁河（又称"三海大河"）就是这条故道上重要的一条河。

[①] 王乃梁、杨景春等：《北京西山山前平原永定河古河道迁移、变形及其和全新世构造运动的关系》，见《中国第四纪委员会第三次会议论文集》，科学出版社，1982年。

灙水是永定河出山后向东南流的一条故道，其北界从八宝山起，向东南经羊坊店、天宁寺、海户屯、鹿圈村至佟家庄一线，南界从黄土岗往东，经南苑、忠兴庄、青云店到伏达营。它的宽度不一，海户屯一带宽5～6千米，鹿圈村一带收缩为2.5千米，再往下游又变宽。它的纵比降在八宝山一段为3.3‰，万泉寺至六合庄一带为0.75‰，大回城到采育一带仅0.5‰。它的沉积物在上游八宝山一带为粒径10厘米以上的砾石，夹少量小砾石和沙，组成规则的冲积砂砾体，厚达20～30米；下游采育一带是各种不同规模的砂层透镜体，层层叠加而形成的复式沙体总厚度达30米以上。对大红门沙层出土的木屑进行C14测年，结果为距今1420（±85年）。

　　古无定河是永定河向南流的一条故道，其东界从黄土岗往南，经西红门、团河村到田各庄，西界从卢沟桥向南，经永和庄、黄村、庞各庄等地。上游黄土岗一带河道宽5千米左右；到黄村、团河一带，河道分汊，单条河床宽约1千米，至庞各庄又拓宽为3.5～4千米。它的纵比降各段变化很大，在陈留村至团河、黄村间比降最小，仅为0.3‰～0.6‰。它的冲积物在黄土岗以上是厚达20～30米的砾石层，往下游至高米店一带砾石层只有10多米。

　　王乃梁等的研究表明，上述4条永定河古河道中的古清河、古金钩河是距今7200年前后形成的，古金钩河或许更早；而灙水是距今1400年前后的遗存；古无定河暂无C14测年数据，年代不定。这是河道最早形成的年代判断，也是河道相对密集区域的边际划分。实际上，不能肯定距今7200年前至今，永定河再也没有从古清河特别是古金钩河的河道流过；也不能说，距今1400年以前永定河从来没有在灙水一线奔流。在人类活动对永定河的河道位置没有施加明显的重大影响之前，永定河出山后在其洪积冲积扇上左右移动的概率很大，特别是当夏秋季节河水暴涨时更容易改道迁流。有迹象表明，商周之际和西汉时的永定河就曾在古无定河或灙水的河道上流过。东汉时，永定河主流也曾迁回古金钩河故道上。但大致说来，永定河的迁徙移动还是有个从北到南的渐进过程：商以前，永定河出山后经八宝山，向西北过今昆明湖入清河，通过今北运河出海。约在西周时，永定河主流从八宝山北南移至今紫竹院，过积水潭，沿坝河方向入北运河顺流达海。春秋至两汉间，永定河自积水潭向南，经北海、中海斜穿出内城，经由今龙潭湖、萧太后河、凉水河注入北运河。东汉末年至隋，永定河已移至北京城南，即由石景山南下到卢沟桥附近再向东，经马家堡和南苑之间，东南流经凉水河入北运河。唐以后，卢沟桥以下永定河主要分为两支，北支仍走马家堡和南苑之间，南支开始是沿凤河流动，元、明后逐渐西移南迁，曾经移至小清河、白沟河一线。自有南支以后，南支渐渐成为主流。尤其是元、明以来，出于应对永定河洪水的威胁，人们开始不断修筑和加固石景山至卢沟桥间河段的东岸堤防，使永定河出山后很难向东和向东北流。在人类活动的干扰下，永定河由卢沟桥下流向东南，主流再也没有北迁。但是，在北至凉水河、西至今小清河—白沟之间扇形地域内，永定河的改道泛滥却时常发生。今凉水河、凤河、龙河、天堂河、小清河等都曾是它的故道。随着一次次的泛滥，永定河水把大量的淤泥铺撒在这片区域内，使其不断沉积和加高，渐渐形成沃土良田，但也给人们造成生命财产的损失。

　　鉴于越来越严重的水灾，清康熙三十七年（1698）对卢沟桥以下河段进行了大规模治理，自良乡县老君堂旧河口起直达三角淀，"筑南、北堤百八十余里，赐名永定"①。从此，永定河自卢沟桥以下有了完整、高大的堤防，河水在两岸大堤的约束下向永清、东安、霸县和武清一带流去，基本形成现在永定河的河道。随着河水奔流的泥沙向下游地区继续淤垫，自清中期至民国年间，在固安境、霸县东境、永清县东南境、东安县南境以及武清区西南境等区域内，原有众多大大小小的淀泊成为永定河泥沙的消纳场，结果是淀泊陆续消失而变成陆地平川。20世纪60年代，海河流域的根治工程完成后才有了永定河下游汇入海河归大海的现状。

---

① 《清史稿》卷一二八《河渠志三·永定河》，中华书局，1977年。

汉代至宋代、元代、明代、清代4个不同时期的4条永定河古河道在出山之后都各自在山前地带形成一个洪积冲积扇。这些洪积冲积扇连接并部分地叠压在一起，构成永定河洪积冲积扇的整体。在各个洪积冲积扇的顶部都是粒径较大的砾石扇，几个砾石扇连接并部分地叠压起来形成一个大砾石扇，其顶部在三家店、石景山一带，其前缘大致在紫竹院、右安门、黄土岗一线。在这大砾石扇以东，4条古河道才明显分开。从总体上看，永定河主流河道的变迁呈现出由北向南、由西北向东南推进的趋势。当洪水暴涨、泛滥的时候，漫流的洪水又将大量泥沙填补先前遗留下来的低洼或沟坎，最终形成东西、南北各数百里的永定河洪积冲积扇平原。可以说，这4条不同时期的永定河古河道及其洪积冲积扇是北京西山山前平原的主要塑造者，也是北京城形成的地理空间（见图5-2）。

永定河洪积冲积扇平原为北京城原始聚落的形成创造了优越的地域空间。这是永定河为北京城做出的第一个重要贡献，或者说是"永定河是北京的母亲河"的第一层含义。

图 5-2　北京西山山前平原永定河古河道分布示意图 [①]

---

　　① 据王乃梁等《北京西山山前平原永定河古河道迁移、变形及其和全新世构造运动的关系》一文的附图改绘。

182

第二节 古渡口与蓟城的选址

北京地区西、北、东三面环山，只有中部、南部是平原，人称北京小平原。北京小平原状如一个海湾，向北深入太行山、军都山、燕山三大山脉的交接部，向南与辽阔的华北大平原毗连。几千年前，华北大平原上河道密布，纵横交织，湖泊众多，不便人们通行。而永定河、潮白河、温榆河、拒马河、泃河五大水系早已分别从西北、东北、西南及东面穿过太行山、军都山、燕山山地，形成一系列山间谷地与通道，成为山前、山后、山左、山右人们往来的必经之途。

一、南来北往的交通枢纽

受北京地区的地理环境的影响，远古时代的先民们南下北上时只有太行山东麓大道、居庸关大道、古北口大道、燕山南麓与山海关大道便于通行（见图5-3）。不妨这样设想，当中原农耕区的先民要与北方的游牧或牧猎民族先民交往时必须循着太行山东麓大道北上，当到达古永定河渡口渡过河后，路分3条：一是向西北行，出居庸关，径上蒙古高原，这条道路可称为居庸关大道；二是向东北走，过古北口，可到辽西地区以至松辽平原，这条道路可称为古北口大道；三是往东去，沿燕山南麓前行，出山海关后可去东北各地，这条道路可称为燕山南麓大道或山海关大道。反过来说，当北方牧猎区的先民要与中原农耕区的先民交往时也必须先循着居庸关大道、古北口大道、山海关与燕山南麓大道，从山后来到山前，而后会集到古永定河渡口，渡过河后再循着太行山东麓大道南下。因此，古永定河渡口是南北往来大道的枢纽。一般说来，交通枢纽之地是最容易形成大型聚落的。然而，古永定河是一条桀骜不驯的大河。从黄土高原北部"跳下"几个山间盆地，再穿越崇山峻岭进入北京小平原，河道落差大，水流湍急。加上华北地区的气候特点是降水集中，夏秋季节河水猛涨，洪流往往冲毁堤岸，泛滥成灾。为了躲避古永定河的洪水，几千年前的先民们便选择既距渡口不远且可避开洪水冲击，又有便利水源的高敞之地建立居民点。符合如此条件的地方就在古永定河渡口东北方向约10千米的一处高地上，因此地遍布叶长逾尺、叶片多刺的野生植物——大蓟而被叫作蓟丘。北京城最初的雏形就在这里形成，因而也被叫作蓟城。

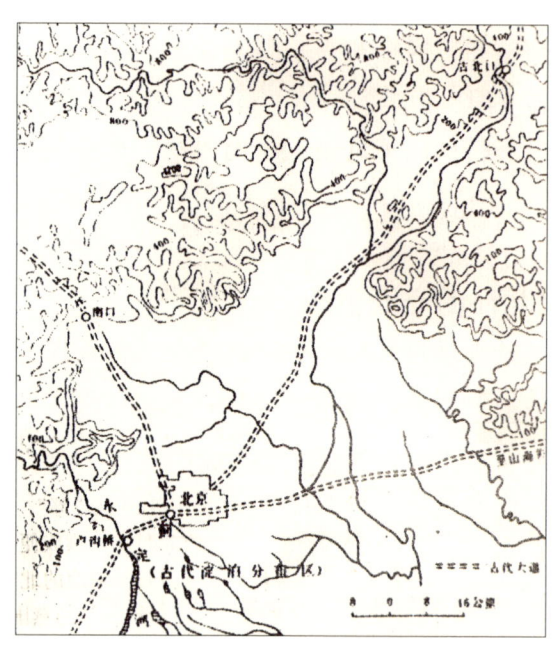

图 5-3　北京小平原古代大道示意图 [1]

二、蓟城选址的合理推断

蓟城并不临水，永定河离蓟城实际上还有一段距离。这段距离并不妨碍城市获得永定河水的滋润，并保证了城市的安全和足够的发展空间。

《礼记·乐记》载："武王克殷，反商，未及下车，而封黄帝之后于蓟。"《史记·周本纪》载：灭商后，"武王追思先圣王，乃褒

① 转引自侯仁之、邓辉：《北京城的起源与变迁》，北京燕山出版社，1997年，第23页。

封……帝尧之后于蓟"。稍后，武王又封召公奭于燕，即今房山区琉璃河镇北董家林一带。虽然被周武王分封于蓟的有"黄帝之后"与"帝尧之后"两说，但"蓟"却是同一个地方，这就是今北京城的广安门一带（蓟丘在白云观附近）。侯仁之由此提出："可以认为蓟、燕两地的原始聚落，到了正式建立为诸侯国的时候，就完全具备了城市的功能，因此也就可以认为是建城的开始。在此以前，这两处地方随着南北交通的发展，其原始聚落也应该已经开始具有城市的功能，但是无法断定其开始的年代。有年代可考的，就是从武王伐纣建立封国时开始。"[1]也就是说，不管周武王到底是封谁于蓟，蓟作为一个具有城邑性质和功能的聚落在西周初年已经存在。因此，人们把周武王封黄帝（或帝尧）之后于蓟视为北京城始建的标志或象征。至于周武王灭商和封黄帝（或帝尧）之后于蓟是在哪一年，史学界曾众说纷纭，莫衷一是。近年来，"夏商周断代工程"的研究成果将武王伐纣克商之年基本确定为公元前1046年[2]。

有人会提出疑问，在蓟城最初形成的时候，古永定河是否流过今卢沟桥的位置呢？如果当时的永定河不从今卢沟桥下流过，也就是说如果古永定河上的渡口不在今卢沟桥的位置，那么，上述关于蓟城形成的论说还能站得住脚吗？这的确是一个切中要害的问题。前文也说过，在人类活动对永定河的河道位置没有施加明显的重大影响之前，永定河出山后在其洪积冲积扇上左右移动的概率很大。也有迹象表明，商周之际和西汉时的永定河就曾在古无定河或灅水的河道上流过；东汉时，永定河又曾迁回到古金钩河故道上。所以，在蓟城未形成之前，古永定河的渡口未必只有一个，很有可能在高梁河上或清河边都有。但不论古永定河上有几个渡口，即使这个渡口在今西直门外的高梁河上，同样会受到洪水的威胁，在渡口处也不宜建立居民点，

---

① 侯仁之:《论北京建城之始》，刊于《北京社会科学》1990年第3期，后收入《奋蹄集》，北京燕山出版社，1995年。

② 夏商周断代工程专家组:《夏商周断代工程1996—2000年阶段成果报告》（简本），世界图书出版公司，2000年，第49、84页。

此为其一。其二，无论是古金钩河故道、灅水故道、古无定河故道，还是清康熙以后的永定河，今卢沟桥所在位置正好位于这几条故道交叉重叠的"根部"（见图5-3），南来北往的先民们依然要沿着上述几条大道来到这里，跨过古永定河的一条或若干河道（从北边南下的则是先跨过河道再聚集在这里），然后再分道北上或南下。相比而言，这个渡口的重要性和聚集度是最高的，存在的时间也最长。所以，距此渡口不远的蓟丘附近成为北京城的最早居民点是非常合情合理的。侯先生关于北京城起源说的中心思想并不应该因渡口的具体位置而受到质疑。但值得关注的是有关蓟城的具体位置，学界还存在诸多分歧，比较有代表性的说法是以东汉末年为界有早期蓟城和后期蓟城之分，对后期蓟城的位置基本没有质疑，而关于前期蓟城，由于缺乏考古依据，推测出来的结论就不免五花八门。其中，比较有说服力的是赵其昌和陈平两位先生的看法。赵先生推断早期蓟城位于后期蓟城西2千米或者南面一点点（后蓟与前蓟南北城墙相接）[1]，陈先生则认为早期蓟城位于后期蓟城的东面一点点（后蓟与前蓟东西城墙相接）[2]。他们都认为前后两个蓟城有交集叠压，而城址迁移的原因正是古永定河的泛滥、迁徙。前面说过，东汉时，永定河走的是古金钩河故道上的高梁河一线，而到东汉末年以后，永定河主流开始南移到灅水故道（凉水河一线）上，很可能就是这个时期的某次泛滥把早期蓟城冲毁，迫使人们往地势更高的方向（离蓟丘越近则地势越高）重建新城。因此，无论前、后蓟城之说是否成立，都不影响蓟城是建于蓟丘附近这个大致方位的判断，何况前后蓟城的位移其实相距并不太远，反而更说明了趋近永定河渡口和趋避永定河水害这双重影响下蓟城选址的合理性。

最初的蓟城形成之后，由于所处地理位置的优越性和重要性，城市持续发展，历久而不衰。西周初年蓟城成为蓟国之都，后来又成

---

① 赵其昌:《蓟城的探索》, 见《京华集》, 文物出版社, 2008年, 第18页。

② 陈平:《古都变迁说北京》, 华艺出版社, 2013年。

为燕国之都。^①自秦、汉至魏、晋、南北朝，再至隋、唐、五代（后梁、后唐），蓟城或为王国之都，或为州郡县治所，一直是北方的行政中心和中原封建王朝经略东北边疆的军事重镇。直到辽会同元年（938），契丹政权占据了这里，升幽州（治所蓟城）为南京（又称燕京），建为陪都。从此，"蓟城"之名才成为历史，而蓟城的发展进入一个新的阶段——都城时代，辽南京、金中都相继在蓟城的位置上进一步发展、壮大。

---

① 《韩非子》卷二《有度》篇云："燕襄王以河为境，以蓟为国。"《二十二子》本，上海古籍出版社，1986年。按，燕襄王即燕昭王。"河"指黄河，"蓟"指蓟城，"国"指都城。

第三节 城市水源与农业灌溉

永定河哺育北京城市成长的重要作用，最直接的体现就是作为从蓟城到金中都2000多年发展历程的城市水源。而更深厚的背景则是永定河广阔的洪积冲积扇又为城市周边农业的发展和城市空间的拓展提供了良好的水土条件。

一、孕育蓟城的西湖与洗马沟

从商周蓟城到战国燕都、唐幽州城、辽南京城、金中都城，都是由蓟城在同一地点发展起来的不同阶段的城市，其中心位置就在今西城区广安门一带。前文提及，蓟城得名于蓟丘，据考证，蓟丘坐落在今广安门外西北方的白云观附近，白云观西墙外原有一处高丘（20世纪五六十年代还可见到），很可能就是古代蓟丘的遗迹。所谓丘，其实是永定河洪积冲积扇的一条扇轴，地势较高。而附近则是永定河冲积扇的低谷，也就是它的潜水溢出带，绿野平畴，流泉萦绕，湖塘相间。还有丰沛的地下水，十分便于凿井汲水。蓟城西北一带众多溢出的泉水汇集成了一个大湖，称西湖，今莲花池就是它的遗迹。这个城西之大湖就成为蓟城的主要水源。

借助北魏时期郦道元所著《水经注·灅水》，我们对这个西湖以及古永定河（灅水）与蓟城的关系可以有较清晰的认识。成书于三国时期的《水经》记载灅水"过广阳蓟县北"，而在郦道元的注文中则变成了"经蓟县故城南"。这一变化反映了从东汉至魏晋间的永定河河道变迁。《水经》中流经蓟城北的灅水就是古金钩河故道上的古高梁河，它从今石景山附近向东流，经八宝山北、田村、半壁店、紫竹院、高梁桥，再由德胜门以西入积水潭、什刹海、北海、中南海，穿过长安街从人民大会堂西南、前门向东南流，经龙潭湖再向东南，至马驹桥附近汇入灅水故道，是"永定河从晚更新世以来延续到全新世的一条古河道"[1]，其消亡"大约可以晚到汉代"[2]（本书第四章中有关王府井古人类文明遗址的发掘也证实了这条古河道的存在）。而到郦道元所在的北魏时期才逐渐南迁至今右安门外的凉水河一线，所以郦道元记载㶟水"经蓟县故城南"。可见，魏晋以前，水量巨大的古永定河流出西山之后，在北京平原西北高、东南低的地势引导下发生河流改道或者分汊漫流、多股并存的情况是很正常的，而一直处于稳定状态的蓟城其实是见证河流改道的参照物。

㶟水到达蓟城附近后就与上文所说的西湖相遇了。《水经注·㶟水》记载：（㶟水）"又东与洗马沟水合，水上承蓟水，西注大湖。湖有二源，水俱出（蓟）县西北平地，道（导）泉流结西湖。湖东西二里，南北三里。盖燕之旧池也。绿水澄澹，川亭望远，亦为游瞩之胜所也。湖水东流为洗马沟，侧城南门东注，……其水又东入㶟水"。也就是说，西湖其实是古永定河河床上的一个潴水湖，其湖面宽广，风景如画，郦道元时代就已是著名的游览胜地。从湖中流出的洗马沟（相当于今莲花池河）水，沿蓟城西南折向东流，被直接引用为蓟城的城市水源，不仅提供居民牲畜的饮用水源和城池苑囿用水，它本身也是蓟城护城壕的一部分。流经蓟城之后又于蓟城之南汇入㶟水，成为古永定河的重要支流。

近几十年来的考古发现，在今西便门至和平门一线往南至姚家井、郭公庄一带，广布着上至春秋战国下至五代及辽金的大量陶井与砖井。这正是北京的先民们畅饮永定河水的遗迹。

二、丰沛清澈的清泉河

特别值得注意的是《水经注·㶟水》里明确记载"㶟水自南出山，谓之清泉河"，也就古永定河出西山后流经蓟城以南的这一条河被称作清泉河，"清泉至潞，所在枝分，更为微津，散漫难寻故

---

① 孙秀萍、赵希涛：《北京平原永定河古河道》，《科学通报》，1982年第16期。

② 孙秀萍：《北京城区全新世埋藏河湖沟坑的分布及其演变》，《北京史苑》第二辑，北京燕山出版社，1985年。

也"。这一段描述了北魏时期漯水下游有多条分支漫流的状况。郦道元告诉我们，高梁河凭借平地涌泉的水量补充而保持了原有河道的模样，而清泉河流经渔阳雍奴县（今天津武清区西北旧县村）后分成很多条小河沟，在下游平原上大体呈自西向东方向漫流，一部分与由北向南的潞水（今北运河）汇合，其余的则水量趋于微小，逐渐消失在雍奴薮等大大小小的淀泊中，因而形成了"高梁无上源，清泉无下尾"的局面。西晋发生"八王之乱"时，成都王司马颖密令右司马和演设法杀死都督幽州诸军事的王浚，"于是与浚期游蓟城南清泉水上"[1]，也是指的这一段河流。事实上，"清泉河"的名称一直延续到隋唐时期，这说明了永定河在相当长的历史阶段中水量丰沛而稳定，水质清澈而美丽，河流的含沙量较小。

三、车箱渠与戾陵堰

由于水源丰沛，永定河流域（尤其是中下游区域）在历史上属于开发较早、农业较发达的地区。自古以来，人们因地制宜，创造出很多种引水灌溉的方式，留下了丰富的农田水利建设经验和文化遗产。

北京历史上第一个大规模引永定河水灌溉土地的水利工程是三国魏镇北将军刘靖创修的戾陵堰与车箱渠。据《三国志》卷十五记载，刘靖为政有其父刘馥的遗风，非常重视百姓疾苦与农业生产。由大司农卫尉迁镇北将军、假节都督河北诸军事之后，他"开拓边守，屯据险要。又修广戾陵渠大堨，水溉灌蓟南北，三更种稻，边民利之"。为了保持边境地区的长期稳定，刘靖一方面加强险要地段的军事防御，另一方面开渠引水灌溉农田、种植水稻，解决军粮供应与地方经济问题，显示了较高的军事谋略和政治远见。

《水经注·鲍丘水》则全文记载了刘靖碑与谒表的内容，记叙更加详细：刘靖到任后，登上漯水边的梁山（据学者最新考证，梁山应

---

① 《晋书》卷三十九《王浚传》，中华书局，1974年。

是今石景山区四平山—黑头山[1]），实地考察源流与周围地形。他赞
赏战国时期秦国在关中地区开渠引水以强国富民的壮举，决心仿效前
贤在蓟城一带兴修水利。因此，派遣手下的丁鸿督率上千士兵于三国
魏嘉平二年（250）在灙水之上修建拦河坝戾陵遏（或称戾陵堰），在
梁山与石景山之间的垭口设水门（水闸），向东利用古高梁河河道开
凿车箱渠，将灙水引向东入高梁河河道，以此灌溉蓟城南北的农田
（见图5-4）。戾陵遏的施工方法：首先加固灙水堤岸以提高抗冲刷能
力，再把用藤条或竹木编织的笼子装满石块，用一个个石笼在今石景
山西北向灙水河道中堆垒成高1丈、东西长30丈、南北宽70余步的
主遏，也就是一道拦河的滚水坝，阻截灙水主流，抬高上游水位，在
石景山和梁山之间形成一个洄水湾。然后，在石景山和梁山之间的垭
口处设立4丈宽、10丈高（有学者疑为"10尺"之误[2]）的水门，水门
连接在原来高梁河河道基础上重新开凿的车箱渠，把河水引向蓟城
北。一旦遇到山洪暴发，灙水主干的河水就漫过滚水坝向下游分泄。
当水位处在平常高度而需要灌溉农田时就打开垭口处的水门把灙水引

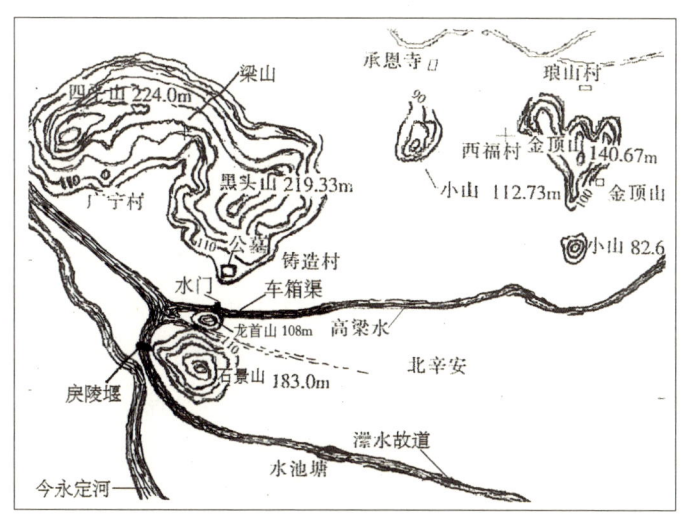

图 5-4　戾陵遏车箱渠位置示意图（据北京市地方坐标图改）

---

① 吴文涛：《北京水利史》，人民出版社，2013年，第48—50页。

② 蔡蕃：《北京古运河与城市供水研究》，北京出版社，1987年，第13页。

入高梁河。修建了戾陵遏与车箱渠之后，在刘靖管辖范围内每年灌溉水田2000顷，由此受益的土地达100多万亩。

景元三年（262）担任河堤事务主管的樊晨又重新改造了水门。经过樊晨改造之后，从㶟水引出的水流沿着车箱渠自蓟城西北流过，向东到达渔阳郡潞县（今北京通州一带）境内，滋润了沿途二三百千米的土地，灌溉农田一万多顷。

到了西晋元康四年（294），刘靖的小儿子——骁骑将军、平乡侯刘弘被朝廷任命为使持节监幽州诸军事兼任护乌丸校尉、宁朔将军。元康五年（295）六月，洪水暴发，毁损了戾陵遏3/4的坝体，并冲入车箱渠导致决溢。刘弘率将士遵循旧有规制，总计用工4万有余，修建起㶟水沿岸的长堤，恢复多处被冲垮的石渠，重修遭到山洪重创的主遏和水门，恢复了车箱渠的灌溉功能。人们有感于刘靖父子等人修造戾陵遏与车箱渠的壮举，于元康五年十月十一日刻石立表，以铭记他们的崇高功绩，同时录下修造戾陵遏的规格和做法以示范后人。①

可见，从曹魏至西晋，持续利用戾陵堰与车箱渠引古永定河水灌溉蓟城南北广阔的土地达数十年之久。晋室南渡之后，北方陷入了战乱频仍的十六国时期，这一大型水利工程因年久失修而废毁。到了社会相对稳定的北朝，戾陵堰与车箱渠这套灌溉系统又曾几度兴复。北魏孝明帝时，裴延儁担任幽州刺史。当时因风雨不调，水旱灾多，饥荒严重。裴延儁就想到了"渔阳燕郡有故戾陵堰，广袤三十里，……疏通旧迹，势必可成"。于是亲自勘察地形和水势，积极组织人力、物力予以修复，没过多久就恢复了戾陵堰和车箱渠的水利功能，"溉田百余万亩，为利十倍"②。北齐河清三年（564），斛律羡任幽州刺史。为防御突厥侵犯，也积极备战备荒，"或斩山筑城，或断谷起障，并置立戍逻五十余所。又导高梁水北合易京，东会于潞，因以灌田，边

---

① ［北魏］郦道元：《水经注》卷十四《鲍丘水》，陈桥驿点校本，上海古籍出版社，1990年。

② 《魏书》卷六十九《裴延儁传》，中华书局，1997年。

192

储岁积，转漕用省，公私获利焉"①。其中，导引高梁水，北与易京水（即温榆河）合，东注潞水（白河），不仅利用了原车箱渠故道，而且还进一步发展了这一古老的灌溉工程。1991年，北京海淀区双榆树当代商城大厦建设施工时发掘出一条长百余米、轮廓清晰的古代水道遗址，南北走向，断面斗形，底宽近14米，面宽约23米，深约3米，底部距今地面约4.7米。渠道内流沙、淤泥与草炭层叠相压，厚达2米以上。这条古渠道应是此时扩大车箱渠工程的一部分。②

此后，在永定河沿岸引水灌溉土地、种植水稻也多有成功之例。隋开皇年间（581—600），裴行方任幽州都督，"引卢沟水，广开稻田数千顷，百姓赖以丰给"③。金朝开凿的金口河虽然不能行舟船，但有灌溉之利。元初，郭守敬提出重开金口河时也指出："其水自金口以东、燕京以北，灌田若干顷，其利不可胜计。"④这些都是利用永定河水进行灌溉的证明。

正是由于古永定河水的滋润，蓟城周边的农业得以持续发展，为蓟城的驻军和居民提供了物资保障，使得蓟城这个军事重镇和行政中心逐步繁荣起来，直至金朝时成为北半个中国的都城——金中都。

四、格局精巧的金中都城市水系

受益于古永定河南北分流的滋润，从先秦时代的蓟城到金中都的2000余年间，城址始终在以今广安门为中心的附近区域。金朝在此建中都城后，一方面，仍引西湖水入护城壕环绕全城，同时汇聚城西的百泉溪、丽泽泉（分布于今丰台区万泉寺、凤凰嘴、水头庄一带）等平地泉流，作为护城壕和洗马沟水源的补充；另一方面，将洗马沟上游一段圈入城中，使其在中都城西北部与护城河交汇后穿墙而过继

　　① 《北齐书》卷十七《斛律羡传》，中华书局，1997年。

　　② 岳升阳：《双榆树古渠遗址与车箱渠》，《北京文物与考古》，1994年第四辑。

　　③ ［北宋］王钦若等辑：《册府元龟》卷六百七十八《牧守部·兴利》，中华书局，1960年。

　　④ 《元史》卷一百六十四《郭守敬传》，中华书局，1976年。

续向东、向南延伸，在原辽南京城的显西门以南分为两支，一支继续向南而后向东，另一支则进入皇城，作为宫廷园林的水源。依此，金朝建造了风景秀丽的同乐园（又称西华潭），《大金国志》卷十三所记"瑶池、蓬瀛、柳庄、杏村皆在焉"。从同乐园南端又分出一支清流东入宫墙，在宫城西南一隅开辟了华美的鱼藻池，其遗址在今广安门南、白纸坊西的青年湖一带。鱼藻池的南端又开凿了一条南流的小渠，水流在皇城南墙外重新汇入洗马沟。经过这样一番整治后的莲花池水系基本满足了金中都城池格局的用水需求，并在中都城内营造出一派碧水环绕、水清木华的优美景致，可以说是开了北京引水造池修建皇家园林的先河。

金中都城内原有的河流也不少，如原辽南京城的护城河以及大大小小的湖塘，它们都与莲花池水系相通，仿佛是以西湖为起点、以洗马沟水为轴心，铺展在中都城内的珍珠串。水在进出中都城的时候也都有专门的通道。已发现的金中都水关遗址就是洗马沟水流出中都南城墙下的遗迹。

维系了蓟城—金中都2000余年的西湖水系到明代时就已经荒废，但直到晚清仍有记载："南河泊，俗呼莲花池，在广宁门外石路南。有王姓者，于此植树木，起轩亭，有大池广十亩许，红白莲满之，可以泛舟，长夏游人竞集。"① 近几十年，莲花池已渐渐干涸。但鉴于该水系在北京都城史上所具有的特殊标志性意义，20世纪90年代，北京市政府将其加以修整和保护，留下了一片浅水面，也算是为后代留下了永定河曾作为蓟城时代城市水源的重要历史证据和文化印迹。

五、移城就水，永定河故道接续城市新水源

金中都在北京城市发展史上有着明显的承上启下、转承过渡的作用，尤其在水源利用和城市水系格局方面表现得更接和突出。永定河对北京城的影响和作用从这时起也开始发生某种转折。

---

① ［清］震钧：《天咫偶闻》卷九，北京古籍出版社，1982年。

北京城从一个地方藩镇上升为王朝首都之后，面临的首要问题就是城市规模扩大、人口增加、消费增长以及对区域环境资源的进一步开发和利用。金中都城虽然仍在原蓟城的位置上发展，除城区范围有所扩展之外，城市基址没有变，城市水源也主要是依赖西湖（莲花池）和洗马沟水系。但是，这一水系渐渐不能满足城市发展的需求。于是，金朝把寻找水源的视野向北拓展到了西山脚下和高梁河水系，为以后北京城的城市水源和水系格局开辟了新的渠道。

高梁河或称高梁水，原是古永定河的一条故道。从更新世晚期直至东汉末年，古永定河从今石景山附近向东流，经八宝山北、田村、半壁店、八里庄到今紫竹院附近汇入众多泉水（其实也是古永定河河道地下水的浅层溢出），又经高梁桥至今德胜门西，再南折入今积水潭、什刹海、北海、中海，穿过今长安街人民大会堂西南，再向东南流经前门、金鱼池、龙潭湖，经左安门以西流向十里河村东南，至马驹桥后又东南流，大致沿今凤河河道流至今武清中部汇入笥沟（今北运河）。三国魏时期，古永定河已迁流到蓟城以南的㶟水河道，主流已不从高梁河走，但由于有今紫竹院附近泉水的不断汇入以及原有水体残存形成的湖泊，今紫竹院以下的河道并没有断流，它在斜穿过整个今北京城后于当时的蓟城东南再次汇入㶟水（今凉水河—凤河一线）。而其上游田村、半壁店、五孔桥、八里庄以北直至紫竹院一段的水体也因西山脚下泉水的补充而断续存在（今双紫支渠即为其遗迹）。历史上这一带的泉水相当丰沛，导致高梁河河道在很长一段时期都保留着丰富的水体，作为河道遗存的今积水潭—什刹海—北海—中海（金代统称白莲潭）这一片水域的水面比现在广阔得多。沿岸丰美的水草植被和美丽的风光使辽、金时期的皇帝将这里作为其行宫的上佳选地。

辽代，曾在今北海公园的琼华岛一带建有游猎度假的行宫——瑶屿。金代，则进一步扩大湖面，浚湖筑岛，用开挖湖泊的土石堆筑了日后被称为琼华岛与瀛洲（或称圆坻）的两座岛屿，然后以此为基础扩建为太宁宫（又称大宁宫、万宁宫）。据《金史·地理志》载："京城北离宫有太宁宫，大定十九年（1179）建，后更为寿宁，又更为寿安。明昌二年（1191）更为万宁宫。"之后为元朝所继承，成为元宫城的基础。这是一大片包括了亭台楼阁、湖光山色的宫殿园林，其西边依傍浩渺的水面，中间有琼华岛（即今北海公园琼华岛）和瑶光台（即今北海公园团城），景色迷人。一组组宫殿雕梁画栋，华丽气派。因金世宗、金章宗二帝经常在这里处理政务，这里被当时的官员称为北宫或北苑，一些官员还留下了描绘其华美景色的诗词，如赵摅《早赴北宫》[①]、赵秉文《扈跸万宁宫》[②]等。

白莲潭之畔太宁宫的修建对金中都的意义不仅仅是政治中心的体现，更重要的是它启发了解决城市水源问题的开拓性思路，为城市的延伸、拓展开辟了新的视角和渠道，对后来元大都的选址提供了水利基础和宝贵的经验。

曾为永定河故道的高梁河在金代时已经失去了永定河水的灌注，但金朝人的改造又使这条河道重新焕发了生机，续接了新水源，在金中都建成以后发挥了至关重要的作用，成为元、明、清北京城市水源的主导。金朝人的这项改造工程就是把西山脚下的玉泉水系与高梁河连接起来，从而沟通金中都的城池和各处苑囿，构成了一个超出中都城范围而又相互关联、补充的新水系格局。

玉泉山系西山东麓支脉，山下也是永定河冲积、洪积扇的山前溢出带，地下水间断露出，泉流密布，所谓"沙痕石隙，随地皆泉"[③]。比较著名的有玉泉、迸珠泉、裂帛泉、试墨泉、涌玉泉、宝珠泉、镜影涵虚泉等十几处。无名小泉则遍布山麓，难以计数。有关这一带泉水丰沛景象的历史记载在《日下旧闻考》《帝京景物略》之类的文献中可谓俯拾皆是。

从玉泉山再往北一点的西山山麓沿线还有很多这样泉水丰沛的泉脉。例如，瓮山（今万寿山）后面有玉龙泉、双龙泉、青龙泉、月儿

---

① ［金］元好问辑：《中州集》卷九，中华书局，1959年。

② ［金］赵秉文：《闲闲老人滏水文集》卷七，《丛书集成初编》本，商务印书馆，1936年。

③ ［清］于敏中等：《日下旧闻考》卷八十五《国朝苑囿》，北京古籍出版社，1983年。

泉、柳沙泉等，再往北直到今昌平区境内又有冷泉、温泉、黑龙潭、马眼泉、沙涧泉、一亩泉、双塔河、虎眼泉、白浮神山泉等。这些泉水或流出涓涓溪流，汇成小河穿行于山间沟谷；或积聚成潭、汇潴成湖，连带成串地散布在从西向北弯转的山坳坡脚下。只不过这一带的泉流水脉都是依据当时的地形走势向东流向今六郎庄、万泉庄（即巴沟低地）一带，朝着海淀聚集；或者向东北经今青龙桥、肖家河等地流向清河谷地，原本与南边的高粱河水系并不相连。

金朝皇帝对西山山麓的丰富水源和优美风景青睐有加，陆续到此开辟行宫别墅，如金世宗时修建了香山行宫，金章宗时建起了玉泉山行宫。金章宗曾频繁游览玉泉山、香山，仅《金史·章宗本纪》中记载的就各有7次。由金章宗时流传下来的京西名胜"八大水院"都在西山山麓，且都以水为主题。

金朝在修建高粱河畔的太宁宫时，为了进一步增加白莲潭的水源，扩大其湖面，也为了能够从这里更方便地前往香山、玉泉山行宫，把两处行宫紧密地联系起来，先将玉泉山一带的泉流向南引入瓮山泊（又称七里泊、金湖，即今昆明湖），然后开凿了从瓮山泊通往今紫竹院附近的人工渠道，把西山水系引入高粱河，汇入太宁宫旁的白莲潭，从此玉泉水系和高粱水系有了联系。据姚汉源、侯仁之等的推断，沟通瓮山泊和高粱河的人工渠道就是今天被称为"南长河"的河道。[①]侯仁之还比较了海淀台地南北地势的高低，认为海拔约50米的瓮山泊一带的湖水原则上顺着地势流向海拔40米以下的清河洼地和海拔50米以下的巴沟低地才是正常的，要来到今紫竹院一带必须穿越地势较高（约海拔52米）的海淀台地边缘，因此判断从今昆明湖到紫竹院西墙外万寿寺的河道（也就是今所称长河的上段）应为人工开凿。这一段河道长度不过五六千米，从海拔50米的昆明湖一带穿过海拔52米的土坡汇

---

① 姚汉源：《元以前的高粱河水利》，见《水利水电科学研究院科学研究论文集》第12集（水利史），水利电力出版社，1982年。侯仁之：《海淀附近的地形、水道与聚落》，见《侯仁之文集》，北京大学出版社，1998年，第124页；《北平金水河考》一文中还对此论断有更深入的分析。

聚今紫竹院附近的泉水，只需开凿2米多深的河道，工程量并不是很大，在挖壕筑城、大修离宫别墅的金代是完全可以做到的。

开凿的初始目的可能是使高梁河上源的水量更加丰沛，白莲潭水域面积更大，并兼具周边农田灌溉功能。《金史·张觉传》载："引宫（太宁宫）左流泉灌田，岁获稻万斛。"《金史·食货志》载：金章宗承安二年（1197），"敕放白莲潭东闸水与百姓溉田"；三年（1198），"又命勿毁高梁河闸，从民灌溉"。这些利用高梁河水灌溉的实例，充分显示了增加高梁河上游水源确实有着很大的水利效益。但后来起到的作用就远非这些：一是方便了从万宁宫到西山行宫的联系，促进了西山皇家园林的兴起；二是沟通了高梁河水系与西山水系，为后来京城的漕运开辟了新的水源，使西山水系（以玉泉为主，故又称玉泉水系）成为供养北京城的主动脉。

《金史·河渠志》记载，金代凿通南长河后，"为闸节高良河（即高梁河）、白莲潭诸水，以通山东、河北之粟"，又从高梁河、白莲潭引出了5条渠道，南流或东出连接金中都北护城河和闸河，其目的在于引清水接济漕运，但由此也奠定了后世北京城水系格局的基础。

元朝建立后，新兴的蒙古政权开始了从蒙古高原迁都至燕京的历史转折。1272年，正式将建设中的新都定名为大都。1279年，元朝灭南宋，实现了南北大统一，建立起多民族统一王朝。作为元大都的北京城也进入了一个新的发展阶段，成为全中国大一统王朝的首都。

元大都的建设没有继续在金中都的城址上进行，而是选择了金代白莲潭之畔的万宁宫为基础，重新规划了一座新城。元人改称白莲潭为积水潭或海子。"海子"一词的出现说明了蒙古人对这一片水域的珍视和喜爱。他们将海子圈入城内，以它为中心建立起一座堪称中国古代都城经典的"完美之城"。该城前宫后市，布局方正，整齐划一，状如棋盘。它以积水潭为中心，有一条贯穿宫城、皇城，笔直、庄重、对称的轴线——南北中轴线，体现了封建帝王"唯我独尊"的政治理念。元人将积水潭周边的一串湖泊一分为二，南半部围入宫墙，改称太液池，并专门开通了一条御河从玉泉山引水注入太液池，称为金水河。在太液池的东西两岸环列着3组宫殿：东岸是属于皇帝的一组宫殿，称为宫城，即今天紫禁城的前身；西岸的两组宫殿为隆福宫和兴圣宫，分别为太子和皇太后的居所。三宫鼎立，中间环抱太液池和琼华岛，四面高墙围筑，成为皇城。环绕在皇城外面的则是大城。从元大都的地图上看，烟波浩渺的积水潭和太液池正好位于全城中心的位置，整个宫城及大都城的南北中心线正好从湖泊的东岸贯穿而过（见图5-5）。元大都的设计者将大片水面布置在全城重要的位置，以水的灵动衬托皇城的庄严，可谓气势恢宏而匠心独运，这一规划布局不仅是古都北京城市规划建设中的精华，而且在世界上也享有盛誉。

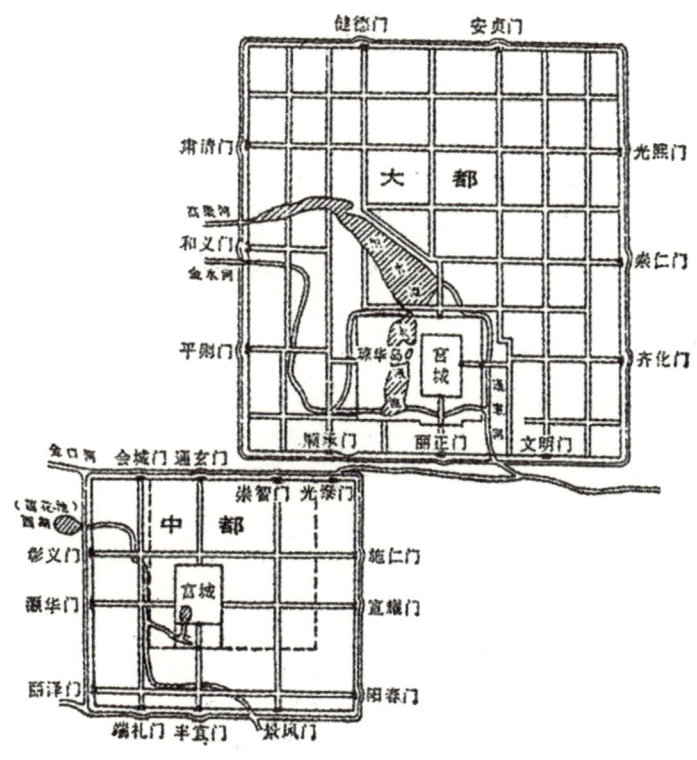

图5-5　元大都与金中都位置示意图

元朝在金朝长河引水工程的基础上进一步向北、向东延伸，从今昌平区白浮泉引水向西，一路接引更多北山、西山泉水注入高梁河，把大都城的水源供给范围扩大到了西北环山脚下。从北到西沿山而成的巨大扇形区域内的水脉都通过高梁河这节"扇柄"源源不断地汇入城里，赋予了新大都成长的动力（见图5-6）。高梁河水系从西北至东南斜穿整个大都城，使得元大都不仅在皇城宫苑的布局上充分展现了街道、建筑的方正严谨与河流的弯转灵动之间的平衡、协调，而且完美地实现了前朝后市、漕粮入城的宏伟设想。积水潭的南半部被圈入皇城，造就了皇家苑囿；北半部则被改造成运河码头，成为城市的交通枢纽和商业中心，由高梁河作为基干接引而成的通惠河使得漕运的船队可以直抵大都的中心。此后，明、清北京城仍主要依赖这条水系提供水源，延续至今的京城水系格局由此奠定。因此，元朝完成了北京城从莲花池水系向高梁河水系的重大转折，高梁河水系从此成为北京城的水源大动脉，而莲花池水系则日渐荒废，直至明嘉靖年间北京修筑外城时被截流引入外城的南护城河。

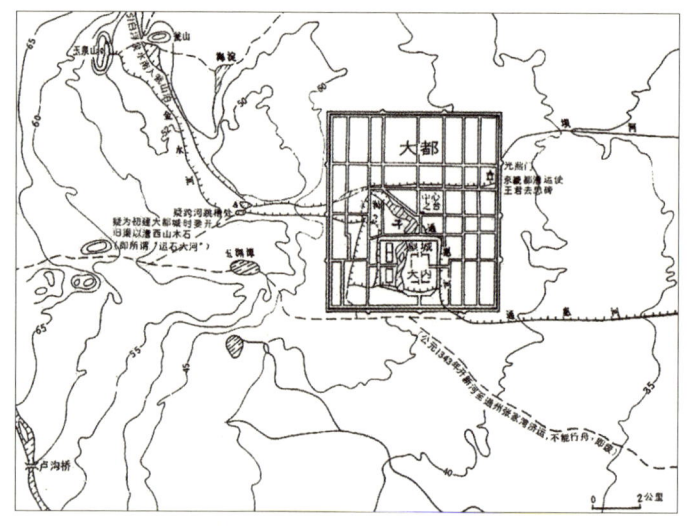

图5-6　元大都城与河湖水系的关系示意图[①]

---

①　转引自侯仁之、邓辉：《北京城的起源与变迁》，北京燕山出版社，1997年，第82—83页。

六、滋润田园——促进北京周边农业开发

永定河水早在三国、魏、晋时期就被人工导引用于农田灌溉，进入都城时代后人口增加，农业发展需求更旺，农田水利建设也更加频繁和宏大。

（一）引水浇灌农田

前文提到，金代时凿通南长河连接今昆明湖与高梁河水的初始目的也包含了增加白莲潭上游水源以利周边农田灌溉，这充分显示了高梁河对于金中都城北区域农业灌溉的作用。金代为引卢沟河水而开凿的金口河在当时也发挥了重要的农田灌溉的功能。大臣们讨论堵塞金口河的利弊时说，"若固塞之，则所灌稻田俱为陆地，种植禾麦亦非旷土"，意思是将金口河堵塞后，虽然用金口河水灌溉的稻田变成旱地，不能再种植水稻了，但是改种旱地作物也可以有所补偿。这是金口河具有灌溉作用的明证。元初，郭守敬建言重开金口河时也说，金代所开的金口河，"其水自金口以东、燕京以北，灌田若干顷，其利不可胜计"。可见，它对于京北一带农业发展的作用是很大的。

元世祖至元七年（1270）十一月，申明劝课农桑赏罚之法，颁布农桑之制十四条，其中有"凡河渠之利，委本处正官一员，以时浚治。或民力不足者，提举河渠官相其轻重，官为导之。地高水不能上者，命造水车，贫不能造者，官具材木给之。……田无水者凿井，井深不能得水者，听种区田"[1]。至元二十八年（1291），郭守敬奉诏兴修水利，建议"改引浑水溉田"，引昌平白浮泉等清水注入通州至大都之间的河道，置闸节制，以通漕运。[2] 至正十二年（1352）底，中书省大臣脱脱言："京畿近地水利，招募江南人耕种，岁可得粟麦百万余石，不烦海运而京师足食。"[3] 第二年正月，命悟良哈台、乌古孙良桢

---

① 《元史》卷九十三《食货志一》。

② 《元史》卷六十四《河渠志一》。

③ 《元史》卷四十二《顺帝纪五》。

兼大司农司卿，给分司农司印，主管"西自西山，南至保定、河间，北至檀、顺，东至迁民镇"范围内的官地及元管各处屯田，招募江南人来营造水田，为此给钞500万锭，以供分司农司用于工价、牛具、农器、谷种、招募农夫诸费。同时，采用许官的手段激励到江浙、淮东等处招募能种水田及修筑围堰的农夫各1000名为农师，教民播种。元末采取上述措施在京畿发展水田，自然少不了开发浑河（元、明时期永定河的名称）中下游的灌溉之利。

明清也曾在局部地区导引永定河水灌溉沿岸土地。据《光绪顺天府志·河渠志十三》记载，清代宛平县治西南、卢沟桥西北修家庄、三家店等处，引永定河水泄之村南沙沟，不粪而沃。雍正六年（1728），营成稻田16顷。三家店在永定河出山口，而"修家庄"这个地名现已消失。乾隆九年（1744），御史柴潮生疏云"石景山有庄头修姓"，因此，修家庄距石景山不远。雍正四年（1726）二月，奉命勘察直隶水利事的和硕怡亲王允祥疏云："京东白河，为漕运要津，农田蓄泄不与焉。凉水河至张家湾入运，请于高各庄（在通州西南）开河，分流至埝上（在武清区西北），循凤河故道疏浚，由大河头入分流处，各建一闸，以时启闭，可溉田畴。"①计划由高各庄开的河就是今通州区南境"通惠南干渠"的前身，用于分引凉水河以灌溉通州南境田地。凉水河在元、明时尚是浑河北派，故可视为清代引永定河水灌溉的一例。乾隆时，"苑囿（指南苑）以南，淀河（指大清河）以北，引潦顺流，粳稻葱郁"。京南一带开辟稻田几千顷，也得益于永定河水或由永定河补给的地下井水的灌溉。光绪七年（1881），有人从石景山麻峪引永定河水灌溉，"正渠一道，计长四里；支渠一道，计长里许"。光绪八年（1882），曾任福建布政使的王德榜，又在永定河右岸修建城龙灌渠，北起龙泉镇城子，南到卧龙岗，长21里，数十年间，永定河泥沙随灌溉水淤淀于田内，使薄沙地变成良田。②

<hr>

① 《光绪顺天府志》卷四十八《河渠志十三·水利》，北京古籍出版社，1987年。

② 北京地方志编纂委员会：《北京志·水利志》，北京出版社，2000年，第341—342页。

（二）泉水滋润花田园林

山间谷地、山麓地带或盆地边缘的泉水也是永定河水系的组成部分。北京城西南郊历来多泉。《明一统志》云："百泉溪在（顺天）府西南一十里丽泽关，平地有泉十余穴，汇而成溪，东机流入柳村河。"[1]明代《帝京景物略》载："右安门外南十里草桥，方十里，皆泉也。会桥下，伏流十里，道（导）玉河以出，四十里达于潞。"有了泉水的滋润，养花、种稻、修建园林等盛极一时，"土以泉，故宜花，居人遂花为业。都人卖花担，每辰千百，散入都门"[2]。清人励宗万描述说："右安门外西南，泉源涌出，为草桥根深叶茂，接连丰台，为近郊养花之所，元人园亭皆在此。今每逢春时，为都人游观之地，自柳村、俞家村、乐吉桥一带，有水田，俱旗地。桥东为三公主园，南有荷花池。过此则王纲明家园也，墙外俱水田种稻。至蒋家街，为故大学士王熙别业，向时亭台极盛，今亦荒芜矣。其季家庙、张家路口、樊家村之西北，有官司庄并各村地亩，半种花卉，半种瓜蔬。刘村西南为礼部官地，种粟米、高粱及麦。京师花贾，皆于此培养花木，四时不绝而春时芍药尤甲天下。泉脉从水头庄来，向西北流，约八九里，转东南入海子（南苑）北红门，旭张湾。水清土肥，种植滋茂，春芳秋实，鲜秀如画，诚北地难得之佳壤也。"[3]水头庄泉水为凉水河之源，凉水河经南苑内于马驹桥西东出，至张家湾入白河。乾隆三十九年（1774）《御制凉水河作》云："凉水出凤泉，玉泉各别路。源出京西南，分流东南注。岁久未疏别，率多成沮洳。漫溢阴道途，往来颇致误。王政之一端，未可置弗顾。迩年治水利，次第修斯处。建闸蓄其微，通渠泄其怒。有节复有宣，遂得成川巨。川傍垦稻田，更赖资稼务。南苑纸门外，历览欣始遇。或云似江乡，宁饰江乡趣。兴农利旅然，

---

① 《大明一统志》卷一《山川》，三秦出版社，1990年。

② ［明］刘侗、于奕正：《帝京景物略》卷三，北京古籍出版社，1983年。

③ ［清］励宗万：《京城古迹考》，北京古籍出版社，1981年。

永言识其故。"姑且不论乾隆这首诗的艺术水平如何，仅就诗中谈到的凉水河两岸的水利来说已值得重视。特别是在"漫溢阴道途，往来颇致误"句下，乾隆自注道："自右安门至永定河，地势洼下，每遇霖潦，辄漫溢阴旅途。岁久未治，积成沮洳。迩年以来，清厘水道，出内帑，简臣董其事。自凤泉至南苑，进水栅二，浚河三千余丈；又自栅口至马驹桥，浚河五千余丈。修建桥闸凡九，新建闸五，以资节宣。于是，凉水河之水乃得安流无患。其浚河之土，则于右安门外培筑甬道一千余丈，以便行人。河两岸旧有稻田数十顷，又新辟稻田九顷余，均资灌溉之利。或云地似江乡风景者，不知予之意期于农旅俱受其益，并非借此而点缀也。"①

（三）远郊的农业开发

在北京延庆区，明代引用永定河支流和泉水灌溉农田，取得了很大成绩。万历四十四年（1616）胡思伸撰《新垦水田记》称："延庆一州，尤为泉流之汇，称边之泽国焉。……乃率乡约刘视远、屈尚仁等，遍阅屯堡，察地分渠，溯原水道。一引海陀泉涧，引至古城，浚渠由双营抵州城一十里，垦田五千余亩。水远郭壕，大培地脉。一引佛峪泉浚渠数里，抵张山营，远至集贤屯，垦田一千余亩。一引北山下蔡泉等水，东自中羊房，西接张山营，南沿田宋营、上下孤泉及吴家营、郎家庄、小河屯，垦田一万四千余亩。通渠之费，皆借资军夫万余工。掘侵民地为渠，即给官银偿之。匝月间成畦者，遍相望也，几及三万亩。至于地衺旷迤，尚未尽辟，有待而举，会新任守讳去霄，偕管粮杜俯讳齐名，各锐意民事，留心水利，并国督率鼓舞，开垦前地所未成者，又亩逾三万。复及东红寺、黑龙庙，集贤屯、花园屯，保安新城所辖矾山堡等处，皆引水灌溉，计田又三万余亩。沙碛崔苇堡之奥，悉化为膏腴。即小民且争相开浚，行成错绣，如曹官等堡，匪可计数。总之，皆上心民力，有以普成之也。顷岁获稻粮数

---

① ［清］于敏中等：《日下旧闻考》卷九十《郊垧南》，北京古籍出版社，2001年。

十万石。时米价涌沸，自稻田开而斛平，家给户足，人心安堵。"[1]这次大规模的农田水利改造是永定河水利开发的范例。

（四）水力资源的应用

历史上，除了引水灌溉，永定河的水力资源很早就得以开发。除了用来行船运漕，还在中上游地区普遍设置水磨、水碾进行粮食加工。元代熊梦祥《析津志》"物产篇"载："西山斋堂村南朋水磨，日碾三十余石"，这就是利用永定河支流清水河的水力加工粮食的实例。乾隆《延庆州志·水利》也有记载："妫川自双营南即湮塞流竭，旧道犹存。干河东南流数里，入于地，伏流十余里复出，至永定界，有水碾、水碾四座。"今延庆区永定镇上磨村即因此而得名。延庆区境内的其他水磨也都设在永定河的支流妫水河之上。

更大规模地开发永定河的灌溉水利是新中国成立以后的事。1952—1954年，在北京市延庆县与河北省怀来县交界处，以妫水河下游河道及其注入永定河后的部分河道为主体建成了具有防洪、灌溉、供水、发电等综合效益的大型水利工程——官厅水库。水库建成后直至1995年，共向下游京津地区供水254.99亿立方米。首都钢铁公司、石景山发电厂、高井发电厂、北京钢铁厂、北京第一热电厂和北京第二热电厂等大型工业企业用水主要靠官厅水库供给，并灌溉永定河下游京津冀地区土地百万余亩（6.7万多公顷），有永定河、南红门、新河、金门渠、北村、眼照屯等主要灌区。通过永定河引水渠的输送，北京城有一部分的河湖用水也来自官厅水库。永定河引水渠于1957年建成通水，上起门头沟区三家店永定河拦水闸，东经模式口、西黄村，沿南旱河旧道，经半壁店、罗道庄进入玉渊潭，东南过木樨地、白云观，于西便门入护城河，全长25.13千米。建成之初，最大引水量为每秒30立方米，后经两次扩建，引水能力提高到每秒60立方米。截至1995年，通过该引水渠为沿途用水户供水、配水量达300

---

[1]　乾隆《延庆州志》卷九《艺文》，1938年铅印本。

多亿立方米。^①自20世纪70年代以来，永定河下游河道渐渐干涸断水。上游官厅水库因泥沙淤积、水质污染，作为北京主要水源之一的价值大为降低，这是永定河沧桑巨变的现实结果。

① 北京地方志编纂委员会：《北京志·水利志》，北京出版社，2000年，第192—312页。

第四节　航运与早期运河

前文提及，流经蓟城以南的永定河有着"清泉河"的美名。隋、唐时期，永定河开始被称为桑干河，其主流河道也逐渐迁徙至瀑水故道，至看丹口以下分为南、北两派，其中北派就是清泉河（大致即今凉水河的河道），这一时期水量依旧较为稳定和丰沛，因而有行船通航之利。辽、金、元相继在北京建都之后，这里成为北方乃至全国的政治中心，其对粮食及各类物资的需求随之剧增，漕运的重要性日益突出，利用永定河的水力乃顺理成章。而其北派之水流至张家湾附近汇入白河，壮大了北运河水量，这也是永定河为千年漕运的兴盛做出的贡献。

一、隋代的永济渠

《日下旧闻考·郊坰（西十四）》中收录了一篇明代僧人南浦撰写的《重修镇海禅寺记》碑文，记载了隋朝仁寿年间（601—604）有位卢姓高僧，从江南乘船北上，不设篙橹，"船止则止"。他顺着运河北上，又逆桑干河继续行进，直至幽州西山脚下而止。这位高僧便在此住了下来，附近的一座山也因这位高僧在此讲经而得名卢师山，山下建寺，亦称卢师寺。无论这个颇具神话色彩的故事是否真实，但有一点值得注意的是隋代的桑干河是可以行舟的，而其实当时的河流通航能力远不止于此。

据《隋书·炀帝纪上》记载，为了进一步扩大统一王朝的版图，隋炀帝曾积极准备征伐辽东。大业四年（608），动用河北数郡百万余民工在黄河以北开凿永济渠，"引沁水南达于河，北通涿郡"，为调兵遣将、运送粮草做准备。涿郡治所蓟城也就是现在的北京。《隋书·食货志》也有同样的记载，并且说"自是以丁男不供，始以妇人从役"，即出现了青壮年劳动力严重短缺的现象，可见工程之浩大与征发人力之多。大致说来，这条永济渠的路线是从今河南武陟县向东北，经新乡、内黄、大名、馆陶、清河、德州等地，与潞河（今北运河）连接，而由今天津附近西北行，到达涿郡。在抵达涿郡之前的航道利用了一段桑干河的河道，其具体路线有两说：一说是沿潞河北上，至雍奴县（在今天津武清区杨村西北）北，转向西北，顺桑干河北派清泉河（今凉水河、凤河一线）而上至涿郡[①]；另一说是由今天津静海区向西，借助于当时拒马河下游的诸多淀泊而西行，至今河北霸州市东境信安镇，转而北上，顺桑干河南派河道至涿郡[②]。近年来，更多学者在综合上述两说的基础上，更倾向于隋朝永济渠的北段是由潞河向西北沿桑干河的北派清泉河而到达涿郡的。[③]当时桑干河的主流还在北派清泉河一线，其主流南迁至今河北固安、霸州、永清一带是辽代以后的事。

　　永济渠的开通大大缩短了南北交通的时间，增加了漕运的规模和运力。《资治通鉴》记载：大业七年二月乙亥（611年4月7日），隋炀帝"自江都行幸涿郡，御龙舟，渡河入永济渠"，奉命于船前选补的3000多名官员"或徒步随船三千余里"，四月庚午（6月1日），"车驾至涿郡之临朔宫"[④]。可见，循南北大运河自今江苏扬州到北京，只需不足两个月的时间。《隋书·炀帝纪上》的记载与此略有不同："乙亥，上自江都御龙舟入通济渠，遂幸于涿郡。"《隋书》描写的是离开江都后首先经行的通济渠，《资治通鉴》记载的是抵达涿郡前所走的永济渠，二者正是处于隋炀帝行程首尾之运河中的两段。《资治通鉴·隋纪五》："发江淮以南民夫及船运黎阳及洛口诸仓米至涿郡，舳舻相次千余里，载兵甲及攻取之具，往还在道常数十万人。"《隋书·炀帝纪下》：大业八年正月辛巳（612年2月7日），"大军集于涿郡，……总一百一十三万三千八百，号二百万，其馈运者倍之。癸

---

　　①　此说见谭其骧主编《中国历史地图集》第5册"隋·河北诸郡"图，中国地图出版社，1982年。

　　②　此说以严耕望等为代表，所依据的是《宋史·河渠志·塘泺》与《太平寰宇纪》卷六九，见严耕望：《唐代交通考·隋唐永济渠》，台湾"中央研究院"史语所专刊之八十三。

　　③　于德源：《北京漕运和仓场》，同心出版社，2004年，第38页。

　　④　《资治通鉴》卷一百八十一《隋纪五》，中华书局，1956年。

未，第一军发，终四十日，引师乃尽，旌旗亘千里"。从"舳舻相次千余里""在道常数十万人""大军集于涿郡，……号二百万""旌旗亘千里"等描述来看，当时的运输规模极其庞大而豪华！为把100多万出征军队所需的粮草事先运抵涿郡，借道桑干河的永济渠无疑发挥了重要作用。这也显示出当时的永定河是与大运河联系在一起的，是连通幽州地区与中原和江南的重要水路通道，具有很高的漕运价值，为北京后来的漕运发展及其成为全国首都提供了基础条件。

二、唐代的韦挺运粮

唐朝也曾大举用兵辽东。《旧唐书·韦挺传》记载，贞观十九年（645）唐太宗任命韦挺担任运粮使，负责从幽州中转运粮。韦挺之父在隋朝任营州总管，留有经略高丽的遗札，韦挺上奏后深得太宗信任。韦挺受命，来到幽州，把巡视疏通河渠的任务交给了燕州司马王安德，而在此之前就拿出幽州府库的钱财购买木材造船，通过水路往辽东运送粮食。自桑干河抵达卢思台（今河北宁河县芦台附近），有三四百千米的距离。正行进中，接到在外巡查的王安德报告，卢思台北面的漕运河渠已经壅塞。韦挺想到北方寒冬降雪后河流结冰不能行船，于是就把漕粮从船上卸下，暂存在卢思台，计划来年春天转暖后再度转运，想必也不至于贻误战机。唐太宗得知后对韦挺非常不满，又派人到韦挺的任所核查军粮收支与漕渠情形。去调查的人回来打小报告说：韦挺不先视察漕渠情况就调集工匠造船、运米，到了卢思台才知渠道不通，进退不得，居然就把军粮就存放到了无据无守的旷野之地。也就是说，韦挺犯了不做调查研究、简单冒进、玩忽职守的过错。于是韦挺被免职。此事在《新唐书》里说得更简洁："挺遣燕州司马王安德行渠，作漕舻转粮，自桑干水抵卢思台，行八百里，渠塞不可通。"[1]韦挺运粮虽然没得到什么好结果，但却留下了一段桑干河下游在唐代可以通行漕粮船队的历史记录。

---

① 《新唐书》卷一百一十一《韦挺传》，中华书局，1975年。

三、五代时期的东南河

1990年11月，在北京朝阳区小红门构件厂出沙场内（南距凉水河大约200米）出土了一条独木船，通长9.7米，船头宽0.8米，船尾宽1.1米，船体最宽处1.16米。船舱上口宽0.7～1.0米，船舱深0.48～0.60米。船底距今地表约4米，船舱内及底部有完整的唐代瓷碗、陶钵等。[1]考古学家推测这艘独木船是唐代遗物，由此就可证明唐代的桑干河曾在今凉水河北面约200米处流过，而且它可以通航运送货物。

五代、后唐时期，赵德钧镇守幽州10余年，除积极修筑盐沟城（在今良乡）等城堡以抵御契丹入侵外，还发动河北一带民众开凿了一条东南河以通水运，解决粮食储备问题。[2]这条东南河自王马口至淤口，长82.5千米，阔15步，深一丈二尺，走一船可以运送千石以上的粮食，大大方便了运输。王马口，今作王玛，在廊坊市安次区西南12千米的永定河北岸；淤口，即今霸州市东境之信安镇，古称淤口关，为宋、辽边界上的三关之一。今王玛至信安的直线距离不足40千米，而赵德钧所开东南河却有82.5千米，说明当时所开的河渠并非直行，而是按既有河道而就势顺流而成，其中必然会利用桑干河的多条故道。虽然经人力改造、沟通，但亦有力证明了历史上永定河下游曾经通船的事实。

四、辽萧太后运粮河

永定河的漕运可以追溯到契丹人建辽南京时期，契丹人曾利用永定河故道开发漕运，留下了一条至今遗迹尚存的萧太后运粮河。这条河大致开凿于萧太后与辽圣宗主政早期的统和年间（983—1012），正好是辽朝国力上升、占据燕京并挥师南下、开拓中原之际，所以民间

---

[1] 王武钰：《朝阳区小红门出土一只独木舟》，原载《北京文物与考古》第三辑，1992年。苏天钧主编：《北京考古集成》，将该文收入第4册，北京出版社，2000年，第1468—1469页。又见祁庆国、王武钰于《中国文物报》第50期（1990年12月27日）上的撰文。

[2] 《旧五代史》卷九十八《晋书·赵德钧传》，中华书局，1997年。

传说它是萧太后从辽东向燕京地区运输兵马粮草的一条运粮河。说是"开凿"，其实并没有太大工程量，只是利用了当时残留的古永定河河道，稍做疏浚、整理、连通而形成的。它的具体走向是上承蓟水（来自西湖上源的泉水及永定河之古金钩河故道水体汇聚而成），中连辽南京护城河，从辽南京北护城河一直向东，沿今新旧帘子胡同、受水河胡同一带，从今人民大会堂以南前门再折向东南，经今大江胡同、芦草园、金鱼池到龙潭湖、十里河，然后顺今萧太后河到通州；经张家湾附近连接潞水（即潞河），再往东连接潮白、箭杆等河跨香河、宝坻而入海通往辽东。其中，它从今人民大会堂以南前门折向东南到龙潭湖、十里河的这一段就是利用了古高粱河河道。

辽萧太后运粮河最初是为契丹政权南下中原输送粮草兵马，宋、辽对峙期间为辽南京城的发展提供了物资保障。可以说，它是改造天然河道、沟通北京城与北运河漕运的开端，为金代开通闸河、元代开启通惠河及京杭大运河提供了基础，因而，它的出现具有划时代的意义。在后来大运河漕运兴盛期，它也曾作为支系发挥着水流调节和民船分流的作用。明、清以后它随着通惠河和北运河的发展而逐渐失去运输功能，成了城市排水渠道。今天在朝阳区南部左安门外向东流至通州张家湾后汇入凉水河的一段就是萧太后河的遗迹。

五、金代的金口河

金朝统治范围虽只限于淮河、秦岭以北地区，但粮食供给还是依赖于从华北大平原调运。借助于隋唐以来不断沟通、改造的华北水网，经由今卫河、滏阳河、滹沱河、子牙河、大清河等天然水道和其间的人工漕渠，漕粮及各种物质汇集到今天津地区以后仍循潞河到今北京通州。通州在金朝以前称潞县，海陵王天德三年（1151）改潞县为通州，取"漕运通济之义"[1]，寓意其为漕运枢纽。但是从通州到中

---

[1] ［清］于敏中等：《日下旧闻考》卷一百八《京畿·通州一》引《郡县释名》，北京古籍出版社，2001年。

都城这一段路程的运输如何解决？从通州至中都城约25千米，随着都城人口规模的扩大、居民消费的增加，每年漕运粮食多达几百万石，只靠车拉肩扛所用的人力、畜力难以负担。因此，在中都到通州间开凿一段运力大、流量稳定的运河就成为金朝着力要解决的问题。

由于卢沟河（今永定河）是当时流经北京地区水量最大的一条河流，理所当然地成为引水济漕的首选。据《金史·河渠志》记载，金世宗大定十年（1170），召集朝臣会商导引卢沟河水通漕的方案，决定"自金口导至京城北入濠，而东至通州之北，入潞水"，两年后工成。

金口位于石景山北麓与黑头山（古称梁山）夹口的位置。但金代开金口河的引水口却比三国时的车箱渠偏北一些，金朝人在卢沟河东岸的麻峪村附近筑堰引水，沿东岸岩石山山脚而行，并在金口设闸调控。之所以把引水口上移，原因在于此时的卢沟河泥沙含量已经大大增加，河水逐渐变得暴戾，经常淤积河床或暴涨崩堤，万一麻峪引水口被大水冲毁，也还有筑于岩基上的金口闸可以节制河水，以保证中都城的安全。[①]卢沟河水经过金口引向东流，经北辛安村南、古城北转向东北，再经杨家庄南又向东，经龚村南、田村南、老山北、半壁店南、铁家坟北、篱笆店南、甄家坟北、定慧寺南，东至今玉渊潭，又东转南大约至木樨地东南入金中都北护城壕。经中都北护城壕再往东大致经受水河胡同、旧帘子胡同、人民大会堂南、历史博物馆南、台基厂三条、船板胡同、北京站南部等地，下接今通惠河河道，东至通州。[②]

虽然金代开金口河的设想是诱人的，金世宗给予期望也很高，但是工程却很快失败了，因为渠口居高临下，卢沟河水湍急而浑浊。汛期时激流旋洄，崩岸毁堤；枯水期则泥淖淤塞，积淖成浅，不能胜舟。金世宗不无遗憾地感叹："分卢沟为漕渠，竟未见功，若果能行，

---

① 蔡蕃：《北京古运河与城市供水研究》，北京出版社，1987年，第20页。

② 孙秀萍：《北京城区全新世埋藏河湖沟坑的分布及其演变》，见《北京史苑》第二辑，北京出版社，1985年。

南路诸货皆至京师，而价贱矣。"①

此后，金朝仍不遗余力地多次对金口河进行改造修缮，聘请熟悉水利、河道的人去勘察、规划，但终因日趋严重的卢沟河水患而不得不在大定二十七年（1187）将金口堵塞，以绝后患。

六、元初的金口河

元朝人在最初想到的也还是要利用永定河。金朝人不得已放弃的金口河工程在时隔不到80年的元朝初年被再次提上议事日程。

随着蒙古占领金中都及黄淮以北地区，忽必烈进一步坚定了统一南北、建立大元朝的目标。他一方面采取水陆兼运的方式恢复了黄淮间的物资通道，并设法解决今北京地区的漕运问题，为继续发兵南宋做着物质储备；另一方面，积极筹划新都城的建造，准备迁都。为此，需要运送规模庞大的木材、石料等各种建材物资，这些物资或采自西山或从南方调运，依当时的交通条件，水运是最有效率的方式。至元二年（1265），元朝科学家郭守敬向忽必烈建议重开金口河："金时自燕京（即金中都，今北京）之西麻峪村分引卢沟一支，东流穿西山而出，是谓金口。……今若按视故迹，使水得通流，上可以致西山之利，下可以广京畿之漕。"此建议得到了忽必烈的赞赏，郭守敬被授权全面负责元朝的水利工程。郭守敬吸取金朝人失败的教训，为防洪水，特意"于金口西预开减水口，西南还大河，令其深广，以防涨水突入之患"②。也就是说，在金口的上游麻峪村附近，预先开引一个减水口，从减水口向西南再凿一段又深又广的水渠重新连接金口以下的卢沟河，这样洪水突来时可以从减水口分出大部分洪水流向西南，使之在金口下游回归主河道，从而避免了洪水直接从金口灌入金口河而威胁旧中都城的安全（见图5-7）。由此，导卢沟河水运送西山木石，为修建大都城提供了一条重要的运输通道。

---

① 《金史》卷二十七《河渠志》，中华书局，1975年。

② ［元］苏天爵编：《元文类》卷五十《知太史院事郭公行状》，商务印书馆，1958年。

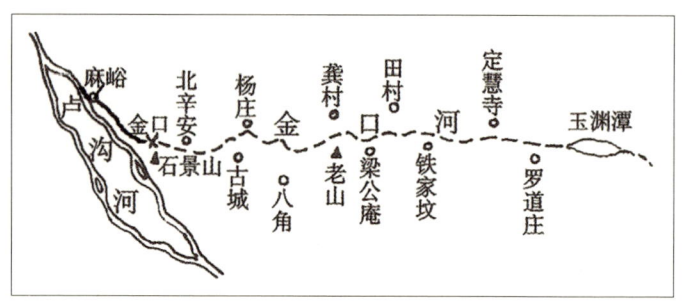

图 5-7　元初金口河示意图 [1]

　　但是，卢沟河汛期暴涨的特性在元朝表现得更明显，致使金口河决堤的隐患依然存在。如元世祖至元九年（1272）就曾发生洪水顺着金口河冲入新、旧（指金中都）两城之间，毁屋溺人，淹没田庐的严重水灾，"通玄门（金中都正北门）外，金口（河）黄浪如屋，新建桥庑及各门旧桥五六座，一时摧败，如拉朽漂枯，长楣巨栋，不知所之。里闾耆艾莫不惊异，以谓自居燕以来未省有此水也。……参详两都承金口（河）下流，势如建瓴，其水溃恶，平时犹不能遏止，西北已冲湍至（新建）城脚" [2]。御史魏初等大臣建议堵塞金口，以免后患无穷。但在当时漕运西山木石修建新城的任务紧急，只能冒险利用。元大都城建成以后，考虑到都城的安全，对金口河的洪水隐患就不能坐视不管了。元文宗大德二年（1298），浑河（元时永定河的名称）又一次泛滥，大都路都水监为了防止洪水顺势沿金口河冲击大都新、旧二城，就下令把金口闸门关闭。大德五年（1301），因"浑河水势浩大，郭（守敬）太史恐冲没田、薛二村，南、北二城，又将金口以上河身，用砂石杂土尽行堵闭" [3]。《元史·河渠志三》记载，元英宗至治元年（1321）七月，大都地区"大霖雨，卢沟决金口，势俯王城

----

　　① 据民国顺直水利委员会实测图改绘，转引自《历史上的永定河与北京》，北京燕山出版社，2005年，第299页。

　　② ［元］魏初：《青崖集》卷四《奏议》，文津阁四库全书本，商务印书馆［台北］，1983年。

　　③ ［元］苏天爵编：《元文类》卷三十一《都水监记事》，商务印书馆，1958年。

（指大都城）"。都水监又在金口河泛滥处"补筑堤百七十步，崇四十尺"，才挡住了洪水。

从至元三年到大德五年，金口河利用了35年。特别在修建大都城的工程中发挥了重要作用。元初的金口河之所以能够发挥作用达数十年，关键是郭守敬吸取了金代开凿金口河失败的教训，采用了防患于未然的措施，即在金口上游另开深广的减水河，这反映了元朝人更高超的水利设计水平。

七、元末的金口新河

随着大都城的建成和都城政治、经济、文化、生活等需求的不断增长，元大都的物资供应规模越来越大。庞大的中央官僚机构、众多的驻军和几十万的都城居民对粮食和财富的需求仅靠北京及周边地区是无法满足的，只能仰赖富庶的江淮和江南地区。元朝末年，漕运不足的困境日益加重，再开金口河的议题又被提起。

但这个议题一经提出就遭到了激烈反对，以中书左丞许有壬的奏议最具代表性，他总结了金、元以来有关开凿金口河的历史得失，指出了浑河日益严重的泥沙问题以及难以解决的坡降问题。但是，在当权者中书右丞相脱脱的强力推行下，金口河依然在一片反对声中重开。这一方面是因为通惠河漕运难以为继的压力，另一方面是因为大都城对西山煤炭、木材需求量的增加。元顺帝至正年间熊梦祥所撰《析津志》中转述脱脱向元顺帝奏议重开金口河的话："如今有皇帝洪福里，将河依旧河身开挑呵，其利极好有。西山所出烧煤、木植、大灰（即石灰）等物，并递来江南诸物，海运至大都呵，好生得济有。"[①]可见，此时大都城内用煤量大增则是急于开金口河的另一深层原因。另据记述元顺帝朝史事的《庚申外史》记载，当时，大都城居民盛行用煤炭取暖："京师人烟百万，薪刍负担不便。今西山之煤炭，若都城开池河，上受金口灌注，通舟楫往来，西山之煤可坐

---

① ［元］熊梦祥：《析津志》，见《析津志辑佚》本，北京出版社，1983年。

致城中矣，遂起夫役，大开河。"①也就是说，当时人们期待金口河开凿成功后就可以像元初运送木材、石料那样将西山的煤炭用船大量运进城里。这反映了元朝西山煤炭开采业的发展和元大都人生活方式的改善。

这次重开的金口河史称金口新河，主要"新"在以下几点：（1）其取水口从原来的麻峪村附近又上移到了今门头沟区三家店的位置："元至正二年（1342）重兴工役，自三家店分水，入金口，下至李二寺（今通州区里二泗），通长一百三十里，合入白潞河（即今潮白河）。"②这个取水位置恰与当今永定河引水渠的渠口位置基本一致，说明当时的人们已经认识到从河流出山口分水引渠更利于保持水流的稳定。（2）将金口旧河开大挑深，在有水汇合处开辟水塘，作为蓄水调节之用。（3）加固闸坝，如在金口用铜闸板代替传统的木闸板，在旧城北城壕处又添置两道节制闸门。（4）新河的下游走向也做了修改，使与运河的衔接更顺畅。《析津志》对此有详细记载："着将金口旧河深开挑，合众水处做泺子（即水塘，作用相当于宋代运河侧旁的水柜），准备缺水使用。挑至旧城（即金中都城北城壕），又做两座闸，将此水挑至大都南五门（按，当为午门，所指实为大都南城门的正门）前第二桥，东南至董村、高丽庄（今高力庄）、李二寺、运粮河口。"③按此说法，金口新河的下游走向是经今人民大会堂西南侧，至丽正门前第二桥后，向东南经原崇文区三里河，下接萧太后河，然后在张家湾附近接入运河④。蔡蕃则提供了第二种可能的推断（见图5-8），他认为金口新河在今左安门以外的八里河村附近才接上辽萧太后河⑤。对此，学界还需依据更多的考古发现才能予以定论。但总之，元末金口新河的下游河道是利用了辽代萧太后运粮河的。

---

① ［元］权衡：《庚申外史》卷上，见《四库全书存目丛书》本，齐鲁书社，1996年。
② 《顺天府志》卷十一《宛平县·古迹》，见永乐大典本，北京大学出版社，1983年。
③ ［元］熊梦祥：《析津志》，见《析津志辑佚》本，北京出版社，1983年。
④ 于德源：《北京漕运与仓场》，同心出版社，2006年，第117页。
⑤ 蔡蕃：《北京古运河与城市供水研究》，北京出版社，1987年，第31页。

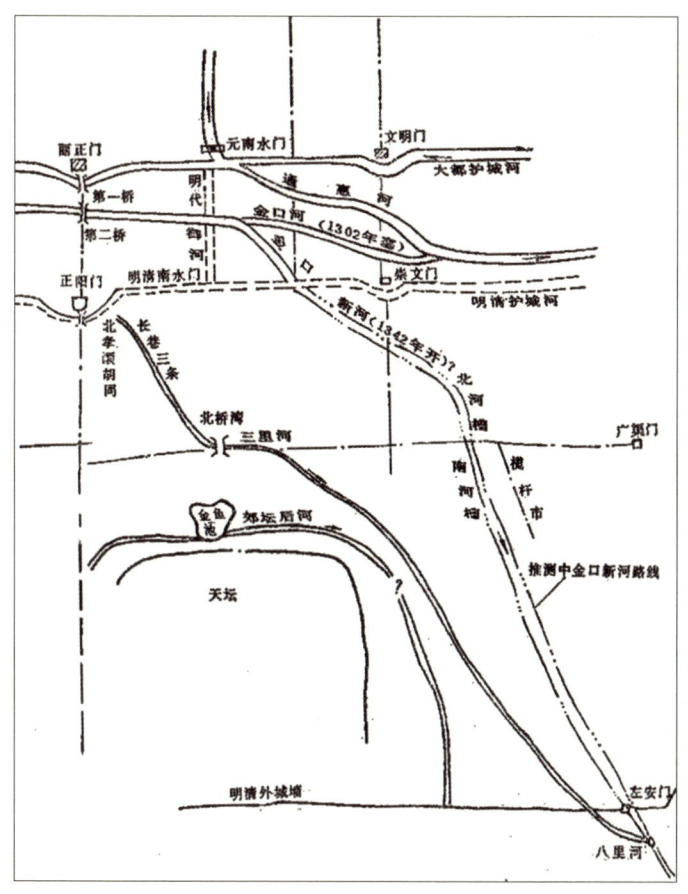

图 5-8　金口新河下游推测图

元顺帝及脱脱等对这条新河寄予了厚望，也做了种种措施预防不测，但是，待金口起闸放水之时，突入的浑河水就汹涌而来，导致沿岸险情不断，"流湍势急，沙泥壅塞，船不可行。而开挑之际，毁民庐舍坟茔，夫丁死伤甚众；又费用不赀，卒以无功"[1]。最后只好放下闸板关闭金口，永不启用。但由此已引起民怨沸腾。御史弹劾建议开挑金口河的责任者，脱脱作为丞相极力推脱自己的责任，而将参与此事的中书参议亨罗帖木儿和都水监傅佐当作替罪羊，予以斩首以平民愤。至正末年，金口河彻底废涸。

---

① 《元史》卷六十六《河渠志三》，中华书局，1976 年。

元末金口新河失败的原因，主要有以下三点：一是客观上永定河的河性相较金以前已经发生改变，河水的含沙量大大增加，水量的季节性变化也更加明显，这就是"河道浮土壅塞，深浅停滩不一，难于舟楫"的根本原因；二是忽略了郭守敬西南开减水河的经验，没有解决好从金口到大都城南坡降陡、高程短的问题，致使浑河水涌入时"漫注支岸，卒不可遏，势如建瓴"；三是朝政腐败，从一开始就有利益集团之间的纷争吵闹，未能在具体方案和实施过程中达成一致，而没有精心设计和充分准备，终究酿成一场争权夺利、劳民伤财的闹剧和悲剧。

　　元代前后两度重开金口河的成功与失败，为后世开渠导引永定河水提供了极其宝贵的经验和教训，为当今永定河三家店闸的建设提供了理论依据和借鉴。

第五节 木石之出——为北京提供建材和能源

北京成为都城之后，城市建设和生活消费无疑跃上一个新台阶，需要更多、更全面的资源保障。数量庞大的建材与能源的供给，依赖于对周边地区尤其是永定河中上游流域的森林采伐和矿产开发。

一、永定河流域森林植被的原貌

永定河流域内拥有管涔山、恒山、小五台山、海坨山、燕然山、大马群山、军都山、北京西山等山地，又有大小不等的山间盆地，如应县—怀仁盆地、大同盆地、阳原盆地、蔚县盆地、怀安—张家口—宣化盆地、涿鹿—怀来—延庆盆地等。在这些区域内，历史上分布着茂密而广阔的森林和草地。

据《山海经·北山经》记载，包括永定河上游地区的今山西省、河北省西部与西北部、内蒙古自治区中南部一带的山地草木茂盛，主要树种是松、柏、漆、棕、桐、柘、樗、榛、椐、楮等。

《史记·货殖列传》云："夫山西饶材、竹、谷、𬃊、旄、玉石。"这里的山西泛指太行山以西广大地区。"材"，是指各种木材；"谷"，也是一种"木名，皮可为纸"；"𬃊"，是一种麻，"山中苎，可以为布"。也就是说，西汉时期包括今永定河上游流域在内的山西地区林产富饶，森林植被很是茂盛。

据《水经注·漯水》记载，永定河上游支流如浑水（流经北魏都城平城，今大同市）"夹塘之上，杂树交荫"；武周川水"林渊锦镜，缀目日新"；于延水"水侧有桑林，故时人亦谓是水为桑河"。这些语句，都反映了北魏时期永定河上游流域的林木状况。

宋、辽之世，桑干河上游的森林植被状况依然保持很好。《续资治通鉴长编》第三百七十一卷载："火山、宁化之间，山林饶富，财用之薮也。自荷叶平、芦牙山、雪山一带，直走瓦甗坞，南北百余里，东西五十里，材木薪炭，足以供一路。"按，宋火山军治今山西偏关县，宁化军治今山西宁武县，故宋火山、宁化之间正是桑干河发源地。这里有南北百余里、东西五十余里的辽阔林区，伐薪烧炭可供一路（宋辽时期的一级行政区，相当于现在的省）。在宋辽绘制的一些地图中，还绘出了今永定河上游流域的森林分布。例如《契丹国志》中收录的《晋献契丹全燕之图》（见图5-9），于儒州（今延庆）、妫州（今河北怀来县东南旧怀来）、新州（今宣化）、云中府（今大同）等地以北的高山上，清楚地绘出高大茂密的森林，并明确标注着"松林广数千里"的字样；《契丹国志·胡峤陷北记》中记载了洋河上游流域今河北省张家口市崇礼区境内有一片广袤的"黑榆林"。

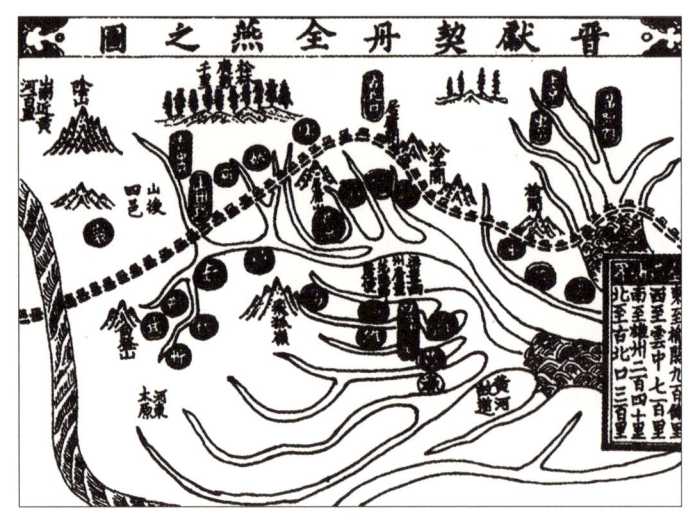

图5-9 《晋献契丹全燕之图》

金、元时期，永定河中、上游流域森林资源依然丰富。元代在矾山、蔚州、定安等地都设有负责砍伐林木的机构，并委派官员专督伐木。有一幅古画《卢沟运筏图》（见图5-10），反映的正是从永定河上游砍伐林木，然后顺河水漂运至卢沟桥，再运往都城的情景。关于这幅画，有人认为是元代作品，描绘的是为修建大都城漕运西山木石的事；但也有人认为它是明代所作，描绘的是明代在卢沟桥设置竹木局以后对西山伐木伐薪进行抽税的事情。不论分歧如何，反映元明时期西山森林采伐的规模之大却是无可争议的。又据《皇明经世文编》记载，明代山西北部内长城所经的偏关、神池、宁武等地以北至外长城间，树林也很繁茂，"大者合抱干云，小者密如切栉"；林中"虎豹穴藏，人鲜径行，骑不能入"①。这里的茂密林木如同一道百余里宽的"藩篱"，还起着军事防卫的作用。

图 5-10　国家博物馆藏《卢沟运筏图》

在永定河上中游流域，我们还可以见到很多表明林木茂盛的山名、地名，如在河北省蔚县有松枝口（又名柏树村）、松树岭、桦榆坡、榆林沟、北柏山、桦树沟、柳林堡等；阳原县有松树梁、榆林关等；涿鹿县有槐树沟、杨树沟、椿树沟、桦沟、榆林、杨木林等；怀来县有榆林、杏林堡、柴木沟、杏树洼等；张家口市宣化县有胡松岭、桦林沟、柏树洼等；怀安县有桦皮岭、榆林屯、杏沟、桃沟、柴沟堡等；张家口市万全区有榆林、柳林、洗马林等；张家口市崇礼区有松树背、大松沟门、榆林、桦林子、榆树坪、东西桦林、杨木洼、杨树沟、柳条沟等；尚义县南部有松沟、杨木林、杨木沟、桦林沟等。在北京市延庆区有松树梁、杨树河等；门头沟区有柏峪、檀木沟、杨木林子、椴木沟、梨园岭、杨树地、松树、东西胡林、前后桑峪、林沟、柏峪台、梨树台、桃园、樱桃沟等。这些山名、地名都真实地反映了永定河上中游流域历史上林木的分布广泛和种类丰富。

①《明经世文编》卷四一六载吕坤《摘陈边计民艰疏》；卷二四七载胡松《答翟中丞边事对》，中华书局，1962年。

二、永定河流域对北京城建材、能源的供应

人们的衣、食、住、行都离不开木材、木料。在没有电力、核能的古代，尤其如此。北京成为都城以后，对木材的消耗急剧上升。在北京成为陪都或国都之前，历史文献对周边地区森林的采伐只有零星记载，但从金代开始，大规模的森林采伐便频频见于史载。

《大金国志》卷九记载：天会十三年（1135）夏，金太宗为了进攻南宋，"兴燕云两路夫四十万人之蔚州交牙山，采木为筏，由唐河及开创河道，运至雄州之北虎州造战船，欲由海道入侵江南"。"交牙山"就是今河北涞源县城西南24公里、南城子村周围那片山间平川周围的山岭。这里的"松树柁""榆树林"等聚落名称，也印证了历史上森林广布的生态环境。文中所言上山伐木的人数多至40万，可见该地森林资源之丰富与砍伐规模之巨大。

海陵王迁建金中都，更加大了对城市周边森林的采伐力度。《金史·地理志上》记载：天德三年（1151）三月"命张浩等增广燕城。……浩等取真定府潭园材木，营建宫室及凉位十六"。真定府治今河北正定县。张浩取用的"真定府潭园材木"，应当是从太行山砍伐后积存于潭园的木材。此后，海陵王正隆四年（1159）二月造战船于通州，所用的木材也应取自北京周边地区。

元朝的大都城宏伟壮丽，并为明清北京城奠定了基本格局，但其建筑规模的宏大以及日后对木材、石料、柴炭的需求，却导致周边乃至南方地区的森林消耗迅速增多。

元大都建筑的宏伟气魄与巨大规模，我们可以在陶宗仪《南村辍耕录》以及明初萧洵《故宫遗录》等文献中得到鲜明的印象。陶宗仪记载："至元四年正月，城京师，以为天下本。……城方六十里。……宫城周回九里三十步（据朱偰考证，应为六里三十步[①]），东西四百八十步，南北六百十五步，高三十五尺。"[②]如此庞大的建筑

---

① 朱偰：《元大都宫殿图考》，商务印书馆，1936年。
② ［元］陶宗仪：《南村辍耕录》卷二十一，中华书局，1959年。

群，无疑需要巨量的木材和石料。楠木、檀香木等珍贵木材需依靠江南各省支援，至于一般的建筑材料，从成本与功效考虑，必然要尽量取自周边地区的森林和矿场。西山的木材与石料，是元大都设计者规划城市建设的重要物质基础。前文述及，为修大都城宫殿，至元三年（1266），郭守敬主持开凿金口河，导卢沟河水以漕运西山木石，"使水得通流，上可以致西山之利，下可以广京畿之漕"①。所谓"西山之利"，正是建设大都城所需要的木材、石料和燃料。民谚有"大都出，西山兀"之句，说的就是伴随着宏伟壮丽的元大都崛起，西山成千上万的古木也消失殆尽，留给山区的只有大面积的裸露岩石或次生树木。建都过程中石料、土方的开采也必然破坏包括森林在内的地表植被。元末重开金口河的主要目的也还是为了西山的木材、煤炭等物："如今有皇帝洪福里，将河依旧河身开挑呵，其利极好有。西山所出烧煤、木植、大灰等物，并递来江南诸物，海运至大都呵，好生得济有"。虽然这次开河以失败收场，但是此事件表明，直到元朝末年，西山依旧是大都建筑材料与燃料的重要供应地，那里的森林也一直处在持续不断的砍伐过程中。

能源是人类生存的基本条件之一，在元大都及其附近地区，柴草、芦苇是使用最普遍的燃料。时人熊梦祥《析津志》记载，大都城内有烧饭桥，"南出枢密院桥，柴场桥，内府御厨运柴苇俱于此入"。宫廷以及地位高一些的人家，要烧掉更多的木炭与煤。就元大都与明清北京城的能源构成来看，树木、柴草是城郊广大农村与窑厂的基本燃料；原料取于森林的木炭，是宫廷、署衙与部分家庭取暖的主要能源，金属冶炼以及部分窑厂也需要以此为燃料；煤炭在元代已经进入城乡的取暖与生产领域，明清时期最终成为北京的能源支柱。

为了保证宫廷的能源需求，元朝在行政机构中设置了柴炭局、材木库、蔚州定安等处山场采木提领所、矾山采木提举司等机构，负责管理采伐、储存林木以及烧炭、柴炭分配等事务。定安在今河北蔚

---

① 《元史》卷一百六十四《郭守敬传》。

县东北30公里定安村，矾山在今河北涿鹿县东南30公里矾山镇，它们管辖的采木区都在卢沟河中上游流域。早在中统三年（1262）即已设立的"养种园"，职责之一就是"掌西山淘煤，羊山烧造黑白木炭，以供修建之用"①。所谓"淘煤"亦称"洗煤"或"选煤"，将开采出来的原煤进行分类筛选，以决定其利用方式和价值。"羊山"一作"仰山"，位于今门头沟区上苇甸镇一带。附近集中分布着"炭厂""炭厂西沟""炭厂东沟""林沟""上苇甸""苇子水"等聚落，应是这里在元代及其以后作为烧炭基地的历史记录，林木与芦苇丰富的偏僻山沟恰好为烧炭准备了物质条件。至元二十年（1283），"以东宫位下民一百户烧炭二月，军一百人采薪二月，供内府岁用，立局以主其出纳"②。从西山乃至更远的蔚州一带砍伐的树木，通常是顺着卢沟河水运到大都西南的卢沟桥，以供应城市的需要，其中就包括作为燃料的木柴。至元二十四年（1287）设置上林署，在"掌宫苑栽植花卉，供进蔬果，种苜蓿以饲驼马"之余，还要担负起"备煤炭以给营缮"的任务③。此外，烧制琉璃、砖瓦等建筑材料的窑厂，加剧了大都城的燃料需求。中统四年（1263）置大都南窑厂和琉璃局，至元四年（1267）置西窑厂。至元十三年（1276）在少府监之下设立"大都四窑厂"，"领匠夫三百余户，营造素白琉璃砖瓦"，从前所设南窑厂、西窑厂、琉璃局，一并归其管辖④。工部于至元十三年（1276）和二十五年（1288），分别置平则门（今阜成门）窑厂与光熙门（旧址在今东城区和平里北街东口与朝阳区东土城路交会处）窑厂⑤。它们所用柴炭的供应，也势必增大对周边地区森林的采伐。前文提到的《卢沟运筏图》所显示的，就是元明时期从西山乃至更远的蔚州一带伐木后水运到大都附近的情形。这种大规模采伐，使西山地区以及永定河

---

① 《元史》卷九十《百官志六》。
② 《元史》卷八十九《百官志五》。
③ 《元史》卷九十《百官志六》。
④ 《元史》卷九十《百官志六》。
⑤ 《元史》卷八十五《百官志一》。

中上游流域的原始森林迅速减少，逐步改变了维系北京水环境的地理条件。

明朝永乐年间营建北京及其以后的城市建设与城市生活，同样需要大量的木材和能源来支撑。北京周边森林面临的压力持续加重，永定河中上游流域依然是供应北京建筑材料和官民燃料的主要区域。

朱国桢《涌幢小品》记载："昔成祖重修三殿，有巨木出于卢沟。"[①]这就表明，永乐年间修建北京城的宫殿时，除了在四川、云南、湖广等地大量采伐森林之外，还曾利用了从卢沟河漂运而来的巨大木材，开采地点仍是北京西山乃至上游更远一带山林。采伐这类特殊木材，往往也伴随着巨木周边一定范围内低矮植被的破坏。

除修筑宫殿、寺庙等城市建筑需要建材，越来越多的水利工程建设也需要不断地采伐周边地区的山石、林木。据《明宪宗实录》卷一百五十四记载，成化十二年（1476）六月，"浚通惠河成，自都城东大通桥至张家湾浑河口六十里，与卒七千人，费城砖二十万，石灰一百五十万斤，闸板、桩木四万余，麻、铁、桐油、灰各数万"。从明代的一般情况推测，其中的石灰、闸板、桩木等，取自西山乃至浑河上游山区的可能性很大。《明孝宗实录》卷九十二记：弘治七年（1494）九月"工部奏：自永乐以来，本部所用竹木，率于芦沟桥客商所贩木筏抽分"。这就是说，工部所使用的竹子和木材，大体上是从卢沟桥贩卖木料的商人那里抽取的实物商税。抽分厂获得的木材数量越多，表明永定河中上游流域山区森林采伐的程度越高，相应地，植被破坏以及引起生态问题的可能性也就越大。

据《宛署杂记·志遗》记载，嘉靖十五年（1536）立《敕建永济桥记》碑，记载了为修建永济桥"庶务咸熙，乃以工曹官往督西山诸处石运"之事，委派工曹官"往督西山诸处石运"，就是去西山开凿巨量的石材用于建桥。这些工程也势必毁掉大片地表植被。嘉靖四十六年（1567）立《敕修卢沟河堤记》碑称："经始于嘉靖壬戌秋

---

① 朱国桢：《涌幢小品》卷四，中华书局，1959年。

九月，报成于癸亥夏四月，凡为堤延袤一千二百丈，高一丈有奇，广倍之，崇基密楗，累石重甃，鳞鳞比比，翼如屹如，较昔所修筑坚固什百矣。"这次维修卢沟河的堤防"崇基密楗，累石重甃"，表明工程建设中使用了大量的石材和木料。为了节省成本与运输便利，从盛产石材的西山就近取材是最佳选择。可以想见，河堤竣工后，西山又增添了一片荒山秃岭。明代大儒王守仁游览香山时所写的"林间伐木时闻响，谷口逢僧不记名"之句，就是对北京西山伐木见闻的记录。

又比如修建仓库。《明宣宗实录》卷九十七记载，宣德七年十二月丁未（1432年1月13日），"行在工部先奏：作京城仓廒，发民取材于蔚州。至是又奏请遣官监督。上曰：今正严寒，姑停止，俟春暖为之可也"。这条记录说明的是冬季暂停在蔚州一带的伐木作业，待到春暖花开时再继续修建北京城的仓廒。

保障日常生活所需木柴和木炭的供应，是明代在北京周边大量采伐森林的重要原因。永乐年间营建北京以后，木柴、木炭、煤炭的消耗与开发规模都超过了元代。洪熙元年（1425）之前，"弛西山樵采之禁"，放宽了对打柴与采集果实的限制。宣德三年（1428）三月，"上谕行在工部曰：畿内百姓采运柴炭，闻甚艰难。自今止发军夫于白河、浑河（即永定河）上流山中采伐，顺流运至通州及芦沟桥，积贮以供用，可少苏民力"[1]。宣德九年（1434）"令蔚州及美峪、九宫口、五福山、龙门关等处山场，除成材大木不许采取，其小木及椽枋之类，听人采取货卖"[2]。显然，这里的采木区域涉及的是浑河上游及北京北部山区。宫廷消耗的木柴有片柴、顺柴、杨木长柴、马口柴等几类，而以御膳房专用的马口柴最昂贵。《宛署杂记》记载：石景山"近浑河有板桥，其旁曰庞村，曰杨木场，沿浑河堆马口柴处"，"火钻村，有清河，即放马口柴处"。"杨木场"即今永定河东岸的"养马场"；"火钻村"即今门头沟区斋堂镇东2公里、永定河支流"清水

① 《明宣宗实录》卷四十，台湾"中央研究院"史语所影印本，1962年。
② 《大明会典》卷二百零四，国家图书馆藏明万历十五年内府刻本。

河"南岸的"火村"。由此可见，浑河上游流域是"马口柴"的主要产地，木柴砍伐后顺流漂下，河畔的"杨木场"与"火钻村"就是堆积存放之地。

对地表森林、建筑以及地下水源具有破坏作用的煤炭开采，在明代北京西山更加普遍。今门头沟区马鞍山上的戒台寺，竖立着成化十五年六月二十二日（1479年7月11日）明宪宗的《敕谕》石碑，其中写道：寺院周围"近被无籍军民人等牧放牛马、砍伐树株、作践山场，又有恃强势要私开煤窑、挖通坛下，将说戒莲花石座并折难，殿积渐坼动。……今后官员、军民、诸色人等，不许侮慢欺凌；一应山田、园果、林木，不许诸人骚扰作践；煤窑不许似前挖掘。敢有不遵朕命，故意扰害、沮坏其教者，悉如法罪之不宥"①。这块石碑就是明代门头沟地区采煤业普遍展开并已危及戒台寺僧人利益与寺院安全的见证。

到了清代，建筑用材及砍柴烧炭之需更甚。比如，每年要派出"易州山场斫柴夫一千一百五名，共银三千三百一十五两，外加路费银一百一十两五钱，脚价银二十七两四钱四厘"②。由此可以约略推知直隶其他府州派出"斫柴夫"的数量以及易州等地山场砍伐林木的巨大规模。此外，清代允许越出长城关口砍柴烧炭，既反映了人口增长造成的生存压力，也表明北京周围的林木已经远远不足。

清代西山煤炭的开采量持续增加，源源不断的煤炭从西山进入北京城。清中期著名学者赵翼指出："京师自辽建都以来，千有余年，最为久远。凡城池宫殿、朝庙苑囿及水陆运道，经累代缔构，已无一不完善通顺。其居恒日用所资，亦自然辐辏，有若天成。即如柴薪一项，有西山产煤，足供炊爨。故老相传'烧不尽的西山煤'，此尤天所以利物济人之具也。惟是都会之地，日益繁盛，则烟爨亦日益增多。虽畿甸尚有禾梗足资火食，而京师常有数十万马骡藉以刍秣，不

---

① 据国家图书馆藏《谕禁碑》拓片解读。

② 王树楠：《冀县志》卷十五，1929年铅印本。

能作炊爨之用，是以煤价日贵。余在京时，煤之捶碎而印成方墼者，每块价钱三文，重二斤十二两。今价尚如旧，而每块不过斤许矣。此不可不预为筹及也。"[①]煤炭的开采虽然抵消了一些木柴、木炭的使用，有助于减少周边森林的过量采伐，有效解决了能源问题，但也破坏了地面的植被。中国第二历史档案馆藏的一份档案显示，门头沟矿区多年采煤导致近代"山上全无树木"[②]。

---

① ［清］赵翼：《檐曝杂记·檐曝杂记续》，中华书局，1982年。

② 罗桂环等：《中国环境保护史稿》，中国环境科学出版社，1995年，第310页。

第六章

浑流永定

——永定河的水灾与治理

自金、元历明、清，北京作为王朝的都城，无论在水源、漕运、城市建设、居民生活，还是在皇家苑囿的装点美化等方面，都依赖着永定河源源不断的贡献。可以说，永定河哺育了北京的壮大，永定河成就了北京的辉煌。犹如母亲一般，曾经苍翠、丰润，充满青春活力的永定河，在为北京城的发展贡献了全部以后，也逐渐陷入衰退、伤病状态，呈现生态退化、河性改变、水灾增加的趋势。历史上的"清泉河"变成了"浑河"、"小黄河"和"无定河"，河水挟沙卷土，冲阻激荡，易淤易决，迁徙无常，给北京城及流域内的村庄带来了极大危害。因而，元、明、清历代王朝都很重视对永定河的治理，尤其是永定河之石景山至卢沟桥以下"北京段"的筑堤防洪，被视为京畿事务之要。明清以来持续不断的堤防加筑和河道固化，保护了北京城的安全，但对北京段及其下游流域环境也造成了深远影响。

第一节　伤害与冲突

随着永定河与北京城的关系越来越紧密，人类对它的依赖和人工改造也越来越多，利用和破坏的程度都在加深。河流的自然属性、原生面貌渐渐消失，由此而来的反作用力渐渐增强，与人类需求的冲突日益显现，而这种冲突主要体现在灾害的频繁发生。

一、永定河流域的环境破坏和生态退化

历史上的永定河曾有过很多名称，不同历史时期其主要名称也各有不同。值得注意的是，在辽金以前，永定河水量虽然有明显的季节性变化，但还是较为稳定和丰沛的；流域内森林茂密，河流的含沙量较小，绿水清波，"长岸峻固"，有"清泉河"的美誉。辽金以后，永定河除保留"桑干"之名外，开始有了泸（卢）沟河的称呼。在很多辽人和宋人的记载中，这两个名称往往是并用的。而到了金代，上游仍称桑干河，下游则专称泸（卢）沟河了。关于"卢沟"的来历，明朝人蒋一葵在《长安客话》里解释说："以其黑故曰卢沟。燕人谓黑为卢。"南宋周辉《北辕录》中也有对卢沟河又称黑水河的记载："卢沟河，一谓之黑水河，色最浊，其急如箭。"事实上，卢沟即黑水这种说法，恰好与这一时期永定河河性的变化相吻合。从辽代开始，卢沟河水开始变得浑浊。《金史·河渠志》里已明确记载其"泥淖淤塞，积滓成浅，不能胜舟"。也就是从这一时期开始，永定河容易泛滥成灾，威胁到北京城的安全。最典型的例子，莫过于上一章提到的金、元三次开凿金口河而失败之事。原本其目的是扩大漕运，使物资更便利地进入中都城。可是，修好之后总是面临着永定河洪水的重大威胁，尤其是金世宗大定二十七年（1187）和元末至正二年（1342）那两次，卢沟河发洪水，挟沙裹泥地从金口河一路奔腾而来，直冲京城，将沿岸田地房屋一并冲毁，迫使人们赶紧将金口堵上，把河道填埋。

元朝以后的永定河，除原来的名称如"桑干""卢沟"沿袭不废

外，又添了几个新名，有"浑河""小黄河""无定河"等，用得最多的是"浑河"。值得注意的是，这几个名称绝对不见于元代以前的文献，而在元、明时期则屡见于史书记载。《元史·河渠志》还明确地指出，"名曰小黄河，以其流浊故也"。清包世臣更进一步总结了这些称呼的来源："浑言其浊，无定以其系流沙倏深倏浅而名之也。"[①]显然，这些新名称的出现，反映了永定河水文状况的恶化。

为什么会出现这种变化呢？一方面是因为永定河本身来自易被侵蚀的黄土高原，另一方面，伴随着北京地位的提升，城市规模日益扩大，城市建设和城市生活对附近森林和土地的需求不断增长，同时，永定河上游地区也在不断地进行着开发，人类的开垦活动越过了农牧交错带而更深入地推进到山林、草原。这些导致永定河中上游流域的森林被不断砍伐直至彻底破坏，加剧了水土流失。典型的如金太宗天会十三年（1135），"兴燕云两路夫四十万人之蔚州交牙山，采木为筏，由唐河及开创河道，运至雄州之北虎州造战船，欲由海道入侵江南"[②]。一次调集40万人到蔚州伐木，这是多么大规模的森林砍伐！元代，地处永定河中上游的蔚州、定安、凡山、宛平等州县都设有采山提领所、山场采木提领所、采木提举司之类的机构，专门掌管采伐木材、石料及烧炭。明清时期，西山、北山等周边山林中也有类似专管伐薪烧炭的机构设置。可见，永定河上游的茂密森林长期以来被北京城持续而有组织地开采着，再加上元明清以后越来越规模化的煤炭资源的挖掘和农耕用地向山林区域的开拓，永定河流域的植被状况及生态环境自然出现退化和危机。

据历史上的相关统计和今卫星图像的计算，永定河中上游的森林遭到严重破坏后，其官厅以上流域每年的水土流失量接近1亿吨，而永定河全流域多年平均年侵蚀量为1亿1千万吨[③]，也就是说，每年

---

① ［清］包世臣《安吴四种》卷四《记直隶水道》，《包世臣全集》，合肥：黄山书社，1991年。

② 《大金国志》卷九，《大金国志校证》本，中华书局，1986年。

③ 颜昌远主编：《北京的水利》，科学普及出版社，1997年，第102页。

有1亿1千万吨的黄土从永定河流域流失了，这是多么惊人的一个数字！正因为有这么多的泥沙混入永定河水中，永定河曾有的"清泉河"的美称，逐步被"浑河""小黄河""无定河"等所取代，河水"初过怀来，束两山间，不得肆"，虽"盈涸无定，不为害"，但流至"都城西四十里石景山之东，地平土疏，冲激震荡，迁徙弗常"[①]，下游易淤易决，水患不绝也就不足为怪了。从此，水患日益严重，直接威胁着金中都、元大都以及明、清北京城的安全。

二、历史上的永定河水灾

在北京的历史上，就发生频率而言，水灾是仅次于旱灾的第二大灾害；但就其对人民生命财产和社会发展造成的损失而言，则是超过旱灾的第一大自然灾害（表6-1是根据正史及水文资料得来的元朝以后北京洪涝灾害统计）。而在北京地区有关水灾的历史记录中，永定河泛滥成灾的比例无疑最高，危害也最严重。

表6-1　元朝以后北京洪涝灾害统计表

时期	总年份数（个）	发生水灾年份数（个）	比例	自然灾害中列序
元	97	52	53%	首位
明	276	116	42%	次位
清	267	129	48%	首位
1912—1949	38	9	24%	首位
1950—1997	48	18	38%	次位

（一）金代及以前的永定河水灾

早期永定河并不是没有洪水灾害。目前所见最早记录，是西晋

---

① 《明史》卷八十七《河渠五》，中华书局，1974年。

元康五年（295）[1]。该年夏季，洪水冲塌了位于梁山（今石景山以北的四平山）附近的戾陵堰，损毁了其四分之三的坝体，冲垮北岸70余丈，沿车箱渠两岸漫溢。此后又见于辽统和十一年（993），该年七月，桑干河（今永定河）、羊河（今洋河）在居庸关以西的今河北涿鹿、怀来一带泛滥成灾，包括今北京延庆区在内的奉圣州（治今河北涿鹿）禾稼荡然无存。泛滥的河水乘势而下，又给平原地区造成危害，辽南京居民庐舍多被淹溺[2]。随后，应历二年（952）、咸雍四年（1068）、大康八年（1082）等，也陆续有永定河流域的水灾记录。但总的来说，这一时期灾害少有发生，即使发生，对城市造成的危害也比较有限。

金朝建立后，中都成为中国北部的统治中心。人口的增加和城市的扩大，对周边河流的灌溉和航运功能的需求日益上升。然而，永定河水灾也呈明显增多的趋势。大定十年（1170），为了增大高梁河水量，使各地漕粮能直运京师并兼顾京西稻田灌溉，金朝在今石景山附近向东开凿了一条金口河，引卢沟河水入今玉渊潭，接中都北护城河，直通京城。然而，这条人工河并没有起到理想的作用，不仅航运未果，最后连灌溉的功用也被迫放弃，原因就在于卢沟河日益恶化的水性和日趋增多的水灾。据《金史》之《五行志》《河渠志》等篇记载，大定十七年（1177）七月，因连降大雨，滹沱、卢沟（即永定河）水溢；二十五年（1185），卢沟河决于中都显通寨（即玄同口，在卢沟桥南），诏发中都附近三百里内民夫堵塞决口；二十六年（1186）五月，卢沟河再次决堤，由于堵口费工浩大，朝廷任河水顺势漫流，造成了较大损失[3]；二十七年（1187），鉴于卢沟河连年为害，封卢沟水神为"安平侯"以求平安，但第二年六月卢沟河又一次决堤，今石景山、丰台、大兴一带汪洋一片。金朝被迫放弃修补玄同口至丁村（今大兴区定福庄西北）一带堤岸，以分水势，确保中

---

① 《晋书》卷二十九《五行志下》。

② 《辽史》卷十三《圣宗纪四》。

③ 《金史》卷八《世宗纪下》。

都的安全。明昌四年（1193）六月，因连续降雨，卢沟河再次溃决于玄同口至丁村之间。此后又连续三年发生洪涝灾害，都与永定河泛滥有关。

（二）元代的永定河水灾

到元朝时，卢沟河的名称更多地被"浑河"所取代。《元史·河渠志》记载："浑河，本卢沟水，从大兴县流至东安州、武清县，入漷州界"；又，"卢沟河，其源出于代地，名曰小黄河，以流浊故也。"也就是说，还有"小黄河"的别称。这说明河水的泥沙含量大增，河水已变得十分浑浊。这是该河水性的一个重大变化。元朝立国的98年间，大都地区发生水灾的年份共有52个，仅从《元史》中发现、可明确为永定河泛滥的年份，就有22处之多[①]。从这22条记载的水灾情形看，可以总结出以下两点：

（1）永定河泛滥成灾的现象明显增加。永定河水灾占元朝全部水灾的比例达到了1/3以上，其发生频率为四五年一次，有时甚至连续两三年以上年年决堤，如皇庆、延祐、泰定年间。而每一次决堤泛滥，都造成了"漂没田庐人畜""大水伤稼"甚至威胁到大都城垣等严重后果。这表明，其为害的程度也大大增加。

（2）永定河的决口泛滥区域逐渐向下游转移。金代，永定河决口多见于石景山至丁村之间，即今石景山、丰台及大兴西南一带。而元朝，大兴、固安、永清、东安、霸州、漷州、武清等下游地区决堤泛滥的记录明显增加，并多于前者。据《北京历史自然灾害研究》一书分析，元朝时期北京地区水灾最为严重的区域就是上述位于大都东南方的各个州县，而这无疑是永定河与潮白河泛滥的共同结果。

事实上，永定河除了因水文状况恶化导致的灾害增多，在河流形态上也有重大改变。据《元史·河渠志》等的记载判断，元代永定河在流至宛平县看丹口（今丰台看丹）之后，分为了三派（见图6-1）：

---

① 详见尹钧科等：《北京历史自然灾害研究》，中国环境科学出版社，1997年。

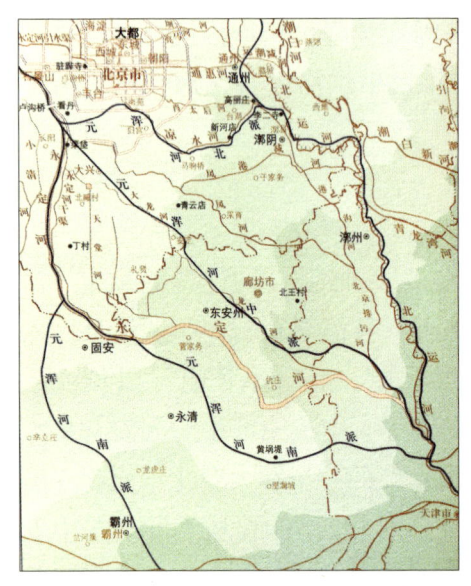

图6-1　元代永定河下游河道变迁图[1]

北派从东流，经丰台、大兴到通州张家湾附近，与白河（今北运河）汇流，其河道大致与今凉水河相当；中派东南流，经大兴、东安入武清县境汇入白河，大致与今龙河相当；南派往南流，经固安、永清折向东流，到武清南入白河。这三派河道的形成也是由北向南逐渐发展而来的，其中中派河道有一段时间还从今凤河河道经过。总之，这一时期的永定河下游呈现散尾漫流之态，而这又正与河性的变化有关。由于河水泥沙量增大，永定河流出山地进入平原之后，河道坡度骤缓，河水流速陡减，沉积下来的泥沙量也剧增，河床淤高的速度更快，河水的分支漫流也就比之前更加频繁。不断垫高的河床，使河道的行洪能力大大降低，一旦出现连续降水，下游难以容纳、排泄迅猛上涨的洪流，因而造成河堤溃决，洪水泛滥。每一次决口泛滥都可能产生一条新的分支或导致河流改道，使其下游漫流之势更为严重。另一方面，分流又使河水流量分减，降低了冲刷河床淤沙的能力，加速泥沙的沉积，增多漫流与溃堤，并扩大了被洪面积，加重水灾灾情。可见，淤沙、漫流与泛滥成灾这三者之间是有密切关系的。这在元朝时期呈现出同时加重的趋势。

　　永定河日趋严重的水灾，给北京城的发展带来了很大影响。原本，伴随元大都的建设和大一统王朝首都的地位上升，永定河对于日益增长的漕运需求应当是发挥更大作用的。然而，元朝只在元初利用了一段时间的金口河"漕运西山木石"，一旦元大都的建设工程基本结束就

---

① 侯仁之：《北京历史地图集·文化生态卷》，北京出版社，2013年，第87页。

迅速堵塞了金口及其渠道。原因就在于，即便郭守敬预见到了防汛问题，特在金口闸之上向西南挖了一条深广的渠道用以泄洪，但永定河水仍不免冲入金口河，危害京城。至元九年（1272）五月下旬，大都连降大雨，旧金中都北垣外"金口黄浪如屋，新建桥庑及各门旧桥五六座一时摧败，如拉朽漂枯，长楣巨栋，不知所之。里闾耆艾莫不惊异，以谓自居燕以来未省有此水也"。大臣魏初又报告说："两都（即大都与中都）承金口下流，势若建瓴，其水溃恶，平时犹不能遏止，（今）西北已冲渲至城脚"，建议堵塞金口①。成宗大德二年（1298）、大德五年（1301），永定河水又两次发难，危及大都，遂将金口堵闭，弃之不用。从此，对于导引永定河水以济漕运的计划一直极为慎重，直到元末迫于形势才贸然一试，然而也因洪水突至而归于失败。竣工后刚开闸放水，"水至所挑河道，波涨潺汹，冲崩堤岸，居民彷徨，官为失措，漫注支岸，卒不可遏……其居民近于河者，几不可容"②；"金口高，水泻而下，湍悍，才流行一二时，冲坏地数里，都人大骇"③。

引水工程大多失败，元代对于永定河的关注点开始更多地放到筑堤固岸上面。在《元史》的列位皇帝本纪中屡屡看到修筑堤岸的记录：至元六年（1269）"筑东安浑河堤"；九年（1272）十一月"筑浑河堤"；二十五年（1288）四月"浑河决，发军筑堤捍之"。大德六年（1302）正月，"筑浑河堤长八十里"；四月"修卢沟上流石径（景）山河堤"。至治二年（1322）六月，"修浑河堤"。泰定元年（1324）四月，"发兵民筑浑河堤"；四年（1327）三月"浑河决，发军民万人塞之"。也就是说，从此，北京城对永定河由依赖转为防范，大规模修筑永定河堤成为以后历朝历代北京城市建设中的重要一环。永定河水出西山后，不再向东和东北方向流，北京的城市水源转向以西山水系和潮白河水系为主。

① 《元史》卷六四《河渠志一》。
② ［元］熊梦祥：《析津志》，《析津志辑佚》本，北京古籍出版社，1983年。
③ ［元］权衡：《庚申外史》，《四库全书存目丛书》本，齐鲁书社，1996年。

（三）明代的永定河水灾

到明朝时，永定河主要称为桑干河、卢沟河、浑河，但见诸文献最多的还是浑河。仅以北京所在的顺天府（初期称北平府）所属各州县统计，史料中明确记载为浑河水灾并危及北京城的就有19次之多，其中9次特大水灾中有5次与其泛滥有关；从水灾的地区分布来看，永定河沿岸州县仅次于永定河与北运河交汇处的漷县和通州[①]。

其中，洪熙元年，宣德三年，正统四年，景泰六年、七年，弘治二年，嘉靖三十二年、三十三年，天启六年等年份，永定河发生的洪水都造成了重大灾情：冲坏水闸、桥梁及城垣，水溢街渠巷陌，淹没农田民舍、溺死人畜，甚至穿城而过，经通惠河与北运河洪水相接，致使京城南郊从西到东汪洋一片。

如果仅从给北京地区造成危害的永定河水灾的次数来看，或者从它在明朝时期发生的频率（发生次数相比于朝代周期）来看，似乎还不如元朝时期的严重，其中原因之一就是，自元至明，修筑永定河堤已是保护京畿安全必做的大事，形成了一种制度或者惯例。洪武十六年，永乐七年、十年，洪熙元年，宣德三年、九年等年份，永定河分别在卢沟桥、狼窝口以及固安的贺家口等多处泛滥决堤，酿成严重水灾[②]。每次决堤之后，朝廷都要发军民万人以上补修堤坝。正统元年（1436）七月，"大雨浃旬，水溢浑河狼窝口及卢沟桥、小屯厂、西湖东笆口、高粱等闸，堤岸皆决"，遂命行在工部左侍郎李庸负责修堤。一千五百多名工匠、二万多役夫修成的卢沟桥以下河堤，"累石重甓，培植加厚，崇二丈三尺，广如之，延袤百六十五丈，视昔益坚"，被赐名为固安堤。嘉靖四十一年（1562），命尚书雷礼修卢沟河岸，"凡为堤延袤一千二百丈，高一丈有奇，广倍之，较昔修筑坚固什伯（倍）矣"[③]。可见，明朝修筑永定河堤往往派重臣、设专守，倾注大量

---

① 详见尹钧科等：《北京历史自然灾害研究》，北京：中国环境科学出版社，1997年。
② 《明史》卷八十七《河渠五》。
③ ［清］刘敏中等：《日下旧闻考》卷九十三《郊坰西三》引［明］杨荣：《修卢沟河堤记》、［明］袁炜：《重修卢沟河堤记略》，北京：北京古籍出版社，1983年。

人力物力。堤岸的长度在不断增加，质量和规格也在不断提高，这些都说明永定河的水患越来越严重，而筑堤固岸的思想也越来越被人们重视和强调。

但是，尽管如此，明代永定河的决口泛滥依然常常发生在石景山至卢沟桥之间。而卢沟桥以下，则是频繁的分流和改道。这是明代永定河水灾的特点。这一特点正是在永定河下游上段筑堤而下段放任自流、上段河床淤高而下段泥沙随处淤积这两方面综合作用的结果。

值得注意的是，由于明代永定河在看丹口以下分为两支，其中北支经今丰台柳村、鹅凤营、草桥、洋桥等地东流，接今凉水河河道，由通州高丽庄入白河（即北运河）。加之，每一次在卢沟桥附近决口后的洪水也总是经北京城南，往大兴、东安、武清方向夺路而奔，留下大大小小许多河道，最终都与北运河尾闾相接。因而，北运河水系的水灾状况亦往往与永定河的涨水，或者决口夺道有关。即使永定河的洪水被卢沟桥以上的大堤锁住而未能在京城西郊作乱，但它在卢沟桥以下奔流东去或南下，要么漫流于固安、霸州、新城、永清，要么冲入大兴、东安、通州、武清，回顶潮白河水流，致使通州、武清一带泛滥成灾。明代北运河在通州、漷县一带泛滥的次数多达29次，尤其张家湾附近动辄汪洋一片，致使通州、漷县的水灾次数高居榜首，这绝不单纯是北运河水系洪水泛滥的缘故。

（四）清代的永定河水灾

清朝时的永定河又称浑河、无定河，康熙年间始赐名"永定"，遂沿用至今。从名称上也能知道永定河在清代依然是一条不安定的河。清代268年间共发生了129次水灾，有42次属于永定河水灾；在其中的5次特大水灾、30次严重水灾中，永定河就分别占了4次与18次[1]。

在22次重大灾害中，尤以康熙七年，嘉庆六年，光绪十六年、十九年的最为严重，不仅直接造成了北京城的巨大损失，还给京师

---

① 详见尹钧科等：《北京历史自然灾害研究》，中国环境科学出版社，1997年。

所属各州县带来了几十年不遇的大灾荒，震动朝野。如康熙七年（1668）七月，因连日大雨，"浑河水发，冲决卢沟桥及堤岸"。永定河的汹涌波涛冲开卢沟桥大堤，"直入正阳、崇文、宣武、齐化（朝阳）诸门。午门浸崩一角。五城以水灾压死人数上闻，北隅民亡一百四十余人。上（康熙）登午门观水势，更遣章京察被灾者，……"①时人所撰《客舍偶闻》，更是详细描述了当时的惨烈情形②：宣武门一带水深五尺，洪水漫过了城壕，吞没了桥梁，声如雷鸣，势如峡泻。有一个卖菜的人，被激流冲过城门，人和货担转瞬即逝。还有一个乘骆驼过城门的，驼足不胜湍急，被冲入御河，人浮水抱树幸而得免，骆驼则淹死在水中。宣武、朝阳等城门一带，许多城外溺毙的尸体随水漂流入城。由于街道积水，官员上朝不敢骑马，都用肩抬的小轿；偶有骑马者也是用人牵着马，官员坐马背上跷着脚才不至于湿鞋。满族官吏按例不能乘舆，有一个侍郎身体肥胖无法跷着脚坐在马背上，于是雇了几个身强力壮的小伙儿用一个大澡盆子推着他去上朝，引来一路嗤笑。至于卢沟桥以下的长辛店、良乡，以及在今河北省境内的涿州、霸州、雄县、献县等地，也都被洪水淹没，直到20多天后才退去。康熙帝亲登午门查看灾情，其惨状促使他下决心彻底治河。他把"三藩、漕运、治河"作为亲政后的头等大事，命人镌刻在大殿廊柱上，以时时警醒自己，随后又把永定河筑堤工程推向高峰。康熙三十七年（1698），"自良乡老君堂旧河口起，经固安北十里铺、永清东南朱家庄，会东安狼城河，出霸州柳岔口三角淀，达西沽入海，浚河百四十五公里，筑南北堤百八十余里，赐名'永定'。自是浑流改注东北，无迁徙者垂四十年"③。"永定河"由此得名，清代的永定河堤防也从此成为一个更加严密的系统。

但永定河水患却依然无法根除，清末随着朝局的衰退而变得日

---

① 《清仁皇帝实录》卷二十六，中华书局，1987年。

② ［清］彭孙贻：《客舍偶闻》，于德源点校本，北京燕山出版社，2013年，第22—23页。

③ 《清史稿》卷一百二十八《河渠志三》，中华书局，1977年。

益严重。如光绪十六年（1890），永定河的又一次溃决给北京及河流沿岸地区带来了一场百年不遇的特大洪灾。永定河两岸先后漫溢决口，上下数百里间一片汪洋，有平地水深二丈余。而"卢沟桥上水深尺许。永定河南三工决口数十丈，奔涛骇浪滚滚南趋，计冲坏看丹村、草桥村、六卷村、樊家村、纪家庙、黄村、马驹桥、采玉（育）镇、礼贤镇、九（旧）州镇、张家湾等十八村庄，淹毙人口牲畜不计其数。西南一望尽成泽国，倒灌入南西门（即右安门），城门壅闭者数日。并冲决南苑墙数十丈，穿苑东流，遂入东安、武清二县，以注天津。而良乡、涿州一带，水深数尺，路断行人"。河水还漫及城区，"前三门外水无归宿，……家家存水，墙倒屋塌，道路因以阻滞，……大清门左右部院寺各衙门，亦皆浸灌水中"，永定、左安、右安各门不能启闭（见图6-2），交通运输断绝①。此次水灾造成了京师地区的粮食及其他物资供应的严重短缺，引发了大饥荒。

图6-2　1890年右安门外水灾情况图②

①　《清代海河滦河洪涝档案史料》，中华书局，1981年，第539—544页。
②　北京地方志编纂委员会编：《北京志·水利志》，北京出版社，2000年。

（五）近现代时期的永定河水灾

　　1912—1949年民国时期北京发生的6次重大、特大水灾，全部都与永定河的泛滥有关。在这么短的时间内，就发生如此多的严重水灾，这是自清朝以来永定河水质状况进一步恶化、河床进一步淤高，而国家长期陷于战乱，无力防范和治理水患所造成的。1933年，华北水利委员会曾制订《永定河治本计划》，但因政局动荡、战争连绵而终未能实施。结果，1939年7月发生的特大水灾就给了民国社会以沉重打击。当时北京地区连降暴雨，时间长达月余，7—8月总降雨量达1137.2毫米，是北京西北部有实测资料以来的最高纪录。且降雨范围覆盖潮白河、北运河、永定河及大清河水系，致使这些河流水位全部上涨，从而酿成特大洪灾。其中，永定河最高洪峰流量为4390立方米/秒，为50年不遇的大洪水。永定河在卢沟桥以下相继决口，致使良乡、房山及大兴西南部泛滥成灾。仅房山、良乡淹没面积达310平方公里，5万户人受灾，2万余户倾家荡产，死伤多人。京汉、京津铁路被冲断。其水向东与潮白河、北运河洪水连成一片。同年8月31日《大公报》载："通县且全部被淹，自北平南郊至保定，茫茫无边际。"由于华北平原的排水系统十分不畅，各地积水至10月中旬仍未退去。据10月30日《申报》转载《字林西报》10月18日北平通信称："（津浦）铁路线以西乡野，极目所见者类似大湖沼，偶有地面村落较高之房屋，犹在水中，若海中岛屿然。秋季之谷类，以及日方期望至高之著名棉花，均已全毁。……秋收全告绝望，……粮食断绝。……则地面积水，未必能在明年夏季降雨之前退尽，故另一季收成亦将无望，而灾荒至少将历两载也。"9月2日《申报》评述："此次水灾为八十年来所仅见，无家可归者已达数百万。"

　　新中国成立以后，永定河也曾发生多次险情，如1950年、1954年等。1956年的水灾，是永定河干流在新中国发生的最大一次也是迄今最后一次水灾。7月下旬至8月上旬间，永定河发生了两次洪水，冲毁三家店拦河闸工地，并导致西麻各庄决堤，洪水通过300米的口门冲向麻各庄、辛庄、求贤、西胡林一带，西麻各庄以下的永定河几成干河。这次决口，使大兴县6个区中的3个区遭受严重灾害，共倒房4.21万间，死1人，伤7人[①]。直到官厅水库及斋堂、苇子水等中小型水库陆续建成后，才杜绝了下游的洪水灾害。1985年，国务院将永定河列入全国四大江河重点防御对象之一，建成了卢沟桥分洪枢纽工程，并不断加高加固下游堤防，其中三家店至卢沟桥河段左岸堤防可达到百年以上的防洪标准。显然，这些措施都是千方百计为了北京城的安全而做的。

三、历史上永定河水灾的特点

纵观历史记载，永定河水灾具有以下几个特点。

（一）季节性强

汛期时间集中于夏秋时节，犹以7、8月间为主。成因多系降雨季节性分配不均，一段时间内集中降雨而使河水宣泄不及所致，因而洪峰的突发性强、水势来得迅猛但一般持续时间不会太长。2、3月间，永定河中上游由于河道相对狭窄，偶尔也会发生凌汛。但近代以来上游水源减少，冬季多呈枯水状态，凌汛发生的概率已大大减少。

（二）决口地段集中

永定河发生决口的河段主要在出山峡以后，即三家店以下，对于北京城直接威胁最大的则是石景山至卢沟桥以下一段。值得注意的是，历史上永定河决口位置的变化与其堤防修筑的长度和程度有关。金元时期，永定河多决于石景山至卢沟桥一段，直接危害京城，故金、元两朝注重修筑这一段河堤。明朝以后，为防范其在涿州、固安、霸州、永清等地的散尾漫流，进一步修堤至固安、霸州一带，而此后永定河决口的位置也相应移至了卢沟桥以下至固安境内一段，并

---

① 北京地方志编纂委员会编：《北京志·水利志》，北京出版社，2000年。

在此段常常分流改道。清朝康熙三十七年（1698），接旧堤又筑起了从良乡老君堂历固安、霸州、永清直达大城淀泊的180余里的南北大堤，有效地遏止了永定河下游经常性的摆动改道，但决堤的危险却一直由中游贯穿至下游。清朝后期，发生在固安、永清、东安、武清一带的永定河决口现象愈演愈烈，永清境内的改道依然频仍。这是因为永定河在金元以后水质发生变化，含沙量增大，筑堤约束了河道，使河床不断淤高，时间一长就变成了高出河堤外地表的"天河"，决堤的危险自然就大。

（三）灾害区域集中

永定河成灾的范围，重点在中下游地区。就今北京地区而言，主要在石景山往东南，良乡、宛平、丰台、大兴、南苑、通州及城区西南、南部地区；就明清时的京师范围内而言，重灾区还包括今河北涿州、固安、霸州、永清、文安、廊坊、武清等地。值得一说的是，永定河干支流洪水到达其下游时，还在通州及武清一带回顶北运河水，造成或加重北运河水系的洪涝灾害。因此，当永定河泛滥之时，通州、武清等地的水灾往往相伴发生。

（四）危害严重

历史上永定河水灾的危害大都十分严重，通常造成京畿地区大片民房倒塌、田亩无收、人畜溺毙及城区积水、交通阻滞等灾难性后果，严重威胁京城的安全和社会的稳定。

（五）水旱同因，相伴而生

越是干旱时期越容易出现水灾，水、旱灾害由少至多、由轻至重的发展趋势往往是一致的。这一点看似矛盾，实际上它们有着共同的成因，那就是季风性气候决定的雨水在时间、空间上的极度分布不均。时间上的分布不均，一是体现在季节不均，如春旱（或春夏旱）秋涝（或夏秋涝）；二是体现在年份不均，如大旱年后有大涝，或者相反。冬春控制华北地区的干冷气流滞留时间越长、减退速度越缓，夏秋来自太平洋的暖湿气流向北推进势必越加突然迅猛，在极短的时间内完成两种季风的交替，这就容易导致雨量过度集中，出现暴雨。在空间分布上，雨量往往集中在东南季风受山势阻挡而抬升的坡面地带，北京小平原正好位于太行山脉与燕山山脉的东南迎风坡前，即使在干旱时期也比华北其他地区有更多暴雨。再加上，长期的干旱致使土壤松散、沙化，一遭暴雨冲刷便泥流滚滚，从而使河流含沙量大，既易淤堵也易溃决。历史上的永定河正是这样的典型。

总之，由于永定河水灾的威胁，北京城对永定河由最初的依赖、利用，变为以防御为主。辽以前的永定河是城市的主要水源和农田灌溉用水来源，金、元时期则注重开河引水助漕，明、清以后主要是筑堤防洪。北京城市水系的格局也由此发生根本变化，城市布局朝北部及东北部水源靠近。直到今天，永定河中下游防洪体系的构筑，依然影响着沿岸一带村镇的分布、工农业布局及经济的发展。

第二节 治理与改造

元朝以后，日趋严重的永定河水灾给人们带来了极大危害。因而，元、明、清历代王朝都很重视对永定河的治理，或疏浚以导流，或筑堤以束水，尤其是永定河之石景山至卢沟桥以下"北京段"的筑堤防洪，被视为京畿事务之要。而永定河经过"北京段"之后，于冀中平原湖泊洼淀地区造成的泥沙淤积日趋严重，由河道淤塞、宣泄不畅而导致的整个下游流域的决口漫溢，也成为永定河治理的难点和重点。围绕着如何治理永定河的问题，历朝历代提出过多种治理方略，或从局部的工程措施着眼，或从上中下游全面治理的宗旨出发；有的实施效果明显，有的则被证明是错误和失败的，但都为后人留下了历史的经验和教训，尤其是那些对流域环境带来重大改变和深远影响的治理工程更值得后人总结和反思。

一、对永定河的治理

自传说时代的大禹治水以来，我国历史上关于治河的办法不外乎"堙障"与"疏导"或称"堵"与"疏"，这两大既互为对立又彼此相济的方略。所谓以"堵"为主的治河方略，并不意味着完全排除"疏"的措施。同样，以"疏"为主的方略也需要有一定的"堵"作为辅助手段。围绕着如何治理永定河的问题，历代的帝王和官员提出了多种具体方案，也都是在这两大策略之间的争论、权衡、取舍和综合。

（一）以"堵"为主的治河方略

自金代始，北京上升为都城，周围州县也就成为京畿重地，永定河是流经此地的最大河流，它的安澜与否直接关系到京南诸州县农业收成的丰歉和百姓生活的安定与否。所以，金、元以后，修筑永定河堤，成为一件不容稍息的大事。

据《金史·河渠志》记载，金朝大定年间卢沟河决于显通寨（今石景山至卢沟桥之间），"诏发中都三百里内民夫塞之"。但没过几年，卢沟河又先后发生了两次决口，洪水泛滥中都城南。这两次洪水让金朝廷感觉筑堤之事是"枉费工物"，遂听之任之，让河水顺势漫流，以分水势。

面对日益严重的水患，元朝彻底放弃了开凿金口河导引永定河水以济漕运的计划，而专注于筑堤固岸。《元史》中列位皇帝的本纪中都有筑堤的记载，如：元世祖至元六年（1269）"筑东安浑河堤"；九年（1272）十一月，"筑浑河堤"；二十五年（1288）四月，"浑河决，发军筑堤捍之"。成宗大德六年（1302）正月，"筑浑河堤长八十里"；四月，"修卢沟上流石径（景）山河堤"。英宗至治二年（1322）六月，"修浑河堤"。泰定元年（1324）四月，"发兵民筑浑河堤"；四年（1327）三月，"浑河决，发军民万人塞之"。也就是从这一时期开始，北京城对永定河由依赖转为防范。

明代修筑永定河大堤，不仅频率大大增加，其规模及档次也大大提高。据《明史·河渠志五》记载，明洪武十六年（1383）"浚桑干河，自固安至高家庄（今属霸州）八十里，霸州西支河二十里，南支河三十五里"。此后，永乐七年、十年，洪熙元年，宣德三年、九年，永定河分别在卢沟桥、狼窝口以及固安的贺家口等处泛滥决堤，酿成严重水灾。每次决堤之后，明朝廷都要发军民万人以上补修堤坝。正统元年（1436）七月，"大雨浃旬，水溢浑河狼窝口及卢沟桥、小屯厂、西湖东笆口、高粱等闸，堤岸皆决"。"命行在工部左侍郎李庸修狼窝口等处堤"，李庸"奏请工匠千五百人，役夫二万人。上（英宗）从所请，且谕之曰：'此皆要害，汝其尽心理之，必完必固，毋徒劳民'。"[1] 这次所修卢沟桥以下的河堤，"累石重甃，培植加厚，崇二丈三尺，广如之，延袤百六十五丈。视昔益坚。既告成，赐名固安堤。

---

① 《明英宗正统实录》卷二十，台湾"中央研究院"史语所影印本，1962年。

置守护者二十家"①。成化十九年（1483），"命工部左侍郎杜谦督工修筑卢沟桥堤岸"②。弘治二年（1489），"浑河决杨木场（今属石景山）堤，命新宁伯谭佑、侍郎陈政、内宫李兴等督官军二万人筑之"。正德元年（1506），"筑狼窝决口"。嘉靖四十一年（1562），命尚书雷礼修卢沟河岸。雷氏规划并督修的卢沟河堤，"凡为堤延袤一千二百丈，高一丈有奇，广倍之，较昔修筑坚固什伯（倍）矣"③。由上述记载可知，明朝修筑永定河堤往往派重臣、设专守，倾注大量人力物力。堤岸的长度在不断增加，质量和规格也在不断提高。这些都说明了永定河的水患越来越严重，而相应地，为其筑堤固岸的思想也越来越被人们重视和强调。

清代不仅沿袭明代做法，继续屡修屡决、屡决屡修地完善着永定河大堤，康、雍、乾时期，更是把永定河筑堤推向了一个历史高峰。清朝还把永定河的治理正式纳入了国家职能范畴，建立了专门的管理机构。

早在顺治九年（1652），清朝就开始大规模地整修石景山至卢沟桥段的河堤。康熙七年（1668）的大水灾过后，康熙帝又多次下令巩固堤防，并禁止堤岸两侧的庄户和佃户私自开沟引水灌田，以保障河堤的安全。但这些都未能消除永定河洪水带给康熙帝的心理阴影。经过多次亲自考察之后，终于在康熙三十七年（1698），他完成了中国水利史上浓墨重彩的一笔：命直隶巡抚于成龙直接负责筑起前所未有的永定河两岸大堤，"自良乡老君堂旧河口起，经固安北十里铺、永清东南朱家庄，会东安狼城河，出霸州柳岔口三角淀，达西沽入海，浚河百四十五里，筑南北堤百八十余里，赐名'永定'"。从石景山一直到下游永清，用两条长堤把往复摆动的永定河中下游河道束缚在

---

① ［清］刘敏中等：《日下旧闻考》卷九十三《郊坰西三》引［明］杨荣：《修卢沟河堤记》，北京古籍出版社，1983年。

② 《明宪宗成化实录》卷二百三十六，台湾"中央研究院"史语所影印本，1962年。

③ ［清］刘敏中等：《日下旧闻考》卷九十三《郊坰西三》引［明］袁炜：《重修卢沟河堤记略》，北京古籍出版社，1983年。

固定的河床中，试图杜绝其漫流改道的可能。这是永定河的巨大转折，从此浑流"无迁徙者垂四十年"，"永定河"之名也由此而来。

尽管如此，其后以"高筑堤"和防决堤为首要，仍是不断地对永定河堤坝进行修修补补，或开新河或加筑遥堤，史书上这类工程的相关记载可谓连篇累牍，不绝于时。康熙四十年（1701），在今河北涿州东北的北蔡村北修建金门闸，这是一项与永定河大堤相匹配的重大水利工程。平时可引小清河水冲刷永定河泥沙，洪水来时可向西分泄永定河洪水，减少其东堤的压力。由于河底泥沙淤滞，此闸必须数年一修。乾隆、道光、同治年间都多次改建重修，宣统元年（1909）重建并保存至今。

康熙四十九年（1710），在衙门口、真武庙以及纪家庄至庞村一线（俱在今石景山区）修筑土堤、挑水坝并以埽护堤；五十八年（1719），修永定河沙堤，南岸自高店（今房山高佃）至牤牛河闸（即金门闸），北岸自鹅房（今属大兴）至张客村（今大兴南、北章客）；五十九年（1720），修卢沟桥石土堤；等等。

雍正三年（1725），南北两岸又接筑大堤，南堤自冰窖东堤起至王庆坨，北堤自何麻子营起至武清范瓮口止，使其继续向下游延伸。九年（1731）至十一年间，则多次加固永定河的石景山至大兴段两岸大堤及月堤，共计长四万七千六百三十丈五尺。

乾隆年间，永定河河床及下游淀泊泥沙淤积问题日益突出，故而一方面继续加强北京段的堤防，一方面着力解决下游清淤疏导的问题，将永定河治理推向一个全面、综合性阶段。乾隆二年（1737），补修南北堤七千九百二十六丈五尺，并开黄家湾、求贤庄（今大兴求贤村）、曹家新庄（今大兴曹辛庄）引河，沟通了与凤河、大清河的联系；三年，疏浚永定河卢沟桥南的黄花套、六道口等处的淤积，开麻峪（今属石景山）、半截河（今属永清）、郭家务（今永清郭家府）各引河，筑南北大堤、月堤、格子堤、重堤、土堤、拦河坝、石子坝、金门闸坝、郭家务坝、隔淀坦坡埝等；乾隆四年、五年、九年、十年、十一年、十二年、十三年、二十七年、三十二年等年份，也都有修筑南北岸堤、金门闸坝、求贤坝等，开引河、疏浚凤河及张家湾河道等诸多工程；乾隆三十七年，永定河再次全面兴工，乾隆遂批复了十四多万两经费，大兴土木予以修治，其中包括重修石景山东西两岸的石堤、疏浚金门闸（见图6-3）、下游清淤改道等。四十四年（1779），又"展筑新北堤，加培旧越堤，废去濒河旧堤，使河身展宽"。这等于在原来堤坝之外又重修了一道新堤，丝毫不亚于康熙三十七年那次的工程量。

图6-3 金门闸遗迹（孙冬虎摄）

嘉庆六年（1801），永定河"决卢沟桥东西岸石堤四、土堤十八，命侍郎那颜宝、高杞分驻筑堤，并疏浚下游，集民夫五万余治之"。光绪十八年（1892）夏，永定河南上汛灰坝漫口四十余丈，有大臣奏请将石景山以下堤岸全部添砌石堤以确保安全，清廷欲行但终因工程耗费巨大而改为"择要接筑石堤八里，并添修石格"[①]。可以说，永定河的治理工程一直没有停止，从嘉庆、道光直至清末，永定河屡屡溃决，连年修堤、挑淤，史不绝书。当时虽有官员提出全流域治理的设

---

① 以上引文资料皆出自《清史稿》卷一二八《河渠志三》，中华书局，1977年。

想，但因时局等因素的制约而不能实行。

从上述有关清代永定河筑堤的历史记载中，可以看出：永定河的河防是清廷京畿事务的重大问题；清代石景山至卢沟桥永定河东岸的河堤基本都被改造成石堤（见图6-4）或加片石护内帮的石戗堤，这是永定河工程史上的重要进步；清代永定河大堤的长度、规格，工程的复杂性、系统性及其管理制度的专业化和完善程度等，都远远超过前代。永定河堤防成为一个严密的系统，从而将历史上曾经有过的清波漫流与北京城远远地隔开。

图6-4　永定河大堤遗迹——石景山区东岸清代十八磴石堤

（二）以"疏"为主的治河方略

筑堤固然有利于沿岸人民的生命财产安全，但河道不再摆动，又使含沙量甚高的河水把大量泥沙滞留在河床及其汇入的淀泊中，被泥沙顶托的河水宣泄不畅，湖泊的蓄水调节功能逐渐减弱，永定河反而表现为更为频繁的淤积和决口。防止决堤与河湖淤积成了大规模筑堤之后永定河治理的更大难题。而清淤和疏导工程，主要集中在地势平缓的下游河段，也就是今河北固安、永清、廊坊、霸州、文安与天津武清一带。

康熙三十七年（1698）大规模筑堤后不到两年，永定河下游"郎城（又名安澜城河，亦名琅川淀，在东安县南70里）淀河淤且平"①，永定河遂改道南下，流出柳岔口，注辛章河（今属霸州市），又使信安以南高桥淀、胜芳淀等湖淀淤塞。于是，雍正四年（1726），怡贤亲王与大学士朱轼承命疏浚河道，将永定河下口于柳岔口稍北改向东去，开新河自郭家务至长甸河70里，经武清县王庆坨、范瓮口之间入三角淀，达津归海。然而，这一改道工程又致使三角淀逐渐淤平。

雍正十年（1732）四月，大学士鄂尔泰等奉命议定永定河建筑重堤的奏请时说：永定河水性善淤，其下游流向淀泊之处河道狭隘，尤易淤填。必须不时疏浚，使尾闾通畅，这样上游才不至于壅滞泛冲。河岸堤工沙土松浮，还须密种柳树以护堤根，等等。此后，鄂尔泰还数次主张对河道加以疏浚。乾隆二年（1737）九月，他与大臣顾琮察看石景山一带的河工后，针对河段沙多流急善淤的特性也提出了"治堤不如浚河，筑高莫若挑浅"的思想。按照上述想法，清朝在北岸的张客以及南岸的寺台、金门闸、郭家务修建了减水坝，在永清半截河堤北开挑新河，以原河的北堤为新河的南堤，再建一道新北堤，向东过武清县六道口、清沽港入淀河，但也因低洼易涝而未能成功改道。

永定河下游淀泊淤积严重、筑堤费用巨大，乾隆三年（1738）十一月，直隶总督孙嘉淦提出使永定河回归故道的设想。他在奏疏中说："永定河冲决之患，实因筑堤而起。……今若能因势利导，使水尽归南行，诚为不治而治之上策。"②在乾隆皇帝的支持下，孙嘉淦利用金门闸西股引河，在霸州一带入中亭河，与白沟、西淀，由玉带河向东，过天津丁字沽入海河，也就是恢复了由大清河诸河淀入海河的故道。

乾隆十五年（1750）三月，鉴于永定河河道淤积几乎与堤岸平齐，

---

① 《清史稿》卷一二八《河渠志三》，中华书局，1977年。

② ［清］陈琮：《永定河志》卷十二《奏议三》、卷十三《奏议四》，上海古籍出版社，2002年。

直隶总督方观承建议在北堤六工改移下口，其地在今永清县贺尧营。第二年，在南岸永清县东南的冰窖口开堤放水，不足三年新河道淤积已经非常严重，导致漫决、夺溜之灾。乾隆二十年（1755）正月又奏请将北岸六工改为下口之处，"令循北埝导归沙淀，照旧以凤河为尾闾"，"逾沙淀以东，则北埝至南埝三十余里，就下之势或分或合，弥漫一片，原足任其荡漾也"①。此举利用下游淀泊滞洪容沙，改移河水入淀之口，虽然缓解了河槽淤为地上河的危机，却也加快了淀泊的淤积速度。

乾隆十六年（1751），永清冰窖口以下七、八工之正河50余里，除中段20余里尚存河形外，头尾30余里全淤。故而不得不自东安县南端得胜口至武清县西南王庆坨南，再挖引河22里，穿过淤高的三角淀，向东导入叶淀（武清县南60里），使永定河达津归海。然而，如此一来，从清中期到清末，叶淀由"周一百三十余里"缩小为"宽长约五六里"②，这又是永定河泥沙淤积的结果。

乾隆三十六年（1771）十二月，负责直隶河务的大臣高晋、裴曰修、周元理在奏疏中说：治理永定河"无一劳永逸之策，……惟有疏中泓、挑下口以畅其奔流，坚筑两岸堤工以防其冲突。犹恐大汛之时满盈为患，深浚减河以分其盛涨"。在这些普遍适用的治河原则之下，他们更看重疏浚河道的作用。三十七年（1772）四月，裴曰修、周元理奏请设立船只、配备器具以挖泥浚河，他们提出："治河之道，必使水由地中，未可专借堤防恃为巩固。每年经过汛水之后，流缓沙停，易致积淤为患，是挑浚之功最关紧要。在汛水未发之前、既发之后，皆须逐段详查。一有新淤，即当乘时急办。"③

如此专注于下游挑挖淤积、导渠引水，只能解决局部问题，而对

　　① ［清］李逢亨：《永定河志》卷十五《奏议六》、卷十六《奏议七》，国家图书馆藏清嘉庆年间刻本。
　　② ［清］《光绪畿辅通志》卷七八《河渠略四·水道四》第10册第236页及同页摘引《畿辅安澜志》文，河北人民出版社，1989年。
　　③ ［清］陈琮：《永定河志》卷十七《奏议八》，上海古籍出版社，2002年。

整个流域的治理实在是影响有限。

（三）治河机构与防汛分工

除了修筑百里大堤，清朝还特意设置了专管永定河河务的管理机构：永定河南岸分司、北岸分司，衙署设在固安城内。雍正四年（1726）改设永定河道①。此后随着河务的增多与职责的细化，职官名目和数量亦有所变化。按照职责要求，各级河务官吏必须把办公地点设在河堤之上或所辖近河之地，"每岁大汛之期，河道率文武员弁皆驻宿堤上，总督亦移节河干"②，这项制度在整个清代一直延续下来。河堤修守的重点时段是凌汛、麦汛以及伏秋大汛，汛期要做到"四防""二守""五事宜"③。其中，"四防"指昼防、夜防、风防、雨防，汛期水发期间，不论白昼或黑夜，遇到大风或骤雨，都有具体的防护规定。"二守"包括"官守"和"民守"，在官兵常年防守的基础上，汛期还要增派十里之内村庄的民夫日夜更替值班。"五事宜"包括："报水"，大汛之期卢沟桥两岸各汛及下口，派专人守看水志，每日三次按时迅速报告河水涨落情形；"预估工程"，秋分后对计划实施的浚河筑堤等工程进行预先估报，春分后再次估报，较大的工程禀请总督奏办；"采备物料"，按规定呈报、采办水利工程所需物料；"积土"，看守河堤的士兵每年必须完成堆积土牛的任务，以备压埽、填沟、平堤之用；"种柳"，要求每名士兵在附堤内外十丈栽植柳树一百株，以巩固堤防。

在各级河务机构的管理下，永定河南北两岸的河堤按照一定长度和顺序划为若干个防汛工段，雍正十年（1732）曾以《千字文》分工编号，从开头的五句"天地玄黄，宇宙洪荒，日月盈昃，辰宿列张，寒来暑往"中，选用除"玄""荒"之外的18个字排序。乾隆十五年（1750），十八汛员俱兼巡检衔，分管距离河堤十里之内的村

---

① ［清］陈琮：《永定河志》卷二《职官表》，上海古籍出版社，2002年。
② ［清］陈琮：《永定河志》卷九《建置考》，上海古籍出版社，2002年。
③ ［清］陈琮：《永定河志》卷七《工程考三》，上海古籍出版社，2002年。

庄；二十九年（1764）改为按照本工里数编号，如南岸头工、二工，北岸头工、二工等。有时一"工"还分为"上""下"两"汛"，在"工"或"汛"下再编为"号"，每"号"负责的地段通常约一里远。守卫河堤的士兵驻在"兵铺"中，每一"号"或若干"号"有"兵铺"一所。此外，各汛每一里河段设立一所"民铺"，是守卫河堤的百姓所在的地方。军民协作、分段负责，是清代永定河防洪的成例。经过多年的调整，到嘉庆十年（1805），永定河南北两岸分防十五汛，兼管河堤附近十里的村庄，属北京段的基本在今石景山、丰台、房山、大兴等区内，位于今北京段之外的则多分布于固安、霸州、永清等地。

另外，清代还制定了关于河务的成套则例，对工程标准以及施工所用材料、土方、人工的价格都有详细的规定。可以说，这么一套致力于长治久安的制度性建设方案，是始于清朝而利于后世的，直到今天有些内容还在延续和借鉴中。

二、历史上永定河筑堤的环境效益

从辽金时期的分水漫流，到元明时期的土堤灰坝，再到清朝的石堤石戗堤，历朝历代对永定河的治理的确是耗费了巨力，尤其是清代的筑堤工程可谓登峰造极。其大堤的长度、规格，工程的复杂性、系统性，管理制度的专业化和完善程度等，都远远超过前代。日益庞大坚固的永定河堤防，对北京城的确发挥了抵御洪水的积极作用，北京城直接受灾的频率确实是大大减少了。但筑堤是迫于京城安全计而不得不采取的一种防范措施，它也给永定河的自然生态带来了一定的负面效应，给北京地区的水环境带来了一系列变化。

（一）永定河出西山后的流向从此固定

历史上的永定河流出西山后，其河道在北起清河、西南到小清河——白沟河的扇形地带摆动，形成广阔的洪积冲积扇。商代以前，永定河出山后经八宝山，向西北过昆明湖入清河，走北运河出海。其后约在西周时，主流从八宝山北南摆至紫竹院，过积水潭，沿坝河方向入北运河顺流达海。春秋至西汉年间，永定河主流自积水潭向南，经北海、中海斜出内城，经由今龙潭湖、萧太后河、凉水河入北运河。东汉至隋，永定河主干已移至北京城南，由石景山南下到卢沟桥附近再向东，经马家堡和南苑之间，东南流经凉水河入北运河。唐以后，卢沟桥以下永定河分为两支：东南支仍走马家堡和南苑之间；南支开始是沿凤河流动，其后逐渐西摆，曾摆至小清河—白沟一线。自有南支以后，南支渐成主流。在这漫长的过程中，南支还出现过分汊，如元代在北支和南支之间还有过中派，就是南支由凤河河道逐渐南摆到龙河河道的过渡状态。然而，自清康熙筑堤之后，在今北京境内的这种河道迁移状况就不再出现了，频繁的改道变成了北京以下的固安、永清、廊坊一带的事情。也就是说，如果没有历代反复修筑的这道堤防，永定河出三家店后向东流或向东北流，都是完全可能的。

《宋史·宋琪传》记载，北宋户部尚书宋琪曾提出一条打退辽兵的计策："其桑干河水属燕城北隅，绕西壁而转。大军如至城下，于燕丹陵东北横堰此水，灌入高粱河，高粱河狭，桑水必溢。可于驻跸寺东引入郊亭淀，三五日弥漫百余里，即幽州隔在水南。"①从以上提及的地名位置分析，当时的桑干河即永定河是从石景山一带向东流的，奔向燕城也即幽州的西北角，然后南转，绕城西墙外向南流去。宋琪建议在"燕丹陵东北横堰此水"，就是在后来被称为金口的位置附近筑堰建闸，引桑干河入高粱河，使永定河水绕幽州城北，将幽州与辽军隔开。其设想的这条河道就是后来金代开凿金口河的基础。元至正二年（1342），元朝中书参议孛罗帖木儿等提议再开金口河时，中书左丞相许有壬极力反对，他说："西山水势高峻，亡金时，在都城（即金中都）之北流入郊野，纵有冲决，为害亦轻。今则在都城西南，与昔不同。"②可知，金末卢沟河还时有从中都城北往东流的现

---

① 《宋史》卷二百六十四《宋琪传》。
② 《元史》卷六十六《河渠志三》。

象。又，《马可·波罗游记》中曾经写道："汉八里城（金中都城）在契丹省的一条大江之上，自古以来就以雄伟庄严而骋名遐迩。……他（忽必烈）决定在江的对岸另建新都。……新旧都城只一江之隔。所都取名大都。"[1] 从地理位置判断，马可·波罗所说的这条新旧都城相隔的"大江"，就是从石景山向东沿金代开凿的金口河道流经中都城北的卢沟水。

元朝两次重开金口河失败之后，对永定河基本上以防范为主，不断加筑石景山到卢沟桥一段的堤坝。但永定河从卢沟桥以下仍呈一种自由分流的状态。《图经志书》是一部明代洪武年间官修的志书，它所记载一般是元朝最迟至明朝初年的情形。在其《宛平·山川条》中记：永定河"出卢沟桥下，东南至看丹口，冲决散漫，遂分而为三：其一分流往东南，从大兴县界至潞州北乡新河店（即今通州区南凉水河西岸之新河村），又东北流，达于通州高丽庄，入白潞河；其一东南经大兴县境清润店（今作青云店），过东安县，……其一南过良乡、固安、东安、永清等县，……与白潞河合流，入于海"[2]。关于元代永定河在看丹口以下的三支分派本章第一节中也已有陈述。总之，元代的永定河仍是沿着古永定河的㶟水故道行走。另据清代吴长元所辑《宸垣识略》记载，在元朝时今南苑、采育一带由于经常有永定河泛滥，遍布沼泽和沙滩[3]。

以上事例说明，辽金元时期虽已开始修筑永定河堤，但永定河在石景山至卢沟桥之间仍有较大的活动空间。但清朝筑堤以后，即使汛期时石景山至卢沟桥间的堤坝也经常溃决，但都很快被修补堵塞，卢沟桥以北向东再也没有形成过主流河道。也就是说，永定河从此成为一条从北京城郊西南角"路过"的河流，曾经穿越北京城的清河故道、古金沟河故道和㶟水故道从此成为永定河的历史遗迹。

---

① 陈开俊等译：《马可·波罗游记》，福建科学技术出版社，1981年，第95—96页。

② 《图经志书》，永乐大典辑本《顺天府志》（全一册），北京大学出版社，1983年，第272—273页。

③ ［清］吴长元：《宸垣识略》卷十二《郊坰一》，北京古籍出版社，1983年。

（二）永定河故道地貌及水环境改变

从永定河古河道分布示意图（见本书第五章图5-3）中，我们可以清楚地看到，北京的主要水源涵养区和供给地都在永定河的几条故道上。著名的湖泊园林昆明湖、圆明园等，著名的"万泉之地"——万泉庄、沼泽湿地海淀以及清河等都位于最北边的古清河故道；玉渊潭、莲花池、紫竹院、积水潭、后海、中南海、龙潭湖以及高梁河等水域都镶嵌在古金钩河故道洼地中；万泉寺、南海子（南苑）、凉水河、凤河等则是古灢水河道的遗存。这些水体的产生，要么是永定河流过后的积存，要么是永定河冲积扇的地下水溢出，就像永定河分出的枝权或毛细血管，向北京大地输送着丰沛的水源。永定河筑堤后，主流再也没有从这些故道上经过，不仅如此，由于石堤或石砌岸的阻挡以及泥沙淤积所造成的河床抬高，滔滔河水只能径直向下游流去，很难再通过自然下渗的方式补充地下水，从而使得这些古河道上的沼泽、湖泊、泉流缩小乃至消失，地下水位急剧下降。

首先，对北京城影响最大的永定河清河故道和金钩河故道上的水源供给，在明清时出现十分明显的减少。属于西山东麓支脉的玉泉山，正处于永定河冲积洪积扇的山前溢出带，山脚下原本随处可见清泉涌动，其水汇成溪流、湖泊，密布于今玉泉山、颐和园、温泉、海淀一带，一直是金元明清各朝营建都城、引水助漕、开田灌溉、兴修宫苑的重要水源。但明朝以后，有迹象表明这一水源已经开始衰减。元朝时从玉泉山独自流入太液池的金水河，到明代已是湮没废弃，而盘桓于紫禁城的内、外金水河只是从什刹海引出的两条小水渠。以此水源为唯一依赖的什刹海（积水潭）等内城河湖由于上游来水减少，湖面日渐萎缩。从《北京历史地图集》上对比元至正年间、明万历—崇祯年间、清乾隆年间、宣统年间直至民国时期的北京城区地图，就可以直观地看到什刹海（积水潭）水域面积的逐渐缩小。元朝时作为南北大运河终点，一度船桅林立、"舳舻蔽水"的积水潭（元人又称

"海子"），到明清时已被大片的街道和稻田蚕食①。元朝时曾为南北漕运带来辉煌的通惠河，到明清时已是运行维艰，难以为继。造成如此变化的原因，一方面是明朝修建北京城时对水系所做的重大调整：（1）将什刹海东边的一段通惠河划入了皇城，致使漕运码头只能移至今东便门外的大通桥；（2）在北边的昌平兴造皇陵，将其附近泉流水脉皆视为龙脉而禁止采用，导致通惠河上源只能单纯依赖玉泉山—昆明湖一带的西山水系。另一方面，则与西山水系水源客观上的减少密不可分。明嘉靖年间的吴仲曾说：通惠河"入国朝百六十余年，沙冲水击，几至湮塞，但上有白浮诸泉细流常涓涓焉"②。也就是说，除了源头白浮泉（属温榆河水系）尚有涓涓细流之外，沿途的泉流湖泊水量均不足以维持运河补给的需要了。由于水源短缺、河道多沙易淤，明成化、正德、嘉靖年间曾屡次耗费大量人力物力加以疏浚，但漕船通航的成效终究十分有限。清朝时，通惠河水源匮乏的情况继续严重，到了乾隆年间不得不对玉泉水系进行全面改造，实施了昆明湖水库工程和引西山诸泉入玉泉的石槽工程，但终因玉泉山一带地下水本身的式微而收效一时。曾有资料记载，明朝时玉泉山一带泉水出水时平地涌起一尺许。对此，清朝人表示记载失实，说只有半尺高。可见清朝时其出水量已经今非昔比了③。由于缺水，清朝时通惠河的码头已经远移到了通州。

其次，在京郊永定河的故道区域，由于筑堤约束下的河水不再光顾，加剧了湖泊萎缩干枯直至成为平陆的进程，典型的例子就是"下马飞放泊"和延芳淀的变迁。

今卢沟桥往东经丰台、南苑、马驹桥、采育一带地区，原为永定河漯水故道，历史上曾经泉眼成群、汊流众多，淀泊沼泽密布，人烟稀少，元代宫廷的著名游猎场所——下马飞放泊就是其中的一部分。

---

① 参见什刹海研究会等编：《什刹海志》，北京出版社，2003年。

② 吴仲：《通惠河志》卷上《通惠河考略》，齐鲁书社，1996年。

③ ［清］于敏中等：《日下旧闻考》卷八十五《国朝苑囿》引《寄园寄所寄》，北京古籍出版社，2001年。

到明朝时，下马飞放泊的水域面积开始缩小，但仍以其水四时不竭，汪洋若海，而被称为南海子。清朝前期，南海子被清廷作为皇家苑囿扩大修缮并严格保护起来，被称"南苑"。乾隆三十六年（1771）有一首诗《海子行》，对这一带的环境做了如下描述："元明以来南海子，周环一百六十里（引者按：元明诸家记载是一百六十里，而清人考证说不过一百二十里。可见南海子在萎缩）。七十二泉非信征（引者按：《日下旧闻考》记载元明时原有泉流72处，到清朝时已减少至23处了），五海至今诚有此（引者按：清人在此句下清楚标明：旧称三海，今实有五海。对比明清两朝南苑的地图可以发现，所谓五海其实就是原本烟波浩渺的三大片水域到清朝时已离析为五个小的湖泊，而且第四、第五个湖泊只有在夏秋时节才有水）。诸水实为凤河源，藉以荡浑防运穿。岁久淤于事疏治，无非本计廑黎元。蒲苇戟戟水漠漠，凫雁光辉鱼蟹乐。亦弗恒来施赠缴，徒说前朝飞放泊。……"[1] 从该诗中可以明显看到南苑一带水体的淤积、退化，但多少还保留了一些水草丰美的景象。但南苑之外的大片地区则自明代以来就不断地被开垦成农田，产生了大批新村落；清朝后期，这一带的垦区和村庄狂潮般地增加，南苑也出现了泉流干涸、水域缩减、万物凋零的破败景象。可见，这里的淀泊沼泽自明代已开始收缩、干涸，到清代后期已然成为大片农田。清朝大规模治理永定河，使这一区域里的水系发生了变化。雍正四年（1726），因筑堤切断了上游河源，遂重新疏浚了凉水河和凤河，改以万泉寺、凤凰嘴、柳村一带泉水作为其上源，从此它们彻底与永定河断绝了联系[2]，水量也随着上游泉脉的萎缩而变得越来越小。

　　顺古灅水河道再往东，在今通州境内、灅水和潞水交汇处附近，辽代时曾有一片宽阔的水域叫延芳淀，《辽史·地理志》记载其水

---

① ［清］于敏中等：《日下旧闻考》卷七十四《国朝苑囿》，北京古籍出版社，2001年。

② 孙承烈，宋力夫等：《灅水及其变迁》，《环境变迁研究》第一辑，海洋出版社，1984年。

面"方数百里"，是皇帝和贵族每年春季游猎的著名风景区。元代时，随着永定河的南迁，该水域开始变浅、缩小，并离析成马家庄飞放泊、栲栳垡飞放泊、南辛庄飞放泊、柳林海子和延芳淀几个较小的湖泊。到了清代中期以后，这些小湖泊就完全消失，衍为平陆了。

永定河故道上的水体萎缩和石质堤坝对河水渗透的严密阻隔，所带来的连锁反应就是地下水位下降和浅层地下水的水质恶化。地下水是与河流、湖泊等地表水相互补给的重要水源，如果缺少地表水的下渗补充，其水位和水质都会发生一系列变化。最初，蓟城的起源就是在莲花池附近、永定河冲积扇溢出带上，这里的地下水极其丰富。经考古发掘，仅在会城门至宣武门、和平门一线，就发现了151座从东周到西汉时期的瓦井①，这些水井距当时的地面最深不过五六米，大部分是食用水井，也有一些用于农田灌溉。到元大都时，城区各坊遍布水井，有很多以井命名的胡同，可见，居民的饮水在很大程度上还是依赖井水。在明代以前，很少有京城井水多苦的记载，而明清以后却屡见不鲜。清初进京的谈迁记载："京师天坛城河水甘，余多苦。……又故相石珤《酌泉诗》：'往往城中水，不如郊外甘。如何城市客，不肯住长安。'京师各巷，有汲者车水相售，不得溷汲，其苦水听之亡论。"②乾隆年间成书的《宸垣识略》也说："京城井水多咸苦不可饮，惟詹事府井水最佳，汲者甚众"；"天坛井泉甚甘洌，居人取汲焉。王士禛竹枝词：'京师土脉少甘泉，顾渚春芽枉费煎。只有天坛石甃好，清波一勺卖千钱'"③。这里的两段文字，正是京城甘甜井水"物以稀为贵"的写照。近人徐珂编纂的《清稗类钞》称："京师井水多苦，茗具三日不拭，则满积水

---

① 苏天钧：《北京西郊白云观遗址》，《考古》，1963年第3期。
② ［清］谈迁：《北游录》，中华书局，1960年。
③ ［清］吴长元：《宸垣识略》卷五《内城一》、卷九《外城一》，北京古籍出版社，1982年。

碱。……若大内饮料，则专取之玉泉山也。"[1]由于京城井水普遍苦涩多碱，皇帝及宫廷贵族们吃水要靠从玉泉山等地取甘泉水特供；有钱有势的人家要么自己打深井，要么从推车售水的水夫那里购买。到后来，普通百姓吃水也不得不花钱买。因此，自明清至民国，北京一直活跃着一个专门的卖水行业。有关京城井水水质变化的过程，从民间盛传的一则"高亮赶水"的传说中也能得到印证。该故事说的是明修北京城时，刘伯温派手下大将高亮去追赶龙王龙母要回水源，结果高亮不小心捅破了龙王龙母装满苦水的水篓，从此整个北京城的水都变成了苦水。从这则传说起源的时间看，北京城地下水质开始恶化的时间应该是在明朝以后。

上述这些变化固然有社会因素（比如政策带动、人口增加、城市扩张等）在起作用，但永定河主流被彻底移出原有河谷是其地貌改观和水环境变迁的地理基础。正是这些改变，给北京城的水源供给带来了重大影响。从此，北京只能转向东北求诸以潮白河水系为主的水源。清末，北京第一座自来水厂——孙河水厂就是建立在隶属潮白河水系的温榆河畔。

（三）下游地区的湖泊淤塞和生态退化

上文提到，除了对北京城的直接危害有所减少外，清朝永定河在北京以南区域泛滥成灾的次数远远高于前朝。这是因为永定河的洪水被中段的大堤锁住而未能在京城西南部作乱。但它奔流东去或南下，要么漫流于固安、霸州、永清，要么冲入大兴、东安、通州、武清，回顶潮白河水流，致使通州、武清一带泛滥成灾。清朝时，在北至凉水河，西至今小清河—白沟之间广阔的扇形区域内，永定河决堤、改道、泛滥成灾的频率很高，而且愈演愈烈。据《光绪顺天府志》和《畿辅通志》两书中记载的史料统计，有清一代，永定河下游较大的改道有20次，其中，康熙三十七年（1698）以前的只有3次，也就

---

① 徐珂：《清稗类钞》，中华书局，1986年。

是说，筑堤之后其下游的改道泛滥，在康熙三十七年至同治十一年（1872）间却有17次之多，几乎每十年就有一次。

应该说，上述情况与康熙年间大规模修堤有着密切的关系。在此之前，卢沟桥以下没有完整的堤防，一到汛期，洪水漫流，虽然会淹没许多土地和村庄，但水势分散，消落得也快；被淹浸的土地往往不粪而沃，带来后季的丰收。但大堤筑起之后，河水被严密地约束在大堤之内，大量泥沙淤积在河床中，使永定河变成了"地上河"；又有大量泥沙壅塞在河口处，使河水不得畅流，从而导致清中后期永定河下游频频决口改道。也就是说，中游坚固严密的堤坝把洪水夹紧、往下游驱赶，其间不仅加大了洪水的势能，还增加了泥沙的下泄和往下游淤积，把洪水的致灾因子翻倍地传送到了下游地区。对此，时人也有清醒认识。据《光绪顺天府志·河渠志六·河工二》记载：乾隆元年（1736）八月"总理事务王大臣九清议奏……卢沟桥以下，从前至霸州……原无堤岸，因迁徙无定，设遇大水，散漫于数百里，深处不过尺许，浅止数寸，沙淤多沉于田亩，……虽民田间有淹没，次年收麦一季更觉丰裕，命为一水一麦。雍正三年，见胜方大淀淤成高阜，清水几无达津之路。雍正五年，于郭家务另为挑河堤，引入三角淀，亦淤为平地，前后数十年来，没有漫溢，今年更甚。"又据《光绪顺天府志·河渠志六·河工二》乾隆六年（1741）记载："本年九月初一日，直隶总督孙嘉淦奏称：永定河从前散流于固安、霸州之野，泥留田间，而清水归淀，间有漫溢，不为大害。自筑堤束水以来，始有溃堤淤垫之患。"因此，在关于永定河筑堤的具体方案上清朝一直有着两派之争，比如乾隆朝时，以顾琮、孙嘉淦为代表的"复其故道""无堤无岸""不治而治"法和以鄂尔泰为代表的"建闸坝、开减河、导下口"法。但迫于安全计，基本还是以筑堤派占上风。

下游频繁的水灾又带来了地面淤高、土地沙化、湖沼湮废等一系列问题。据《清代海河滦河洪涝档案史料》《华北、东北地区五百年旱涝史料》等收集的文献记载统计，1470—1956年近500年间，永定河决口改道造成永清、东安、安次等县大水达56次之多，平均八九年一次，迫使安次、东安等县城搬迁。永定河每泛必淤，笔者前往永定河下游各区县考察时发现：在永清，隋代的一口水井已经被埋在地面十米以下；在廊坊，明代万历年间竖起的高三四米的刘体乾墓碑仅仅露出一个碑头；永定河故道岸边的土壤剖面，清晰地展示着一层砾石一层粗砂再一层细土这样叠加、重复了十几层的河流泛淤痕迹。走在曾经是河道的地方，一脚踩下仿佛脚底是厚厚的面粉，放眼望去映入眼帘是漫漫黄沙。据有关部门监测研究表明，永定河下游地区现有沙地面积约2000平方公里，成为京津地区沙尘主要来源之一[①]。永定河下游全新世遗留下来的一些湖泊，如《水经注》《旧唐书》等古籍中记载的九十九淀，到清朝中后期已是"皆不可胪举，其散见于宋、辽、金史者，今或淤废，或传闻讹舛，所可指者，不过四十余，……而统言之，则东、西两淀。"[②]就是这残存的两大淀泊，自康熙三十七年（1698）筑堤之后，永定河每泛滥一次就"淤东淀十之三"或"十之五六"[③]。以至于200多年后的今天，西淀尚能见到一点模样，就是著名的白洋淀及其附近淀泊群，而原本面积更大的东淀却早已无影无踪。

（四）对历史上永定河治理之流域环境效应的反思

就整个水系或流域而言，给中游带来"水利"的工程未必不是使下游遭受"水害"的诱因。清朝乾隆皇帝曾作过数首以《过卢沟桥》为题的诗，表现了对当时采取的治河策略的无奈。乾隆十五年（1750）诗云："过此为桑干，古以不治治。筑堤岂得已？皇祖为民计。……束手苦乏策，无已示大意。"一方面赞颂康熙不得已而筑堤

---

① 高尚武等：《京津廊坊地区风沙污染及防治对策研究》，《环境科学》，1984年第5期。

② ［清］于敏中等：《日下旧闻考》卷一百十九《京畿·霸州一》引乾隆《御制淀神祠碑文》，北京古籍出版社，2001年。

③ 《光绪畿辅通志》卷七十八《河渠略·水道四》，河北人民出版社，1989年。

的功绩，另一方面又对筑堤后的新问题感到束手无策。其所言新问题就是，修筑河堤之后，"知其每岁加高，河底淤填，如以墙束水"。乾隆二十年（1755）的《御制过卢沟桥诗》写道："堤长河亦随之长，行水墙上徒劳人。我欲弃地使让水，安得余地置彼民？或云地亦不必让，但弃堤防水自循。言之似易行不易，今古异宜难具论。"①诗中点明了筑堤后的两个关键问题——河患向下游延伸以及地上河（泥沙淤积）的形成。他指出，日益增加的人口与无法驯服的河水，都在争夺数量有限的土地，两种方略都无法兼顾治理河患与人民生存的矛盾，适用于古代的方法未必符合今天的情况，孰是孰非、如何行动都难以说清。在其后的各首诗中，也不乏"惭愧终无永逸方""作堤已逮骑墙势""无奈漾流筹下口，一劳永逸正难焉""惭乏安澜术，事神敢弗诚"之类的语句，表达了治理永定河的困境。

纵观永定河的水利开发历史，可以发现永定河河性变迁的关键在于：整个流域被过度开发，上游植被自辽代以来就遭受了被滥砍滥伐的命运，致使上游地区呈现水源短缺和植被稀少之态，中下游河道河水浑浊、含沙量大；而日益固定的堤岸彻底改变了永定河出山后摆动分流的自然风貌，使得河床淤高，进一步加大了决堤的危险和下游的泥沙沉积。同时，导致涵养京城水源的几条永定河故道出现水体萎缩、湖泊湮废、地下水位下降、水质恶化等问题，对流域内原有水环境也造成不可估量的破坏。形象地描述就是这样一幅怪状：一方面，滔滔洪水涌来，不得不加高堤防；另一方面却是原有的河道日见干涸、沿岸水土退化，珍贵的河水被堤岸包裹着直接往下"赶"，把水灾与环境退化的危机继续延伸到下游。

永定河真正安澜永定，是在中华人民共和国成立以后，这一方面得益于水利事业发展的巨大成就，另一方面也与整个流域范围内水源急剧减少有关。20世纪50年代至80年代，先后修建了官厅水库和卢

---

① ［清］于敏中等：《日下旧闻考》卷九十三《郊坰西三》，北京古籍出版社，2001年。

沟桥分洪枢纽工程，从此远离了永定河水患。但是，也彻底改变了永定河的面貌。

从清泉河到浑河，从无定河到永定河，其中，有多少是大自然的造化？又有多少是人类活动使然？母亲河曾经为城市的发展奉献了全部，而人类又给它回报了什么？这是非常值得深思的问题。

第七章

文脉悠长
——永定河文化

永定河既是一条蜿蜒奔腾的水脉，又是一条五彩纷呈的文脉。永定河文化是对人类在永定河流域的地理环境中，利用各种自然资源和人文资源，世世代代所创造的、为历史传承而积淀下来的流域文化的统称。它体现在流域内人们生产、生活的方方面面，内容涉及山水、交通、聚落、军事、宗教、民俗、科技、文艺、园林、煤业等多个类别，在古都北京的文化谱系中居于母体文化的地位，深刻影响着北京地域文化的形成和发展。

永定河跨越了晋北高原与华北平原两大地理单元，沿途经过畜牧与农耕两类经济区域，河谷地带就成为南北民族交往、商贸往来的通道，各种文化于此交汇融合。唐代以前，中国的政治、文化中心在西安或洛阳，形成了辉煌的秦晋文化、河洛文化。其后的辽、金、元、明、清各朝相继建都北京，中国的文化中心也随之东移。永定河谷地正是"东移"的路径之一，它不仅为秦晋文化与燕赵文化的沟通，更为西北少数民族与中原汉民族的交流创造了有利条件，从而使新的文化中心得以落户北京。受其影响，永定河流域的文化具有历史悠久、内涵丰富、包容大气、底蕴深厚的特点，流域内的名山大川、聚落城堡、水利交通、宗教传统以及民间风俗等，无不映射着华夏民族融合发展的历史进程。从中华文明的演进空间和发展脉络来看，永定河沿岸各区域因地缘相接、人缘相亲、商路相连、文脉相通，天然构成了一条特色鲜明、风景亮丽的大文化带。

第一节　厚德载物、哺育京城的水文化

　　水是河流的主体，也是流域文化的载体。围绕开发利用永定河的水源和水利而形成发展的水文化，构成了永定河文化的基础和主导，反映了人类在利用水源、水利过程中所创造的物质文明和精神财富。永定河水对于北京最重要的文化意义就在于——它是北京的母亲河，这是人们对永定河的作用、地位及其文化属性的定位，是永定河文化的核心内涵。

　　永定河水哺育了北京城的成长壮大，这是北京城市发展史的基本事实。首先，永定河水出山后所形成的洪积冲积扇，为北京城的形成和发展提供了地域空间。其次，永定河上的古渡口与其所连接的南北陆路大道，是北京城原始聚落形成的决定性因素。卢沟古渡口以及金朝以来修建的卢沟桥，作为八百多年间南来北往、进出北京城的咽喉要道，留下了无数波澜壮阔的历史画卷。永定河的水曾经长期是北京人生活、生产的重要水源，塑造了北京城市水系的基本格局和城里城外各种园林苑囿的美丽景观以及中上游地区历史上茂密的森林，在为北京城提供了丰富的建材和大量木柴木炭的同时，它还凭借着自身的运力，承担着这些建材和能源向京城的输送任务。金、元、明、清时期，永定河的一部分水曾经输入北运河，为北京的经济命脉——漕运发挥过重要作用。可以说，北京三千多年的建城史、八百余年的建都史，都与永定河的变迁息息相关。

　　永定河水文化的精神则体现在：一方面，永定河水厚德载物，传播文明，为文化的传承发展提供活水源头；另一方面，永定河水激流奋进，摧枯拉朽，向着未来锐意开拓创新。在这种精神的引导下，北京城的各个历史时期，都有人们为开发、利用永定河水而创造的水利工程和科学成果，有的保存至今，成为十分重要的文化遗产。

　　金中都水关遗址和莲花池遗址：从蓟城初立，到战国燕都、唐幽州城、辽南京城、金中都城，都是由蓟城在同一地点发展起来的不同阶段的城市。它们的主要水源都是城西之大湖，又称西湖，即今莲花池的前身。据《水经注·㶟水》记载，它是永定河河床上的一个潴水湖，"东西二里，南北三里，……渌水澄澹，川庭望远，亦为游瞩之胜所也"。湖水下泄而成的洗马沟（相当于今莲花池河），沿蓟城西南而流，曾是蓟城护城壕的一部分。金朝在此建中都城后，将洗马沟圈入城内，并引西湖水入皇城，流经皇城前天津桥（亦称龙津桥）下，又东南流出城外。沿河兴建了皇家园林——同乐园（又称西华潭）和鱼藻池（又名琼林苑）。该河之于金中都，犹如明清北京城内的金水河，具有极其重要的皇权象征意义。已发现的金中都水关遗址，就是这条"金水河"流出中都南城墙下的遗迹。由于西湖水系在北京都城史上具有特殊的标志性意义，如今北京市政府将古代西湖的遗存——莲花池加以修整保护，为后代留下了永定河曾作为金中都唯一水源的重要历史证据和文化印迹。

金口与金口河：金、元时期为保都城命脉大运河的通畅，永定河水曾作为引水济漕的首选。金世宗大定十二年（1172），首次从石景山北麓金口（原石景山发电厂附近）挖开渠口引水，向东南经北辛安村南、古城北，田村南、老山北，又东经铁家坟北、篱笆店南、定慧寺南，东至今玉渊潭、木樨地东南入金中都北护城壕，是为金口河。它下接金代闸河河道，东至通州。由于未能处理好泥沙和河道落差问题，渠成后引来了永定河的洪水之患，不得不将金口堵塞。及至元初，在郭守敬主持下，采取了在金口之上另开深广的减水河以防患于未然的工程措施，使得金口河从至元三年（1266）到大德五年（1301）成功利用了35年，为元代兴修大都城运输山石、木料等大量建筑材料发挥了重要作用。元末重开金口河，因政治腐败、国力衰退和缺乏科学规划而再次归于失败。正是这一成两败，为后世开渠导引永定河水提供了极其宝贵的经验和教训，在北京水利史上留下了可圈可点的一页。

戾陵堰和车箱渠：戾陵堰与车箱渠是北京历史上第一个大规模引永定河水灌溉土地的水利工程，是三国时期魏国的镇北将军刘靖创修。该工程后来几经重修，其效益历三国魏至西晋，持续数十年之久。所引永定河（时称灢水）水灌溉了蓟城南北广阔的土地，"凡所润含四五百里，所灌田万有余顷"①。北朝时，幽州刺史斛律羡利用车箱渠故道，将永定河水先向东再向北引，与易京水（即温榆河）合，东注潞水（白河），开发漕运，使车箱渠的灌溉功能进一步扩大。此外，永定河出山口一带是引水灌溉效益最佳的地段之一，这里还有很多古人兴修的中小型水利工程的遗迹，现大都保留在门头沟区及石景山区境内，比如兴隆沟坝、公议沟、城龙灌渠等。

人们在同永定河水害做斗争的过程中，既产生了诸如敬畏、崇拜龙王或河神的民间信仰，从而留下了三家店龙王庙、卢沟河神庙（又名南惠济庙或龙神庙）等文化遗迹；也发挥了"人定胜天"的无畏精神，创造了一个个抵御灾害的历史奇迹，留下了丰富的治水经验和教训。

图7-1　石景山"十八蹬"古堤遗迹（吴文涛摄）

永定河大堤：永定河的筑堤防洪，一直是永定河流域历史上的一

---

① 《三国志》卷十五《刘馥传附刘靖》，中华书局，1997年。

件大事，也是我国治水史上的一项重大成就。永定河大规模筑堤始于金代，在清代走向高峰。康熙三十七年（1698），康熙帝亲自巡视永定河，命直隶巡抚于成龙负责在两岸修筑了长达180余里的新堤以根治水患，并从此改名为"永定河"。此后几位皇帝当政也多有建树，不断完善大堤。于今留下了清代水志（即水尺，位于卢沟桥北东堤300米堤根内）、古长条石堤（位于卢沟桥分洪闸北东堤500米堤墙中部）、金门闸、冯公堤、求贤坝、十八蹬（见图7-1）等珍贵的堤坝遗迹。宏伟的永定河大堤曾经给两岸人民提供了安全保障，也带来了一系列生态环境和地理环境的改变。有关永定河筑堤的理论、思想、工程技术、管理制度及其经验和教训，本身就是一笔丰厚的文化财富，至今仍在发挥重要影响。

卢沟桥：卢沟桥位于太行山东麓今丰台区长辛店镇永定河畔，曾是永定河的著名渡口，发挥着沟通南北、出入京城的咽喉作用。桥始建于金大定二十九年（1189），明昌三年（1192）三月竣工，本名"广利桥"，因所跨的河流名"卢沟"而得此名。明正统九年（1444）、清康熙三十七年（1698）等年份都进行过大规模修复。该桥历经八百多年的历史，其形制、桥基、桥身部分构件和石雕仍为金代原物且基本完好，桥身承载能力巨大而沉陷度极小，直到1985年才废止其交通运输功能。历史上无数的文人墨客、商旅行贾、达官贵人自这里匆匆走过，为它留下了浩若烟海的诗词歌赋，形成了卢沟桥诗词的文化景观。在传自金朝的"燕京八景"之中，"卢沟晓月"也是最为人们所熟悉和称道的一景。元代意大利旅行家马可·波罗盛赞卢沟桥"是世界上无与伦比的大石桥"，其"造桥技术的高超绝伦"[1]，因而被欧洲人称为"马可·波罗桥"。总之，它是我国古代桥梁建筑史上的杰作和北京历史文化遗产的经典代表。1937年七七事变发生在这里，又使它成为中华儿女奋进抗争之民族精神的象征。

---

① 梁生智译：《马可·波罗游记》第二卷，中国文史出版社，1998年。

第二节　自然风光和人文底蕴交相辉映的名山文化

　　永定河水滋润万物，也塑造了沿岸秀美的山川。永定河流域的很多山脉拥有丰富的文物古迹、产生过大量诗词文章、有过历代帝王活动、发生过著名的战争等，留下了宗教、民俗、历史传说、民间故事等独特而灿烂的名山文化。这些富含人文底蕴的名山，大都集中在中、上游地区，尤其是在延庆—怀来—涿鹿盆地和永定河大峡谷地段，形成了几片大的历史文化区。本文前三章对北京西山范围内的名山已有专门介绍，在此不再重复，只对永定河上游地区的名山再做简单介绍。

　　大翮山、小翮山：位于延庆区西北，得名于秦朝著名书法家王次仲的传说故事。王次仲，上谷郡沮阳县（今河北怀来大古城附近）人，民间传说由于他创造了一种便于书写的文字——八分书，秦始皇召见他，竟然三召而不至，都被王次仲拒绝了。于是秦始皇大怒，派人去抓他并将其押往咸阳。但在途经海坨山时，王变成一只大鸟飞出囚笼，羽毛（翮）落在海坨山附近，此后，海坨山的其中两座山峰就被称为大翮山和小翮山了。

　　松山：位于延庆区西北张山营镇，面积4660公顷，是国家级自然保护区。有佛峪口水库、西沟、塘子沟、八仙洞、松树梁、海陀山六个自然风景区，其中既有松海云涛、云松观湖、金蟾望月、松月印潭等自然美景，也有王次仲庙、玉皇庙、八仙洞、七眼洞等人文景观，尤以古崖居景区引人关注。幽静的峡谷中、陡峭的山崖上，有一大片人工修凿而成、相邻互通的石壁居室，犹如村寨一般。这是我国目前发现的规模最大的崖居遗址，但到底是什么时期、什么人开凿修建的，至今仍然是个谜。

　　缙山：在延庆区东北、妫水河上游，亦名缙阳山、龙安山。《明一统志》《清一统志》均有记载。相传黄帝又号缙云氏，故此山也很可能与黄帝的传说有关。辽、金、元时，都曾于该山的西南麓置缙山县（其故址即今延庆区东北旧县村），属儒州。因元仁宗诞生于该县的香水园，于是升县为州，单设一龙庆州，为今延庆区的前身。

阪山：位于延庆区西北部张山营镇，山脚下因有阪泉而出现上阪泉和下阪泉两村。据《明一统志》记载称："轩辕与炎帝战于阪泉野，即此。"[1]顾祖禹《读史方舆纪要》也称："阪泉山在延庆州西，相传轩辕与炎帝战于阪泉之野，即此山也。亦曰阪山。"[2]另外如《太平环宇记》、乾隆《延庆州志》等方志，也都有类似记载。由此判断这里是中华民族始祖炎黄二帝阪泉之战的遗址，也还是有一些道理的，至少它们提供了一些有利线索。前文亦说到，黄帝轩辕氏又号缙云氏，而延庆现在的缙山又古称缙云山，似乎也是一种佐证。但相邻的河北涿鹿县也有阪泉，也有关于炎黄二帝的传说遗迹和地名留存，因此也被认为是阪泉之战的发生地。虽然这些争议尚无定论，但阪山、阪泉之名在这一带重复出现，应该还是与炎黄二帝曾在附近的活动有关。

因与北京关系密切，我们将关注的重点自然地放在了位于北京段内的永定河畔的名山。但其实，在永定河更上游的地方，还有一些更重要的历史文化名山，如怀来—涿鹿盆地里的涿鹿山、桥山、历山（釜山）等，它们也都与炎帝、黄帝、蚩尤、尧、舜的活动轨迹有关，说明上古时期华夏始祖的确在这一带有过广泛的活动，也从侧面反映了永定河上游是中华民族的发源地之一，永定河流域的文化定位很高。还有如历史上著名的战场——野狐岭、中华佛教名山——五台山、五岳之一的北岳恒山以及拥有中国三大石窟群之一的云冈石窟的大同武周山。它们都是永定河流域的文化明珠，是永定河山水文化的重要组成部分，在中华民族的发展史上留下过浓墨重彩的一笔。

总之，像这样既有自然风光又有人文内涵的文化名山，在永定河

---

① 《大明一统志》卷五《隆庆州·山川》，三秦出版社，1990年。
② ［清］顾祖禹：《读史方舆纪要》卷十七《延庆州下》，中华书局，2005年。

流域的中上游地区分布非常之多，反映了永定河文化对于中华文明的构成具有极其重要的作用。山上诸多历史悠久的名胜古迹、人文传说，是祖国大好河山与几千年灿烂文明的集中体现，是极其宝贵的历史文化资源。山有魂、水有灵，这也是永定河文化魅力的最主要体现，对此，一定要予以珍惜保护，善加利用。

第三节　四通八达、居重驭轻的交通文化

永定河流域跨越高原与平原、游牧和农耕两大地理板块和文化板块的特征，对流域内的古代交通文化产生重要影响。出于不同民族、不同经济带和不同文化区域之间人员往来、商贸交往与文化交流的需求，一些穿越山涧谷地的交通路线被很早开辟出来，著名的如居庸关大道、雁门关大道、飞狐口大道、矾山堡大道、黑峪口大道、洗马林大道、膳房堡大道等，都是自古以来长城以北地区进出中原的交通要道。

不同历史时期的御道也都有通过永定河流域的。秦始皇统一六国后，大修驰道："为驰道于天下，东穷燕、齐，南极吴、楚，江湖之上、濒海之观，毕至。道宽五十步，三丈而树，厚筑其外，隐以金椎（铁桩），树以青松。"①驰道是秦始皇巡行各地时行驶马车的大道，相当于现代的国家级高速公路。北通燕、齐，南及吴、楚，凡江河湖海，都能通达。道路宽阔平直，路基厚实坚固，路旁青松护卫。这在我国交通发展史上具有里程碑式的意义。秦始皇三十二年（前215）东巡碣石（今河北昌黎县北），后又巡视北边，最后由上郡（治肤施，今陕北榆林南）返回国都咸阳。毫无疑问，他是先经由太行山东麓驰道到蓟城，再经燕山南麓驰道到达碣石，然后返回蓟城，再循西北驰道出居庸关，经上谷郡（治所在官厅水库以南大古城村）、代郡（治所即今蔚县东代王城）、雁门郡（治善无，故址在今山西偏关）等，然后过黄河回到咸阳。秦始皇的这次东巡、北巡路线反映了永定河上游流域的驰道状况。此后，汉高祖征伐燕王臧荼，光武帝北巡蓟城，曹操北征乌桓，隋炀帝和唐太宗用兵辽东，也都经行过这条秦代驰道或其部分。隋唐时期还在其基础上加以修缮，改造成为"御道"。

元朝皇帝经常往返于大都与上都之间。大都即今北京，上都在

---

① 《汉书》卷五十一《贾山传》，中华书局，1962年。

滦河上游的开平府。每年春季，元帝便率后妃及百官到上都过夏避暑，秋天再回到大都过冬御寒。因此，元代大都与上都之间的交通十分重要。它主要分为东、西两路（见图7-2）：东路进出古北口，西路进出居庸关，而西路居庸关一线必须穿行永定河流域内。从大都城出居庸关后，路又分两道：一道东北行，经缙山县（今旧县）、黑峪口、白河堡、龙门所，东出长城，顺黑河上游河谷西北

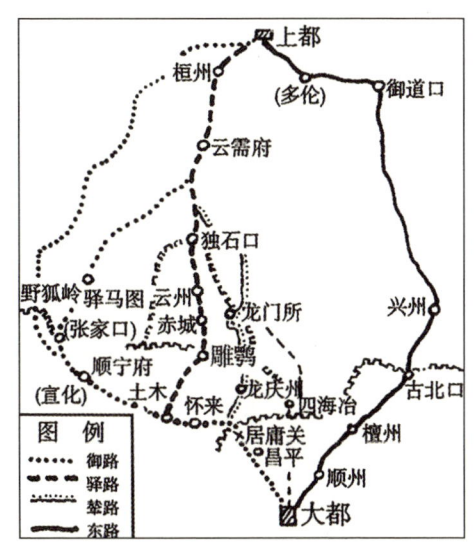

图 7-2 元大都—元上都间的交通略图

行，达滦河源地，再北趋上都。这条路在元代称为"辇路"，又以所经之地俗称"缙山道""色泽岭道""黑峪道"等，常常遣官发兵修治，在《元史》中多有记载。另一道西行，经榆林堡、怀来（旧城）、狼山、土木，至土木又分二途：一途北行，经洪站、雕鹗堡、赤城、云州堡，出独石口，北趋上都，被称为驿路，即驿传经行之路；另一途由土木继续西行，经沙城、雷家站（今新保安）、鸡鸣驿、下花园、宣化、沙岭，出张家口，越野狐岭，转东北行至上都，被称为御路，即元代皇帝经常走的一条路。御路、驿路、辇路在居庸关外分枝，入居庸关后合一，统为元代大都与上都间往来经行的西道，是永定河流域著名的古道。

　　明代时，这些古道的功能与地位更为重要，它们通往宣化、大同、独石口等边防卫所，直接维系着明京师北京的安危。

　　除了这些国家级的"御路"干道，永定河流域的山间小路也是密如蛛网，功能繁多。比如在北京门头沟区（见图7-3），既有北京通往西山腹地的交通要道，也有联系险关要塞、边城重镇的军用山道；既有外运煤炭、山货的商旅之道，也有四面八方到妙峰山进香赶会的香

道。由于保存较好，这些古道保留了很多历史的记忆和古朴风貌：有的沿河岸蜿蜒曲折，有的越山岭盘旋上下，有的穿峡谷望天一线，有的傍悬崖俯视深涧。古道上光滑的路石、深陷的蹄窝以及荒草蔓菁、残碑断桥，都叙述着它的悠久历史和沧桑之变。门头沟区的山间古道是永定河上游流域开发历史的见证，具有典型的交通文化意义。

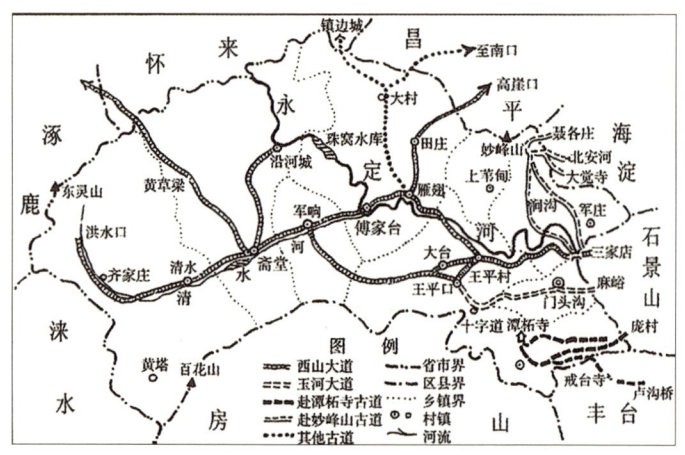

图 7-3　门头沟区古道图

第四节　反映民族融合和历史演进的古都、古城、古村落文化

　　作为我国文明发源地之一，永定河流域拥有一批著名的古都、古城、古村落，类型十分丰富而且典型，构成了永定河文化中极具特色的内容。

　　永定河水孕育出的古都，除了北京这中国第一大古都之外，还有一个第九大古都——大同。大同始名平邑、平城，"东连上谷（今河北北部），南达并恒（今山西中南部），西界黄河，北控沙漠，居边隅之要塞，为京师之藩屏"（顾祖禹《读史方舆纪要》），自秦汉以来就是军事重镇。公元396年成为入主中原的鲜卑族政权——北魏的首都，历时97年；辽、金时期称为西京，先后是契丹和蒙古政权的重要陪都；明朝时作为九边重镇之首，被称为"北方锁钥"，是与长城沿线卫所、堡城、关隘等共同构成的严密军事防御体系的中心。因为北方民族和中原民族长期在此拉锯、争夺，大同城不仅有着严整的城堡格局，同时也成为民族交往和文化融合之都。农耕文化和游牧文化在此碰撞、交融，留下了大量丰富而独特的文化印记，它们见证了中华民族融合发展的历程。

　　除了这两大古都，还有一个传说时代的黄帝之都涿鹿（今涿鹿东南四十里之古城）、西周末年北狄人所建立的代国的王都——代王城（今蔚县东之代王城），以及后来元朝时一度建立的元中都（即旺兀察都，在今河北张北县西北）。这些都城，上溯华夏始祖黄帝之都，下及当代共和国首都，贯通了中华五千年文明发展史；既有首都，又有陪都；既有割据政权之都，又有大一统王朝之都；既有中原汉王朝之都，又有北方游牧民族之都；数量众多，类型齐全，构成了一个区域性的古都群落。它们相继在永定河流域的出现，表明永定河流域的开发与中华五千年文明史同步，永定河在中华多民族融合进程中具有纽带作用；同时，也直观地反映了中国都城变迁的历史轨迹和首都北京

的成长历程。这是永定河流域文化中最为突出的亮点和价值所在。

除上述古都外，永定河流域还有许多不同时代作为郡、州、府、县治所的古城，这反映出永定河流域行政建置的历史十分悠久。据《汉书·地理志》记载，自秦汉以来这里就分属雁门、代郡、上谷、广阳、渤海等郡国治理。雁门郡领14县，其中有11县在永定河流域；代郡领18县，其中有16县在永定河流域；上谷郡领15县，亦有13县在永定河流域；广阳国领4县，全在永定河流域；此外，渔阳郡之潞、雍奴、泉州，涿郡之阳乡、临乡、益昌，渤海郡之安次等，也在永定河下游流域。仅西汉一代，永定河流域即有50多个郡、县的城邑。后世置建的古城也很多，如永定河中上游流域的清宣化府境内（相当于今张家口地区长城以内地域），据《嘉庆重修一统志》记载，就有代县故城、永兴故城、矾山故城、宣德废县城、阳门废县城、宣平废县城、灵仙废县城、定安废县城、缙山废县城、龙门旧县城、怀安旧县城、永宁旧县城、顺圣旧县城、清夷军城（可汗州城）、零丁城、宁武城、六郎城、代东城、沙城、九王城、冈城、隆镇卫城、药师城、平原城、无乡城、蚩尤城、雍洛城、万全右卫城、故蔚州卫城、故延庆卫城、狼山府城等。这些所谓废城、旧县，有的曾为州县治所，有的则是元、明军卫驻地或屯军的营垒。它们作为曾经重要的行政建置，其遗址或地名的存在展现了区域历史发展的脉络，起到了时空标志的作用。

出于战争防御的需要，在永定河中上游地区遍布大大小小的古城堡，如新平堡、得胜堡、开阳堡、榆林堡、土木堡、鸡鸣驿堡、双营、柳沟营、岔道城、沿河城、斋堂城、柴沟堡等。它们都有高大厚实的土筑墙垣，有的还甃以砖石，坚固、方正，自成一体。这种城堡形态的古村落在永定河流域普遍存在，显示出民族交错地带的聚落特征。许多古城堡至今仍见残垣断壁、沧桑印痕，仿佛历史的定格或缩影。

永定河流域还有不少从人类早期聚落一直延续发展下来的古村落，作为区域历史发展的印记，具有不可忽视的文化意义。相比于历史发展中相对后起的城市文化，村落文化更能体现人类的初始特征，更接近于整个人类文化的本原。尤其是永定河中上游山区的一些村落，有的由于地处偏僻，没有受到过多破坏或改造，保留了较多历史风貌，包括古老的街道肌理、建筑格局和完整的民居院落；有的因经济和人口发展比较稳定，历史传承性较好，保留了一些传统的民风民俗、民间文艺、传统工艺等非物质文化遗产。目前，被列入第一批中国传统村落名录的：北京市有9个，其中门头沟区占6个，即斋堂镇爨底下（见图7-4）、灵水、三家店、琉璃渠、黄岭西村，雁翅镇苇子水村，还有房山区南窖乡水峪村，延庆区八达岭镇岔道村，几乎全部分布在永定河流域；河北省32个，其中张家口市7个，即怀来县鸡鸣驿乡鸡鸣驿村、蔚县南留庄镇南留庄村、涌泉庄乡北方城村、暖泉镇北官堡村、暖泉镇西古堡村、宋家庄镇上苏庄村、阳原县浮图讲乡开阳村，全部分布在永定河流域；山西省48个，其中大同地区有2个，即天镇县新平堡镇新平堡村和灵丘县红石塄乡觉山村。列入第二批中国传统村落名录的：北京市有4个，其中门头沟区占2个，即大台街道千军台村、斋堂镇马栏村；河北省7个，其中张家口市有2个，即蔚县南留庄镇水东堡、南留庄镇水西堡；山西省22个，其中有忻州

图7-4　门头沟区爨底下村

281

市宁武县涔山乡的小石门村，这是永定河流域的发源地。列入第三批中国传统村落名录的：北京市有3个，其中门头沟区就占2个，即雁翅镇碣石村和斋堂镇沿河城村；河北省18个，其中张家口市占7个，而其中蔚县南留庄镇白后堡村和曹疃村就位于永定河流域。山西省59个，其中有3个与永定河流域息息相关，即大同新荣区堡子湾乡得胜堡村、浑源县永安镇神溪村以及朔州市山阴县张家庄乡旧广武村。还有一些是列入了各省市的古村落保护名录。它们都保留了丰富的历史文化信息，具有深厚的历史文化价值。

永定河流域古城堡、古村落的形成发展，与北京这一古老都城的发展历程密不可分，与其首都的地位和城市生活的特殊性息息相关。它们所展示的，是既富有地域特色而又与古都文化相关的另一种文化形态，是正在日益消逝的传统文化习俗和乡村生活形态的活化石。在永定河流域包括河北、山西等地，像这样极具历史文化的可见性、对比性和延续性的古村落还有很多，这是一笔珍贵而丰厚的历史文化资源。

第五节 刀光剑影、可歌可泣的军事文化

　　永定河流域是不同民族和文化接触、碰撞的过渡带，因而历史上也是战争频仍的军事争夺要地。无数的战争曾发生在这里，留下了众多可歌可泣的历史故事和悲壮诗篇。其中，既有实现中华民族第一次大一统的"炎黄阪泉之战"，也有为中华人民共和国诞生而奠基的解放战争三大战役之一的"平津战役"；既有各民族自立为王逐鹿中原的所谓"五胡乱华"，也有藩镇割据、军阀混战时期的狼烟四起；既有体现贤臣忠诚智慧的汉高祖白登山之战，也有反映奸臣乱政导致皇帝被俘的明英宗"土木之变"；既有改朝换代之际新政权对旧势力的清剿，也有民族危亡时刻被压迫民族对侵略者的抗争。可以说，历史上发生在永定河流域的战争，覆盖了整部中华民族的斗争史，具有极其丰富而深厚的军事文化内涵。

　　无数的战争也留下了长城、要塞、堡垒等众多军事设施。长城从秦汉时的土垒边墙到最终成为烽堠相望、敌台林立、城墙绵亘、堡垒纵深的巨大防御体系，是两千多年历代王朝为维护民族利益进行防御或抗争的智慧积淀。其目的虽以军事防御为主，但也在客观上成为南北民族间文化、经济交流的纽带。

　　今永定河上游及北京周边地区可见的长城及其附属城堡多是明代遗留下来的，北京门头沟区和延庆区内就有很多这样的代表。如门头沟区的沿河城、斋堂城，它们互为掎角，构成呼应互援之势，现基本轮廓都保留尚好。延庆区的八达岭长城已是扬名中外的文化名胜。其城堡文化内容更加丰富，功能更加多样。不仅是兵营，还有邮政通信功能，称为驿站。有的城堡内还设有"暖铺"，类似于今天的邮局，兼有巡逻和住宿的功能。嘉靖十六年（1537）以后，相继修筑的城堡竟有130多座，遍布延庆各地。这些城堡的名称沿袭至今，或为村名，或为镇名。有的城堡内开有集市，以及完善的商业设施；有的还有私塾、寺庙、戏楼等公共文化场所。留存较好的有永宁、双营、柳

沟、岔道城、榆林堡等。

至于永定河上游的张家口、蔚县、大同等地，雄伟的长城遗迹更为多见，古朴风貌也保留更多。如张家口地区被誉为历代长城的博物馆，不仅因为这里是历代修筑长城的重地，更是因为历代长城的遗迹在这里都能找到。战国时的赵长城与燕长城、秦长城、汉长城及北魏长城等，在蔚县和涿鹿一带至今仍可看到断断续续、土石混杂的土埂以及烽燧遗存。至于明代所修的宣镇长城、土木堡、鸡鸣驿等的遗迹更是有规模、成体系。大同市境内的得胜堡、镇羌堡、平远堡、镇门堡、镇边堡、镇川堡及其相连的长城"大边"、"二边"与"三边"等，如今也构成了一座庞大的长城文化博物馆，既提供了古代军事建筑的样本，更展现了军旅文化、边塞文化的丰厚内容以及民族融合的历史进程。

永定河流域的长城文化可谓"上下两千年，纵横几万里"。长城作为一道军事防线，它不仅经历了刀光剑影与炮火连天的王朝更替，也见证了长城内外农耕文化与游牧文化的相互交融和民族之间的友好往来，更代表着中华民族不屈不挠、奋勇抗争、屹立不倒的精神，因而被视为中华文化的象征。

第六节　兼收并蓄、异彩纷呈的宗教文化

　　在永定河流域，宗教文化遗存具有数量多、种类全、名气大、年代久、保存好等特点。北京的西山地区更是这条宗教文化带上的一颗明珠，据不完全统计，区域内有文献记载的寺庙四五百座，建成时间跨度自汉唐至明清绵延两千多年，如汉代始建的瑞云寺、灵泉寺，晋代的潭柘寺，隋唐至辽金的云居寺、戒台寺、灵岩寺、灵岳寺、大云寺、白瀑寺等，元明清以后的则更不可胜数；种类上不仅覆盖释、道、儒、俗，还包括来自西域的天主教、基督教、伊斯兰教；从等级、功能上看，上及皇家寺院，下至与百姓日常生活紧密相关的山神、土地、龙王、马王、虫王、树王、苗王庙等无所不及。还有独具地方特色的永定河河神庙、采煤者供奉的窑神庙等。如此悠久、繁多、迥异的宗教文化实体，反映了永定河流域文化的多样性和发展的持续性。

一、永定河上游桑干河流域的寺庙与佛教文化

　　位于永定河上游桑干河流域的大同，北魏时期曾经作为都城，辽、金时代又为陪都，境内留下了众多内涵丰富的宗教文化古迹。大同的佛教文化始传于东汉，北魏、辽、金时期臻于极盛，元、明、清三代持续相沿，因此获得了"佛都"的美誉。据地方志所载，建于汉明帝时期（57—75）的通光寺（北寺），为大同最早的佛寺。到魏道武帝拓跋珪迁都平城后，崇信佛教，塔寺相继创兴。其中尤以魏文成帝凿山镌建的佛像"冠于一世"，所造永宁寺七级佛塔"为天下第一"，由此创下大同境内"神图妙塔，桀峙相望"的浓郁宗教文化传统。其中最著名的，有云冈石窟、恒山悬空寺、华严寺等。云冈石窟始建于北魏和平初期（460），距今已有1500多年的历史，是佛教东传之后文化融合的历史丰碑。云冈石窟位于武周山南麓，在大同以西17公里左右。石窟开凿历时60多年，现存洞窟45个，合计大小石

雕造像51000余尊、窟龛250多个。依照自然山势，云冈石窟在武州川的北岸绵延1000余米，总体可以划分为东、中、西三个区域。如果再按照石窟的形制、造像内容以及样式发展等类型来划分，石窟群又可以区分为早期、中期、晚期三个大的时段。早期石窟为第16—20窟，又称"昙曜五窟"。其事明确记载在《魏书·释老志》中，谓"初，昙曜于复法之明年，自中山被命赴京，值帝出，见于路，御马前衔曜衣，时人以为马识善人，帝后奉以师礼。昙曜白帝，于京城西武州塞，凿山石壁，开窟五所，镌建佛像各一，高者七十尺，次六十尺，雕饰奇伟，冠于一世"。从平面上来看，昙曜五窟为穹隆顶马蹄形，其外壁满雕千佛，而最主要的造像为三世佛，佛像雄伟高大而面相圆润，兼之目深鼻高，双肩齐挺，成为当时的北魏帝王之象征。昙曜五窟的雕刻技术，既充分继承汉代以来中国传统佛像雕造艺术的精华，也大力融合了来自古印度的犍陀罗、秣菟罗等地之艺术特色，创造出一种深具劲健、浑厚、质朴内涵的独特风格。中期石窟在昙曜五窟之东，为云冈石窟雕造最为鼎盛的阶段。此期属于北魏迁都洛阳之前最稳定、最兴盛的阶段，孝文帝集中全国优秀人才，雕凿出更为繁华精美的大窟大像。相较于早期石窟，中期洞窟平面多呈方形或长方形，造像题材多样化，出现了护法天神、伎乐天、佛本行等新的题材和造像组合。中期洞窟内容繁复，造型工整，雕饰精美，掀起佛教石窟艺术中国化的过程，从而形成了富丽堂皇的"太和风格"。主要分布于第20窟以西的晚期石窟，则是494年北魏迁都洛阳以后，由皇室亲贵、中下层官吏以及邑人信众继续开凿的中小型洞窟。此期洞窟大多以"单窟"的形式出现，造型方面则以面形消瘦、脖颈顾长、窄肩下削的"秀骨清像"为主。这是北魏晚期大力推行汉化改革在佛像雕造上的体现，成为北魏后期佛教造像上最显著的特征，同时也对中国石窟艺术的发展产生了深远的影响。

作为中国现存规模最大的佛教石窟群之一，山西大同云冈石窟与甘肃敦煌的莫高窟、河南洛阳的龙门石窟，并称为"中国三大石窟艺术宝库"。又与印度阿旃陀石窟、阿富汗巴米扬石窟相提并论，有并称"世界三大石雕艺术宝库"的说法。云冈石窟不仅规模恢宏、气势雄浑，而且拥有极高的历史和文化内涵，成为我国古代雕刻艺术的瑰宝。云冈石窟大至十几米，小至几厘米的雕像，均错落有致，栩栩如生，充分体现了中国古代劳动人民高超卓绝的艺术水平。著名地理学家郦道元在《水经注》中，如实记录了当时的壮景："凿石开山，因岩结构，真容巨壮，世法所稀。"现代艺术家则将之比拟为"东方的罗马石雕"，予以极高评价。在1961年3月4日发布的《文物保护管理暂行条例》中，云冈石窟被公布为全国首批重点文物保护单位。2001年12月，联合国教科文组织又以"代表了公元5世纪至6世纪时中国杰出的佛教石窟艺术"，将大同云冈石窟列入《世界遗产名录》。云冈石窟成为大同最重要的宗教文化瑰宝，是桑干河、永定河流域宗教文化的杰出代表，也是闻名世界的中国宗教文化艺术珍品。

悬空寺位于大同浑源县恒山金龙峡西侧翠屏峰的峭壁间，以如临深渊的险峻而著称，被评为全球"最奇险建筑"，当地传有"悬空寺，半天高，三根马尾空中吊"的俗语。据乾隆《浑源州志》记载："悬空寺，在州南十里磁窑峡，悬崖三百丈，崖峭立如削，上倚遥空，飞阁相通，下临无地，恒山第一景也，后魏时建。"此后魏，即拓跋珪在平城（今大同）建立的北魏王朝。悬空寺至今已有1500多年的历史，其间经历无数次地震、悬崖滚石的威胁，看似危楼的悬空寺却始终巍然屹立，成就了世界建筑史上的奇迹。"悬"是悬空寺的最大的建筑特色，远远望去，凌空危挂的寺院仿佛玲珑剔透的雕刻，镶嵌在翠屏山的万仞峭壁间，又像精细入微的剪纸画屏挂吊于恒山大门口。悬空寺一共有各种殿阁楼台40间，从外面看上去，支撑它们矗立于山岩之中的，仿佛不过是十几根碗口粗的木柱。但据技术人员详细考察，悬空寺真正的建筑重心，其实都撑在寺后坚硬的岩石里，再利用力学原理半插飞梁为基。悬空寺飞梁所用的木料为当地的铁杉木加工而成，用桐油浸过后有防腐作用，也不怕白蚁，这成为悬空寺"千年不倒"的主要原因。此外，悬空寺选址之"奇"、设计之"巧"，也令人叹为观止。悬空寺位于深山峡谷的一个小盆地内，石崖顶峰突出，好像一把大伞，使古寺免受长年雨水的冲刷。而山下洪水泛滥时，也不致被淹。四周高耸的大山，则减少了阳光的直接照射，减缓了木质结构的自然耗损。悬空寺之"巧"，则充分体现于寺院修建时的因地制宜。悬空寺背西面东，共分三层，大小殿阁40余座，虽然悬空离地，但仍不失传统之寺院布局。殿楼的分布，乃是充分利用山岩的自然峭壁，将平地寺庙的布局、形制，以精心巧妙的设计，立体地呈现出来。综观各殿，山门、大殿、配殿、钟鼓楼等建筑形制，几乎一应俱全。而小巧玲珑的建筑之间，又曲折回环，布局紧凑，错落相依，充分反映了中国古代劳动人民的建筑智慧。

从宗教文化而言，悬空寺最大的特色，则是中国仅存的佛、道、儒三教合一的独特寺庙。悬空寺原来叫"玄空阁"，学者认为，其最初很可能是北魏孝文帝将京城道坛南移于"桑干之阴岳山之阳"时所建的崇虚寺，乃古代工匠根据道家"不闻鸡鸣犬吠之声"的要求所创建的道院。这一说法虽然尚未得到确证，但悬空寺的建造与北魏时期道教文化的盛行有很大关系，当属无疑。悬空寺虽然名为"寺"，却是佛、道、儒三教合一的宗教场所，时僧时道，僧道密切融合。其千手观音殿下的两块金代石碑，称颂儒释道三教创始人不同的出身和伟大业绩，可见至少到金代，三教合一就已成为悬空寺的主要特征。这充分体现了中国多种宗教文化互相融合、和平共存的特点。也正是由于其巧妙的多元宗教文化内涵，使得地处民族融合边塞孔道的悬空寺，能得到历代不同统治者的保护，因而在朝廷更迭和金戈铁马的战争中安然无恙。今天，作为恒山十八景中的"第一胜景"，悬空寺这座集建筑学、力学、美学、宗教学于一体的奇妙建筑，吸引了全世界探究与求索的目光。

华严寺位于大同古城的西南隅，是中国现存较为完整的辽金寺庙建筑群。作为大同"名城复兴工程"的重大项目之一，2008年以来，投入巨资的华严寺进行了新中国成立以来最大规模的整修。通过三年多的艰辛努力，华严寺基本恢复到辽金鼎盛时期的大华严寺格局。2011年国庆节，经过精心打造的华严寺木塔亦向公众开放，华严寺再次成为大同城内重要的佛教文化圣地。华严寺始建于辽重熙七年（1038），系据佛教经典《华严经》"慈悲之华，必结庄严之果"的大乘教义而命名。清宁八年（1062），辽道宗于寺内奉安诸帝石像、铜像，华严寺又具有辽帝祖庙性质，因而很快发展成为佛教重心。大同在辽、金两代均为陪都，华严寺也一直受到皇室重视，鼎盛的香火持续了一百多年。金熙宗天眷三年（1140），辽末因战争损毁的大殿、观音阁、山门、钟楼等得到重建，后来又广植花木，征集藏经。大定六年（1166），金世宗来此巡视，华严寺进一步得到皇室的支持。元末战乱期间，华严寺遭到严重破坏，明初还被没收为官产。宣德、景泰年间华严寺恢复为佛教寺庙，明中叶后又分为上、下二寺，历经劫难，幸而存留下来。上华严寺以面宽九间、进深五间的大雄宝殿为中心，分为两个院落，主要建筑有山门、过殿、观音阁、地藏阁，以及两厢的廊庑，整体布局严整，高低错落。其大雄宝殿是现存辽金时期最大的佛殿之一，殿内佛坛上塑有五方佛，中间三尊系宣德二年（1427）在北京雕成后迎回安放。四壁满布晚清光绪年间补绘的21幅巨型壁画，所绘佛本生故事图、华严三圣图、水月观音图等，设色以石青、石绿为主，附以沥粉贴金，色彩艳丽，画工精细，保存完好。殿外墙上嵌的四块石碑，为南宋著名理学家朱熹书写的《易经》，也是不可多见的历史文化遗迹。下华严寺位于上寺东南侧，以薄伽教藏殿为中心，有辽代塑像、石经幢、楼阁式藏经柜和天宫楼阁等。薄伽教藏殿是一座经辽末之乱幸存的辽代建筑，殿内斗八藻井等亦系辽代旧物，内槽彩画中尚依稀可辨辽代通行的网目纹、三角柿蒂等纹样。佛坛上布列辽代彩塑29尊，其中一尊面带微笑的"合掌露齿"胁侍菩萨像最为生动，堪称"神品"，有"东方维纳斯"的雅称。殿内四周依壁而建的两层楼阁式藏经柜，雕工细致而富于变化，是中国唯一的辽代木构建筑模型，被著名建筑学家梁思成誉为"海内孤品"，具有重要的科研价值。藏经阁内有明、清陆续入藏的藏经18000多册，其中1700多册明代永乐、万历年间刻印的佛经用绫锦装裱，尤其为佛经中的上品。

二、永定河中游北京地区的寺庙与佛教文化

金代海陵王迁都燕京后，中都（今北京）地区的宗教文化随之繁荣，很快成为北方重要的宗教文化中心。此后历经元、明、清的发展，北京地区更涌现出大批的佛教寺院，在全国范围内都产生了巨大影响。其中的相当部分，就分布于西南的永定河流域，其中尤以云居寺、潭柘寺、戒台寺、法海寺等古刹文化底蕴深厚。云居寺位于北京西南的房山区白带山西南麓，初名智泉寺，又名西域寺，全称西域云居禅林，后改称云居寺。经历代修葺，至辽圣宗时期（983—1011），云居寺的整体格局基本形成，共有五大院落、六进殿宇。历经金、元、明、清各朝，云居寺又不断得到修葺，但总体格局未再有大的变动。云居寺最重要的宗教文化遗产，为赓续传承的石刻佛经和世人瞩目的佛祖舍利。云居寺石经有"北京的敦煌""世界之最"的美誉，是中国佛教史上空前绝后的宗教文化奇葩。石经始于隋末大业年间（605—618），初系高僧静琬秉承其师遗意而为。唐贞观年间，静琬将刻成的12部佛经石板入藏雷音洞中，"每一室满，即以石塞门，用铁锢之"。为使刻经持续相承，静琬又在山岩前扩建佛堂，配置厨房、寝室等设施，云居寺遂得以在后世流传不绝。静琬之后，"凡五代焉，不绝其志"，其奉献精神也感染了附近民众乃至当朝权贵。唐代中后期，在金仙长公主、幽州节度使刘济等人资助下，云居寺的影响进一步增大。辽、金以后，云居寺石经刻造赓续相传。再经过元明补修，到明末方告一段落，"历代扃闭如故"。静琬法师的刻经壮举，得到了后人的广泛赞誉。白带山因刻经而得名"石经山"，民间俗称为"小西天"，成为北京久著盛誉的佛教圣地。云居寺石经与寺内珍藏的明代纸经、清代《龙藏》木经，并称为云居寺内的佛经"三绝"。而由隋唐静琬法师始肇其端、历经千年的刻经奇迹，不仅体现了中华民族坚忍不拔的精神，在整个人类文明发展史上亦有其不可动摇的卓绝地位。

云居寺还有一佛教文化圣物，那就是轰动海内外的佛祖舍利。相传始于佛教始祖释迦牟尼的舍利，被迎奉至世界各地供养，成为各地

重要的佛教圣物。明万历二十年（1592），高僧德清、达观同游石经山，在清理雷音洞时发现石穴中所藏的舍利石函上，刻有"大隋大业十二年（616）岁次丙子四月丁卯朔八日甲子，于此函内安置佛舍利三粒，愿住持永劫"的字样，表明云居寺内珍藏的舍利，是隋末静琬法师于入藏石经时安放于雷音洞内的。德清、达观将石函请出，发现石函内套银函，银函内再套金函，金函中又有小金瓶，"中安佛舍利三颗，如黍米，颜红色，如金刚"。当朝皇太后闻讯，高度礼敬，"斋宿三日……迎入慈宁宫，供养三日"，其后"于小金函外，加一玉函，玉函外复加小金函……仍造大石函，总包藏之"，复归之雷音洞。佛舍利是重要的佛教法物，秘藏千年的佛舍利重新出现，使云居寺在佛教界的名声再度上升。此后又历经明、清、民国以来二百多年的动乱，直到1981年冬，云居寺保管所的工作人员将明代重藏的两颗赤色肉舍利再次发掘出来，一时轰动海内外。云居寺佛祖舍利是目前世界上唯一珍藏于洞窟的佛祖舍利，与北京八大处灵光寺的佛牙、陕西西安法门寺的佛指齐名，并称为佛教界的"海内三宝"，在中国佛教文化史上占有重要地位。

潭柘寺位于北京门头沟区东南的潭柘山麓，相传始于西晋永嘉元年（307），初名嘉福寺，唐代改名龙泉寺，金代改为大万寿寺，明代复名嘉福寺、龙泉寺，清代又经赐名"岫云寺"。但因寺后有龙潭，山上有柘树，民间则一直俗称为"潭柘寺"。潭柘寺为北京最早的佛教寺庙，民间传有"先有潭柘寺，后有北京城"的说法。但晋代嘉福寺建成后，很长一段时间并没有太大影响。直到唐代武则天时期，"持《华严经》以为净业"的高僧华严和尚扩建寺院，开拓出潭柘寺的雏形，华严和尚因此被尊称为潭柘寺的"开山祖师"，列入《续高僧传》。唐会昌年间，又有高僧从实禅师来到潭柘寺，"与其徒千人讲法，潭柘宗风大振"，潭柘寺从此由华严宗改为禅宗。金代禅宗得到较大发展，相继住持的禅宗大师大大提高了潭柘寺的声誉。皇统元年（1141），金熙宗前来潭柘寺礼佛，并赐名"大万寿寺"，开创了皇帝进香、赐名的先例，对于提高潭柘寺的政治地位起到了极大推动作用。元代潭柘寺依然辉煌，元世祖忽必烈的女儿妙严公主还在潭柘寺出家。据说她虔诚"礼忏观音"，竟将殿内的铺地方砖磨出两个脚窝。妙严公主的"拜砖"现今依然供奉在观音殿内，成为潭柘寺珍贵的历史文物。明初又有日本僧人德始入住，成为潭柘寺著名的外籍高僧。德始为日东信州（今长野县）神氏子，来华"参访求法"后，曾从宗泐、道衍等名僧"论道"，永乐十年经明成祖朱棣"特旨界领龙泉寺"。德始"蚤夜孜孜，以缮修兴复为先务"，为潭柘寺的复兴做出了很大贡献。德始逝后入葬潭柘寺塔林，与东印度底哇答思大师、西印度连公大和尚等墓塔，共同成为中外佛教交流的历史见证。清代康熙皇帝曾经两游，赐寺名"敕建岫云禅寺"，亲笔题写寺额，使潭柘寺成为北京地区最大的皇家寺院。此后雍正帝、乾隆帝也前来游幸，加以赏赐，潭柘寺的香火达到最后的高峰。经过上千年的整修和扩建，潭柘寺到明代已确立基本的寺院格局。整个潭柘寺坐北朝南，庄严肃穆，大体分为中、东、西三路。中路包括山门、天王殿、大雄宝殿、斋堂和毗卢阁等建筑。东路有方丈院、延清阁、行宫院、万寿宫和太后宫。西路有楞严坛（今不存）、戒台和观音殿等。此外还有山门外山坡上的安乐堂和上、下塔院，以及建于后山的少师静室、歇心亭、龙潭、御碑等附属建筑。潭柘寺三圣殿前左侧的银杏树相传为辽代种植，人称"帝王树"。流杯亭颇具汉魏"曲水流觞"遗风，内悬乾隆帝"猗亭"横匾。潭柘寺保持了明代佛寺的布局与规模，有较完整的清代行宫，历代僧人墓塔群也具有重要历史和艺术价值，成为中国佛教文化的杰出代表。

潭柘寺东南不远处，还有著名的戒台寺。戒台寺位于门头沟区的马鞍山上，始建于唐武德五年（622），原名慧聚寺。辽咸雍五年（1069），高僧法均于寺内创建菩萨戒坛一座，遂开"广度四众"的局面。元末，寺内殿堂及戒坛毁于兵燹。明宣德九年（1434），由知幻大师亲自主掌复修，至正统五年（1440）竣工，"靡不具备"，后经明英宗赐名"万寿禅寺"。因寺内以戒坛最为著名，民间多以"戒坛寺"称之，逐渐演变为戒台寺。寺中的戒坛、经幢、佛塔等建筑，均是辽代遗物，是北京地区罕见的辽代文化珍品。戒台寺也因此成为中国北方保存辽代文物最多、最为完整的佛教寺院。全寺依山势而修筑，中轴线上依次排列山门、钟鼓楼、天王殿、大雄宝殿、千佛阁（仅存遗址）、观音殿和戒台殿。主要殿堂坐西朝东，格局独特，体现出浓郁的辽代风格。其中设于西北院的戒坛，为高3.5米的汉白玉方台，雕刻精美。坛上供奉释迦牟尼坐像，像前的雕花木椅即受戒时"三师七证"的座位。作为明代遗物，戒台寺戒坛位居中国三大戒坛之首，被誉为"天下第一戒坛"。环坛雕刻的戒神也是神态各异，生动传神，是北京地区绝无仅有的戒神塑像，为难得一见的艺术珍品。戒坛院内的戒坛大殿是寺内最主要的建筑，也是戒台寺的标志。戒台大殿始建于辽咸雍五年（1069），经金、元、明、清各代的维修，仍保持着辽代的建筑风格。殿顶正中为上圆下方的"斗八藻井"，内壁佛龛中供奉的金装小佛，宝相庄严。此外，千佛阁亦建于辽咸雍年间，明、清两代曾经整修，原为三层檐楼阁式木结构建筑，阁内供奉毗卢遮那佛铜像，两侧阁龛中供有1680尊木雕小佛像，十分精美。可惜1965年落架后未加恢复，现仅存遗址。明、清时期，戒台寺在京城内外有着广泛的影响。著名文学家曹雪芹的祖父曹寅就专门写过一首《马上望戒坛》的诗，声称："白云满山谁打钟？马首西来路不逢。据此相看如一梦，因缘还欠戒台松。"晚清时期，又有恭亲王奕訢在此"养疾避难"长达十年，为戒台寺注入新的文化内容。奕訢不仅出资修葺罗汉堂、千佛阁等宗教建筑，还着意营建自己居住的北宫院，广种牡丹，使之成为一座环境优雅、景色秀美的"牡丹院"。牡丹院分内外两重院落，是戒台寺内闻名遐迩的"寺中花园"。其建筑风格既有北方四合院的古朴，又有南方园林的秀美，巧妙呈现出北京传统四合院与江南园林艺术的结合。香客、游人多来此盘桓、观瞻，成为戒台寺又一人文胜景。

位于石景山区翠微山南麓的法海寺，则以精美的明代壁画著称于世。法海寺始建于明正统四年（1439），正统八年（1443）建成。原寺依山而筑，布局规整，中轴线上建有护法金刚殿、四天王殿、大雄宝殿、药师殿、藏经楼，两翼又有钟鼓楼、伽蓝祖师二堂、选佛场、寮房等，规模宏大。明清时期法海寺曾多次重修，但久经沧桑之后，现仅存山门、大雄宝殿等少量建筑。其大雄宝殿面阔五间，黄琉璃瓦庑殿顶，蜚声海内外的明代壁画即保存于殿内。壁画分布在大雄宝殿北门西侧、殿中佛龛背后和殿中十八罗汉身后的六面墙上，共绘人物77个，姿态各异、栩栩如生。虽然距今已有550余年，但仍保持着鲜艳夺目的色彩，堪称佛教艺术的瑰宝。佛龛背后的壁画尤为突出，其中部主绘观音，左右绘普贤、文殊二菩萨，又有善财童子、韦陀、供养佛、马川狮、驯象人及鹦鹉鸟、清泉、绿竹和牡丹等穿插、衬托，全画浑然一体。而水月观音面目端庄慈祥，身披轻纱，花纹精细，似飘若动，给人以清新明静之感，最为传神。法海寺壁画由明朝宫廷的画士官与来自民间的画士、工匠精心绘制而成，充分反映了明代中期高超的宗教塑画艺术水平。据寺内经幢所载，当日参与其事者，有工部营缮所下属的捏塑官陆贵、许祥，画士官宛福清、王恕，以及画士张平、王义、顾行、李原、潘福、徐福要等人。虽然这些普通画师的名字早已湮灭于时光的长河中，但所留下的精美壁画却历久弥新。法海寺壁画是北京现存历史最悠久、保存最为完整的壁画，素以明代院体画的典范作品而著称，在中国现存壁画艺术中占有重要地位。

三、永定河流域的宫观道教文化

除名动海内外的佛教大寺之外，根源于中国本土文化的道教，在永定河流域内也留下了大量遗迹。其中不乏国家级、省级的重点文物保护单位，如上游桑干河流域的张家口地区就有赤城县金阁山灵真观、万全县洗马林玉皇阁、蔚州关帝庙、涿鹿县文昌阁、阳原玉皇阁等众多道观，不胜枚举。又如下游武清县，明清时期遍布城乡的200余座庙宇中，多数为道教祠庙，其中仅关帝庙（包括供奉刘、关、张的三义庙和老爷庙）就有50余座，另有供奉东海龙王的龙王庙10余座。因而相对而言，永定河流域内供奉道教神祇的宫观，数量众多，但其规模却相对要小，文化影响也更呈现出地域特色。以下仅举蔚县真武庙，京西永定河神庙与妙峰山娘娘庙，略作代表。

蔚县为河北省历史文化名城，其古城内文物众多，寺观、庙坛星罗棋布，具有深厚的宗教文化氛围。蔚县真武庙位于古城西北隅财神庙街与守备衙门街的交会处，是明代真武信仰在北方盛行以后的产物。当地传说历史上的蔚州八百村堡堡墙上均建有真武庙，而以州城的真武庙级别最高，规模也最大。蔚县真武庙由前殿、正殿、凉亭、东西配殿、钟鼓楼等形成一个封闭式的独立院落。四周建筑环绕，加上封闭式转角结构，独具特色的天井，颇具匠心古意。真武庙正殿为北极大殿，位于院内正北，面宽三间，进深五间，单檐歇山绿琉璃瓦顶，琉璃花脊，前抱厦，前砌宽敞月台。其卷棚东西墙面上所存壁画，是尤为珍贵的道教文化遗物。这幅呈现真武信仰的道教题材壁画上，人物高约1.5米，仅比真人略小，给人以强烈的艺术震撼。面朝正北，只见主神玄天大帝徐徐走来。东西各有7位手持笏板、神态各异的星君，老者长髯飘逸，年轻者英俊洒脱，无不透出仙风道骨的美感。星君前面各有三位人物，东壁金童，西壁玉女，手持宝幡前导，回首引领男、女尊者手捧笏板，虔诚朝拜真武大帝。尊者身后又有侍童，双手捧盘。其中东壁男童盘内托一轮红日，日中站立公鸡，西壁女童盘内托一轮黄月，月中卧一白兔。整幅绘画细腻传神，不失为上乘之作。真武古称玄武，明初由于统治者的推崇，逐渐成为护国神。尤其是明成祖"靖难之役"之后，视为"北方战神"的真武大帝在华北各地香火更盛。蔚县地处塞外与京畿相接的中间地带，属"锁钥重地"，因而受到明廷推崇的真武信仰，迅速在驻军屯堡中兴盛开来。入清之后，又由驻军转向民间下层。据考证，蔚县真武庙始建于明初，大殿前的卷棚抱厦则为清康熙、雍正时期重修增建。庙内存留的道教壁画，对于研究真武信仰在北方民间流行的特点，具有重要文物价值。

作为民间具有重要影响的道教神祇，河神信仰在永定河流域内同样具有深厚基础。由于历史上永定河水灾频发，其所危及的北京在金元之后又成为国家都城，因而永定河河神祠庙还上升为国家正祀，具有更为特殊的文化内涵。应该说，宋辽之前的永定河流域（清代以前被称为"卢沟"或"浑河"），就出现过区域性的河神庙宇。金代迁都燕京后，永定河成为关乎都城安危的重要河流，其河神庙的规格迅速上升。金代大定十九年（1179），朝廷册封永定河神为"安平侯"，敕建河神祠，"春秋庙祭如令"。元至元十六年（1279），进封永定河神为"显应洪济公"。元成宗还加封其上游桑干河神为"协应广济王"。明正统二年（1437），朝廷在固安堤上建有河神庙，行在工部左侍郎李庸曾受命前往，"祭浑河神"。据考证，历史上曾兴建过数座永定河神庙，不过随着时间的流逝，多已湮灭无闻。影响最大的永定河神庙，为北京石景山区的北惠济庙。北惠济庙于清雍正七年（1729）敕建，坐北朝南，三进院落，占地近百亩，是永定河流域最大的河神庙。祠庙以供奉永定河神的前殿为正殿，又称"龙王殿"。殿内"安流泽润"匾额为雍正帝御笔，殿前"畿辅安澜"匾额则为乾隆御笔。碑亭中体形巨大的螭首龟趺碑上，额篆"御制碑文"四字，碑阳为雍正帝御笔《北惠济庙碑文》，大力赞颂康熙时期治理永定河的功绩，碑阴又有乾隆帝御制《石景山初礼惠济祠》和《惠济祠叠癸酉旧作韵》诗二首，诗中感叹"河防慎有自，神佑赖无疆。疏凿非经禹，惟廑永定方"，后来又言"蒿目一劳计，难言永逸方"，清醒地认识到了治理永定河的艰巨性。惠济庙四周围以高大的墙垣，也显出敕建河神庙宇的高贵气派。这在国内河神庙宇中是很罕见的，充分见证了清代大力治理永定河以保护都城安澜的历史。

京西距城110余里的妙峰山，清中期以后则以"金顶"之殊誉，成为北京乃至华北地区娘娘信仰的民间"圣山"，进而在中国宗教文化版图上留下了厚重的一笔。上百年来，妙峰山成为中国著名的民间信仰"圣山"，产生了重大而深远的影响，并延续至今。与此同时，自民国以来，以著名学者顾颉刚为代表的中国民俗学界，就对妙峰山香会进行了多方面的持续考察与深入研究，使之成为中国民俗学的发祥地。因而在中国民俗学的兴起、恢复与发展史上，妙峰山占有极为关键的重要地位。这其实亦从另一个方面，充分展现了该流域古寺名刹所蕴含的巨大文化价值。

第七节　古朴大气、淳厚浓郁的民间文艺和民俗文化

　　永定河流域的民间文艺和民俗文化反映了永定河这个文化走廊所具有的独特气象。中原农耕民族为庆祝丰收或春节、元宵等举行的节庆活动如花会、幡会、秧歌、锣鼓、社火等，虽然在永定河全流域也同样盛行，但却融入了北方草原民族热烈、奔放、雄浑、大气的风格。比如，同样是社火，门头沟的台火、涿鹿的绕花与河北蔚县的打树花、拜灯山等，制造火树银花效果的方式各有不同，但都呈现了对火的礼赞。这种礼赞既是草原民族以火驱兽习俗的演变，也是流域内采煤、冶矿业发达的结果。由于地理环境相对封闭，永定河流域的民间戏曲大都流传久远。上游地区的梆子戏、秧歌戏、北派皮影戏、蹦蹦戏等曲调高亢苍凉，内容和形式都有游牧民族生活的印记；京西太平鼓、浑源扇鼓和云胜锣鼓等民间鼓乐舞，包含了远古时期戍边将士粗犷豪放、爽朗大气的性格特征；门头沟古幡乐保留了明代祭祀孔子用的礼乐，柏峪的秧歌戏被称为古代音乐的"活化石"……这些民间艺术与民俗文化既有历史的沉积和延续，又呈现出不同历史时期各民族文化元素流布和途经的影响与痕迹，既具流域共性又有各地特色，呈现出多种形式时空交织、相互辉映的状态——这正是文化走廊所具有的融汇格局。

一、山西大同段

　　大同，古称云中、平城，历史上曾是少数民族活动的中心地带，为历代兵家必争之地。春秋时期为林胡、楼烦等族活动之地，三国时为乌桓、鲜卑族所据，西晋时北部为鲜卑族领地，北魏拓跋珪自盛乐迁都于此，辽金时期为陪都，因此，域内各民族相处共融，相互影响，形成了晋北粗犷的边塞文化及民风民俗特色。桑干河支流御河纵贯南北，滋育了丰富多彩的非物质文化遗产，如世界级"非遗"项目

广灵染色剪纸、国家级"非遗"项目雁北耍孩儿、灵丘罗罗腔、恒山道乐、晋北鼓吹、广灵剪纸、左云楞严寺庙音乐、北路梆子,省级"非遗"项目碓臼沟秧歌、阳高二人台、广灵秧歌、大同铜器、大同折纸、大同数来宝、踢鼓秧歌、地秧歌、灵丘大涧道情、鳌石赛戏、阳高布艺、浑源凉粉制作技艺、灵丘黄烧饼制作技艺、浑源传统铸钟制作技艺、北岳道乐等,市级"非遗"项目云冈大锣鼓、灵丘白氏剪纸、老大同故事、五音联弹会、广灵大号、弦子腔、浑源扇鼓、康氏绢人、大同木雕、天镇黑龙王豆腐干制作、王氏京杏脯制作技艺、平安灯、九曲黄河灯俗、云中吹打、小寨耍孩儿、左云秧歌、腰站秧歌、灵丘红石楞秧歌、浑源要故事、晋剧、广灵内画、大同北魏贡酒制作技艺、大同结艺、高家笙管制作技艺、浑源砂器制作技艺、阳合坡耍孩儿等。

二、河北张家口段

张家口市,又称"张垣""武城",地处晋、冀、蒙三省交界处,阴山山脉横贯中部,将张家口市划分为坝上、坝下两大部分;境内洋河、桑干河横贯东西。张家口地区具有地方特色的非物质文化遗产非常丰富,有入选国家级非物质文化遗产保护名录的蔚县剪纸、蔚县秧歌戏、二人台和拜灯山、晋剧(口梆子),入选省级非物质文化遗产保护名录的打树花、莜面制作技艺和青砂器制作技艺等。

张家口市康保县、张北县、沽源县和尚义县四个坝上地区,至今传承着古老的二人台戏曲剧种——二人台,是在民歌小调的基础上发展而来,形成和流传于内蒙古乌兰察布,因与呼和浩特市以西流行的二人台有别,又称东路二人台。

而蔚县民间自明代起就流传着一种富有鲜明地方特色的传统装饰艺术——剪纸,又称窗花,是一门讲究原料、制图、雕工、色彩的艺术。原料采用的是质地绵韧的宣纸;首先设计图案,以"连年有余""岁岁平安"等表达吉祥幸福图案为多。然后,用一把小巧锋利的手工雕刀,一笔一笔地雕刻出各种纹理复杂、精致好看的图案,最后用笔点染上深浅不同的颜色，一幅幅充满生动喜庆色彩的剪纸就完成了。每幅作品的背后，都是极强的耐心、专注和艺术功力。

蔚县暖泉镇的"打树花"绝技，已传承三百多年。据说，当年暖泉镇铁匠作坊甚多，每日打铁，铁花飞溅，环境十分辛苦。到了春节、元旦喜庆之日，人家铺户都要燃放烟花爆竹，而铁匠们则独出心裁，他们要表演自己的绝技来表达喜悦之情——他们把红彤彤的铁水泼洒到古城墙上，铁水迸溅开来，铁花纷飞，形成的"火树银花"景观——似朵朵烟花盛开，犹如枝繁叶茂的树冠，人称"树花"。现场观看树花表演，紫烟中红星乱闪，精彩绝伦，有声有色，伴以歌舞，非常壮观，令人震撼，表达出人们欢度节日的热闹喜庆和对甜美生活的向往。

蔚县及周边区域，至今仍然盛行一种集祭祀、民俗、娱乐于一体的民俗活动——拜灯山。它是元宵节社火民俗的重要活动之一，产生于明朝嘉靖年间，分为点灯山、拜灯山、耍社火、唱大戏四部分内容。点灯山前，由三五名村民将数百个灯盏摆放在灯山楼内的层架上，要按预设好的图案摆放；然后将灯捻儿用麻油浸好，插入灯盏，再注满麻油。待夜幕降临后，将灯盏一一点燃，烛光点点，连成一幅"灯火字画"。这期间，早已选好一个男童扮作"灯官"，再选出四名轿夫扮作"衙役"。男童坐在轿子上，后面跟着村民组成的社火队伍，敲锣打鼓地来到灯山前，叩头祭拜，祈祷新的一年里日子红红火火，诸事平安平顺。祭拜灯山后，"灯官"一行人在人群簇拥下返回村中戏台，鸣放鞭炮，敲锣打鼓，开始耍社火，之后看大戏。男女老少，所有人都沉浸在欢乐喜庆氛围中。

怀来县的安营堡村每年正月十四至正月十六举行具有古老和神秘色彩的九曲黄河灯会。九曲黄河灯是一个很大的连环灯阵，一般占地2亩。按照金木水火土五行排列，木杆与高粱秆扎成曲折迂回的"九街十八巷"，并在木杆上安装361盏灯，用红、黄、蓝色薄纸裱上灯罩，再加上3盏门灯和1盏天灯，共365盏灯，暗含天上365位星宿，也代表人间一年365天。十六日灯会结束，哪种颜色的灯最后熄灭，即预示着来年种植什么作物能保丰收。

涿鹿县的张各庄村，百余年来一直延续"绕花"迎元宵的风俗。相传是一位智慧的老羊倌发明了用烧炭甩花驱赶野兽、保护羊群的表演，吓跑了野兽，也为单调的牧羊生活带来了乐趣，深得百姓喜爱，以至代代相传。艺人们用钢丝绳将一个圆柱状的花笼绑缚在高2米的花杆上方，笼子里塞满铁屑、木炭、焦炭，点燃木炭焦炭后，众人协力摇动花笼使之绕着花杆快速旋转。随着转速加快，花笼内的燃料也燃烧越剧烈，火花翻飞，溅向场地四周，零星的火线逐渐变成直径60米左右的"火瀑金花"，其瑰丽如"仙女撒花舞长裙，流星飞瀑溅玉珠"，其壮观更胜烟花，其场面极具冲击力和震撼力。

三、北京段

延庆区，西接河北怀来县，北与河北赤城县相邻，地处居庸关和八达岭要塞，万里长城东西穿境，是农耕文化与草原文化交汇处，其花会表演已有四百多年历史，其中，旱船、竹马、九曲黄河灯等最具代表性。旧时，延庆城乡有农历正月十五前后闹灯节习俗，家家户户，悬灯结彩，扎放灯花，因此九曲黄河灯流传下来，《延庆区志》记载："上元张灯三夜，或作九曲黄河灯，共灯三百六十盏。"又《宣化府志·延庆州》载："上元张灯，设放花炬，村庄城市多立竹木，制黄河九曲灯，男女竞赛夜游，名为走百病。"此风俗在明代为盛，刘侗、于奕正《帝京景物略·春场》记曰："十一日至十六日，乡村人缚秫秸作棚，周悬杂灯，地广二亩，门径曲黠，藏三四里，入者误不得径，即久迷不出，曰黄河九曲灯。"延庆的九曲黄河灯，与河北怀来县安营堡村的风俗一脉相承。

门头沟的民俗文化遗产以幡会、太平鼓、妙峰山庙会等最具特色，为世人所关注。如京西太平鼓，是门头沟区最优秀的民间艺术之一，曾在门城镇、妙峰山、琉璃渠、大峪、城子、圈门里、三家店、军庄、东辛房以及百花山下的黄塔、军响等地广为流传。

斋堂镇柏峪燕歌戏是北京市的传统民间俗乐之一。柏峪村地处北京西山，从元、明、清到民国，这里一直是边关要塞，常年都有军人把守，村民多为历代守关军人的后裔，各类文化集聚于此，曾有过燕歌戏、河北老调、山陕梆子、蹦蹦戏等多种戏曲，其中，古老独特的燕歌戏在人们心中的地位最高。由于当地口音之故，也俗称"秧歌""燕乐"，雅俗兼备。秧歌戏以文戏为主，曲牌有娃板、水胡等，代表剧目有《木鱼》《黄昏带》。以"四股子"胡琴为文场主奏乐器，唱腔丰富，号称"九腔十八调"，道白用斋堂话，生旦净末丑角色齐全，曲调唱腔既有高亢清亮之腔，又有婉转低回之曲，融南北之韵又和雅俗之风。清代、民国时，经常应邀外出"卖台"，曾到过京城的天桥以及矾山、怀来、涿鹿、蔚县一带。据《清史》记载，乾隆帝庆祝六十大寿时还调演过燕歌戏。作为门头沟区特有的剧种，古老独特的柏峪村燕歌戏，已入选北京市级非物质文化遗产名录。雁翅镇淤白村的蹦蹦戏，又称"评腔梆子戏"，相传是从东北"二人转"演变而来，与西路评剧也渊源深厚，如今已有百余年的历史。此外，还有西斋堂山梆子戏、苇子水秧歌戏等，也都是传承十分悠久的民间戏曲品种。

斋堂镇灵水村的秋粥节，以其历史渊源和独特的集体过节方式而别具特色。为了纪念该村清朝举人刘懋恒捐谷赈灾之善举，刘家人在每年立秋日于本村空旷地搭棚舍粥，由此发展成全体村民共同集资、集粮在街上分片做粥，全村聚在一起过节，"秋粥节"相沿成俗，被列入北京市非物质文化遗产名录。

斋堂镇五十八村龙王大会，是永定河流域水利民俗文化的一个写照。东斋堂村是斋堂川地区58个村落的中心。每年春节村里举行灯会，吸引周围几十个村的村民前来观看。村中龙王庙尤为重要，每当斋堂地区遇到大旱，58个村就联合组织龙王大会，东斋堂村就是龙王大会的中心。

石景山区的民间文艺和民俗文化与门头沟区一脉相承，五里坨、模式口、北辛安、古城村、衙门口等村也盛行太平鼓，距今至少有二百多年的历史。每年的腊月和正月，太平鼓都十分活跃，既可以烘托节日气氛，表达对太平盛世国泰民安的期盼，也折射出京西地区节庆习俗。

石景山古城村则拥有历史悠久的花会表演，由"花十档"组成，围绕赴妙峰山朝顶进香进行各式表演和娱乐活动，家族式传承和师徒式传承相结合，传承延续了四百多年，是京西地区原汁原味的民俗风情活化石。

石景山模式口地理位置独特，自古是军事、经济、文化和交通的枢纽。驼铃古道既是元明清东接京城、西连塞外的货物运输通道，又是清代去妙峰山进香的古道，每年过会100多档，村中古迹众多，诞生了许多生动有趣的传说，其中《康熙帝龙泉寺下棋》《四柏一孔桥》等反映帝王与模式口间的故事，《杨无敌怒撞李陵碑》《承恩寺里银杏抱桑》《南柯一梦法海寺》等反映将相宦官故事，《模式口的传说》《范小人古村举香炉》《宝三模式口舞中幡》等反映百姓生活，《冯玉祥视察模式口小学》《爱笑的李太太》《老舍先生和模式口》等反映名人逸事，《承恩寺冒出古碉楼》《宗永师梦游承恩寺》《承恩寺里银杏抱桑》《老太监温祥告御状》《承恩寺前的下马石》《田义墓石刻典故》《模式口鼎立三大庙》《地质奇迹冰川擦痕》等传说与寺庙、墓地、碑文等相关，以模式口村的来历传播最广。模式口传说内容丰富，多有史实依据，具有明显的地域特点，经收录《石景山传说》《石景山掌故传说》《北京风物传说》《京畿丛书·石景山卷》诸书，而在社会上传播开来，被列入北京市第三批非物质文化遗产保护项目名录。

丰台区西铁营村花钹挎鼓，是一种以鼓钹为道具和伴奏乐器的民间花会舞蹈形式。明清时期活跃于北京西城、海淀、朝阳、石景山、门头沟、昌平、通州、大兴、平谷、怀柔等区，或称为"花钹挎鼓""钹子会"，或叫作"花钹子""锅子会"。清乾隆三十六年（1771）被赐封过"一统万年大鼓老会"的会号，大鼓帮上的图案也因此由荷花改为了各具特色的龙，服装和新文帐（鼓边上挂着的绸缎装饰）都改为了黄色，尊贵异常。花钹翻飞，彩绸飘扬，鼓声稳重，铙子清脆响亮，配以花铙彩绸和青春优美的舞蹈，声情并茂，表达了对美好生活的期盼。

丰台区王佐镇怪村，也传承了太平鼓这一民间音乐。怪村太平鼓表演的特色是动作小巧，感情含蓄，节奏明快，内容多来自村民日常生活，带有浓郁的乡土气息，表演也不受场地限制，为当地村民所喜闻乐见。

大兴区，处于永定河冲积扇的下游，非物质文化遗产与民俗文化独特而丰富。大兴诗赋弦，是仅存的具有北京乡土特色的汉族地方小戏，其曲调大部分来源于京畿民间地区流行的民歌、单弦、西河大鼓以及"十不闲"莲花落，曲牌丰富独特。它初流行于清中叶，清光绪十九年（1893）在朱家务村成立了"诗赋弦同乐会"，从此在宛平、大兴两县迅速地传播开来；后又传到了固安、涿州、房山等地，深受百姓欢迎，影响广泛。

大兴榆垡镇太子务村有武吵子表演，它的动作吸收了少林武术和大秧歌的特点，既有武术强悍、粗犷的风格，又兼具民间秧歌大方舒展的特色，是北京特有的民间舞蹈之一。

四、河北廊坊段

廊坊地处京津之间，南接沧州，西连保定，有"京津走廊明珠"之美誉。这里有著名的安次黄漕飞叉，是一种观赏性很强的民间技艺。黄漕飞叉起源于清光绪年间，最初由该村名人解锡桂组织，后由飞叉大师刘东林传承，至今已有百余年历史。每年正月初一至十五，表演苏秦背剑、三抄水、戳灯等，基本套路有前踢、后踢、抢高、踢高、张飞骗马、太公钓鱼、苏秦背剑等。表演时，只见飞叉在空中上下翻飞，时而缠身绕颈，时而飞旋腾空，叉头上的响片叮叮作响，动作标准、节奏紧凑，展现了表演者深厚的功力和艺术美感。

霸州康仙庄乡东王庄村"云叉会"，有着上百年的历史，是糅合武术、杂技、民间花会于一体的民俗文化表演形式。

永清历史悠久，历史文化资源丰富。著名的瑚琏店村的"同乐圣会"，是清光绪初年据民间故事创作而来，继承了周傩、汉代傀儡戏等艺术，接近元杂剧体式。表演风格结合了戏曲动作、民间秧歌及民间舞蹈的要素，诙谐、幽默、风趣、古朴，节奏明快，具有浓郁的喜剧色彩。

固安县有屈家营古乐、小冯村古乐、官庄诗赋弦、固安柳编、焦氏脸谱、金子内画等20多个"非遗"项目。其中，北马村的焦氏脸谱是固安特有的民间手工艺，以京剧角色为主要形象，谱式有300多种，典型作品有《古城会》《钟馗嫁妹》等，大的直径有1.5米，小的脸谱只有一角硬币大小。脸谱制作古朴，画工精细，又不断推陈出新，融会贯通，展现了深厚的传统美术功底。

五、天津段

永定河与北运河交汇地带的武清，文化遗产极为丰富。尤其是各种花会，有"王庆坨的耍叉子，六道口的顶杠子，和尚屯的杂耍子"之说。早在清乾隆至光绪年间，王庆坨镇就有几档民间花会，后由于社会政治、经济等因素不稳定，几度停演。1915年，王庆坨武术世家方永和组建了民间花会"永良叉会"，后改名"庆丰叉会"，名噪一时，人称"圣会"。表演时，带火的飞叉不停旋转，高十几米的中幡，被表演者轻松地顶在额头、胳膊肘处，绝活不断，吸引了大批民众。

静海有药王庙庙会习俗，农历四月廿八是药王孙思邈的圣诞吉日。从农历四月初一开始药王庙要举办庆贺药王圣诞法会，一直延续到廿八日，其中四月初一至初五、四月廿八，是法会活动的高潮。当地广大信众提前斋戒沐浴，奔赴药王庙进行拈香、祈福、拜寿、顺星、超度等道教法事活动。长期以来，形成了独特的信仰习俗。

第八节　独具行业特征的煤业文化

史前及至中古时期，永定河的中上游流域曾经森林茂密，有着丰富的木材和煤炭资源。据郦道元《水经注·灢水》记载，最迟在北魏时期，永定河上游的煤炭资源已经为人们所开发利用。另据考古发现，门头沟龙泉务辽代瓷窑遗址中已有烧煤的遗迹，表明永定河中游地区北京西山一带煤炭的开采最晚是在辽代。

元朝初年煤的开采和使用已经非常普遍。元《析津志》记载："（大都）城中内外经纪之人，每至九月间买牛装车，往西山窑头载取煤炭，往来于北新安及城下货卖，咸以驴马负荆筐入市。盖趁其时冬月，则冰坚水涸，车牛直抵窑前，及春则冰解，浑河水泛则难行矣。往年官设抽税，日发煤数百，往来如织。"[1] 由于煤炭已经成为一项重要的能源，元朝专门在大都设置了煤木所和西山煤窑场，负责生产宫廷贵族日常生活所需煤炭，以及征收煤炭税。元朝的煤炭税，除大都外还在大同征收，其中在大都征收的税额占到了95%[2]，可见当时北京地区煤炭交易之活跃。明代，不论是煤炭还是柴炭，其需求量都远远超过了元代。明朝政府不再征收煤炭和柴炭的税额，而是直接向民众征收煤炭和柴炭等实物。

到了清代，京西的煤炭业更加受到人们的关注。随着中国近代机器工业的兴起，人们对煤炭的需求量猛增，于是出现了许多新兴煤矿和煤炭运输专用铁路。光绪年间陆续修成的京汉铁路琉璃河至周口店支线、良乡至坨里支线、京张铁路的京门支线，都是为了便于从京西往外运煤而特别修筑的。门头沟、房山坨里和周口店等地成为京西煤炭的主要产地。至于上游河北张家口、山西大同一带，采煤业更是当地的支柱产业，大同被称为中国的"煤都"。

---

① ［元］熊梦祥：《析津志》，《析津志辑佚》本，北京古籍出版社，2000年，第209页。

② 《元史》卷九十四《食货志》。

在千百年的采煤历史中，采煤工及其相关行业圈里逐渐形成了一整套具有独特行业特征的文化传统和习俗，主要包括：祭祀窑神、行业性的九龙山庙会活动，矿（窑）工及其家属的行规、行话、民谚和禁忌等，并长期以来影响、渗透到今门头沟、房山、丰台、石景山等矿区人们的生活之中，构成了当地独具特色的地域文化。

窑神与窑神庙：各行业都有主管神灵或称"祖师爷"，一般为行业的创立者或发明人，以及对这一行业有过重大贡献之人，将其神化，塑造成神像，作为行业之神顶礼膜拜。永定河流域的产煤区就流行"窑神爷"崇拜。如在北京的门头沟区，公认的煤窑神是"魏老爷"，他本是一名行侠仗义的普通窑工，后来得道成仙，被奉为煤矿的保护神，当地还流传着"魏老爷倒提钱串——一路散钱"的歇后语。而在相邻的房山区，所供奉的窑神爷叫崔义，传说他也是一位身强力壮、经验丰富的窑工，由于多次扶危救困，救济窑工而被尊为窑神。

供奉窑神的地方，既有专门的窑神庙，如门头沟圈门的窑神庙；也有附于佛寺、道观中的窑神殿，如王村月岩寺、大寒岭毗卢寺、禅房村秀峰庵、木城涧玉皇庙等；还有的供奉在村口的过街楼上，如灵水村的过街楼。最常见的是每座煤窑窑口上方的窑神龛。开窑时打好了窑口，先修窑神龛，供奉窑神像。窑神像两边贴上"乌金墨玉""石火观恒"之类的吉祥语，以祈求窑神保佑平安。

窑神祭祀活动：祭祀窑神活动最迟在明代已流行于京西矿区，每年有窑神生日祭、开窑祭、复工祭、节日祭和日常祭祀等几场。其中，窑神生日祭最为隆重。传说农历腊月十七（房山等区县则选腊月十八）是窑神爷的生日，是日，各窑窑主、煤厂老板齐聚窑神庙，由煤业公会主持祭祀窑神，三牲供品，三拜九叩。之后大家入席宴饮，商谈公事，协调关系，化解矛盾。窑神庙周边，窑工、家属及乡民前来看热闹，有商品交易、花会表演等，戏台上连演三天大戏，唱完日场唱晚场，热闹、喜庆的气氛胜过春节。

其次是正月十五的大祭，把窑神祭祀与元宵节结合起来，是京西矿区特色之一。每年正月十五至十七，其盛况不亚于窑神生日祭。特别之处在于，其间有"旺火堆"习俗：由窑主出煤，在窑场和街口用上好的煤块垒成下大上小的金字塔形煤堆，点燃后持续燃烧三四天，大家围着火堆唱歌、跳舞，祈祷生活像火一样旺盛。还有幡会表演，其不同于其他地方的是，幡旗上绣有窑神像，表现出煤业文化的特色。

九龙山庙会：门头沟区的九龙山附近曾有大小煤矿（窑）上千座。山上的娘娘庙初建于明代末年，由窑主窑工们集资修建。所供奉的九天玄女娘娘，被视为煤炭行业的保护神。每到农历五月初一和九月初一，以门头沟圈门"十三会"为主的数十档民间花会一起出动，转遍附近数十里各村，载歌载舞，带动周边各矿区窑工和乡民一起上山朝奉，在娘娘庙举行盛大的祭神仪式。其气势、规模享誉京城，是京郊最大的行业性庙会。

特殊的生产、生活习俗：除了祭祀文化，永定河流域煤矿产区还流行着相似的行规、行话、民谚和禁忌等。比如：矿工们下井前要先聚集在窑口外抽支烟、晒会儿太阳；喜欢围一条红色的棉"腰子"用来辟邪防寒；由于老鼠具有安全提示作用，矿工们在煤窑中都要善待老鼠，不许轰打；忌讳在窑场内外出现桑木（因"桑"与"丧"谐音）；不准出怪声和吹口哨（代表哭声）；下井前不准吃大蒜；等等。

京西永定河流域的煤矿工人是北京最早的产业工人，分布地域的相对集中和行业的特殊性共同构成了京西地域板块上独有的文化传统和习俗。无论是窑神祭祀还是各种行规、禁忌，都是源于采煤业的高风险性。在科学技术落后，生产力水平低下的历史时期，人们难以抵御各种灾难的发生，从而去求助于神灵，求得一种心理上的安慰。但由此而创造、演化出来的一切具有文化意义和科学性的东西却是值得人们继承和发扬的。

第九节　将历史带入新中国的红色文化

前面说到永定河流域的军事文化时，已经提及，在中国人民的革命斗争史上，永定河流域占有重要的一席之地。永定河流域的人民为中国新民主主义革命的胜利，做出了巨大贡献。

1919年爆发的反帝反封建的五四爱国运动，拉开了中国新民主主义革命的帷幕，而五四爱国运动的策源地就是北京。从沙滩红楼到天安门广场，再到卢沟桥畔的长辛店，共产党人领导的革命运动从此星火燎原。

1931年九一八事变后，东北三省被日本侵占，引发华北危机，中国危机！1935年12月9日，北平爱国学生在中国共产党的领导下，举行声势浩大的抗日救国示威游行，发出了"反对华北自治运动""停止内战，一致对外""打倒日本帝国主义"的怒吼。这就是著名的"一二·九"运动。它得到了全国人民的声援和响应，从而在全国掀起了抗日救亡的高潮。

1937年7月7日，日本侵略军蓄意制造事端，向驻守卢沟桥宛平城的中国军队发动进攻，中国第二十九军官兵英勇反击，浴血奋战，卢沟桥事变（又称七七事变）爆发，标志着中国全面抗战开始。国民党军宋哲元部、傅作义部等官兵在北平城郊和长城内外奋勇抗击日寇，第二十九军副军长佟麟阁、第一三二师师长赵登禹，都在南苑壮烈牺牲。八路军第一一五师、第一二〇师奉命由陕北东渡黄河，挺进晋、察、冀边区，建立了著名的晋察冀抗日根据地，而永定河中上游流域就是晋察冀抗日根据地的核心地区。1938年3月，八路军第一一五师一部由邓华率领，挺进北平西山，建立平西抗日根据地。同年5月，八路军第一二〇师一部由宋时轮率领，也进入平西抗日根据地，与邓华部在斋堂川会师，组成八路军第四纵队，在平西、冀北、冀东同日寇展开游击战。1939年初，萧克、马辉之又奉命率部进到斋堂川上、下清水村，并成立冀热察挺进军，进一步在北平周围山区开展敌后游击战和建立抗日根据地。今门头沟区斋堂、马栏、黄塔等地，都曾是八路军抗日挺进军司令部的驻地。晋察冀抗日根据地的广大人民群众，积极支援八路军的抗日斗争，为抗战胜利做出了卓越的贡献。

解放战争时期，决定中国前途和命运的"三大战役"之一的平津战役，战场就在永定河上下游流域。1948年冬，辽沈战役结束后，华北地区的国民党军60余万人集中在北平、天津、塘沽、唐山、张家口等几个城市，观风望势，负隅顽抗。中国人民解放军东北野战军（四野）与华北野战军的第二、三兵团，密切协同，在人民群众的大力支援下，迅速完成了对华北国民党军的战略分割和包围，先后攻克新保安、张家口，又对天津发起总攻，经过29个小时的激战，全歼守敌13万余人，解放了天津。迫使国民党"华北剿总"司令傅作义将军率领部属起义，接受解放军的改编。1949年1月31日，北平宣告和平解放，平津战役胜利结束。这为解放战争在全国的最后胜利奠定了基础。

为争取中华民族的独立解放，无数先烈的热血抛洒在了永定河流域。因而，永定河流域也就有了很多的革命纪念馆、纪念地、纪念碑、烈士陵园等。如京西万安公墓有李大钊墓，卢沟桥头宛平城有抗日战争纪念馆，张家口有察哈尔烈士陵园，怀来县南山堡有董存瑞纪念馆等。在门头沟区，抗日战争中邓华、宋时轮支队会师旧址（杜家庄），八路军第四纵队司令部西斋堂旧址、挺进军司令部马栏旧址、塔河旧址等都保存较好，成为爱国主义教育的大课堂。

第十节　地质学和古人类学的科学殿堂

　　除上述九大类别的文化，永定河文化中还应包含古人类文明起源和地质科学百科全书这两大内容。

　　永定河流域有许多重要的古人类文化遗址。考古工作者在山西朔州市（原朔县）峙峪、阳高县许家窑，河北阳原县泥河湾，北京门头沟区东胡林、东城区王府井大街等地，都发现了史前不同时期的古人类文化遗址，表明永定河流域是东方文明的起源谷、中华文化的发祥地。这在本书第二、第四章均已有详述，故此不赘。

　　说到永定河流域的地质文化，可以说，其中、上游流域就是一个天然的地质博物馆或大型地质公园。例如，中生代侏罗纪和白垩纪地层在北京西山广泛分布，从下到上、由老到新可分为门头沟统、九龙山统、髫髻山统（以上属侏罗纪）、岔道统、坨里统（属白垩纪）等不同地层，并夹有火山岩系。永定河上游流域虽是陆地，但有一系列大的湖泊，因此形成典型的湖相沉积。今官厅水库所在的怀来—延庆盆地，当时就是一个大湖泊。在第四纪更新世初期，这里形成了标准的湖相沉积地层，称为泥河湾地层，内含大量的哺乳动物化石，特别是含有标志性的灯笼蚌等化石。在门头沟区马栏村一带，第四纪黄土剖面极为典型，被地质学家命名为马栏黄土。在北京西山还有很多第四纪冰川痕迹，如石景山"模式口冰川擦痕""隆恩寺冰川擦痕"。更重要的是，1962年李四光亲自在八大处的第五处龙泉庵到第六处香界寺的山路左侧发现了一块长圆形的砾砂岩巨石，确认为第四纪冰川漂砾，也就是闻名中外的"八大处冰川漂砾"。总而言之，永定河流域是一座巨大的地质学和古人类学的科学殿堂，是一部内容丰富的、包罗万象的自然科学教科书。

第八章

生机再现

——西山永定河文化带展望

1949年中华人民共和国的成立，标志着北京迈入了一个崭新的时代。此后迄今，北京在周边森林绿化、植被保护、河道整治、水库建设以及其他环保、水利事业方面，都取得了前所未有的巨大成就。其中，永定河的治理，关系到城市生态安全与防洪、供水的大局，依然是北京地区水利事业的重点之一。20世纪70年代以后，城市膨胀、人口激增、生产消耗、环境污染以及区域性的气候干旱，使北京的水资源由基本适用变为严重短缺，水环境也随之趋于恶化，直至成为制约北京可持续发展的瓶颈。在这样的大背景下，治理永定河的重心也从早期以防洪抗旱、城市供水为主，转移到防风治沙、节水抗旱、防治水污染、保护水环境等方面。尤其是进入21世纪以来，人们对永定河与北京城的关系进行了深刻反思和重新认识，开始从生态和文化的战略高度审视绿水青山的重要性，重新全面制定永定河流域的发展规划，从而开启了永定河复水见绿的再生计划，唤醒了古老母亲河的勃勃生机。

第一节　从根治洪患到复水见绿

历史上，永定河的洪水泛滥给人们留下了挥之不去的阴影，筑堤防洪一直是治理永定河的主要措施。民国时期几经规划的修建水库拦蓄洪水的方案，在1949年新中国成立后才终于变为现实。

一、拦洪蓄水，缚住苍龙

1951年10月正式动工修建官厅水库，至1954年7月交付使用，蓄水运行。官厅水库成为新中国第一座蓄水10亿立方米以上的大型综合利用水库，控制了永定河流域面积的92.3%，约为4.34万平方公里。1987—1989年扩建后，总库容41.6亿立方米，其中防洪库容29.9亿立方米，兴利库容2.5亿立方米。设计洪水标准为千年一遇，相应库水位484.84米，使下游河道治理与防洪的基础更加稳固。官厅水库建成后，成功拦蓄流速大于1000立方米/秒的洪水共计8次，削减洪峰70%～90%，有效减轻了下游的洪涝灾害。

除了官厅水库，北京市境内还在1970—1974年修建了斋堂水库，位于官厅山峡清水河峡谷处，控制流域面积354平方公里，占清水河流域面积的61.9%，拦洪蓄水作用明显。1974—1980年在门头沟区下马岭沟左侧支沟还建成了苇子水水库，但由于遭遇连年干旱，尚未发挥拦洪蓄水效益。上游张家口、大同地区在永定河的干支流上也修建了一系列水库，大型的如友谊水库、册田水库等。

卢沟桥至三家店段的左岸堤防，是北京城的安全保障。北京市农林水利局1952—1956年调查发现，回龙庙、衙门口、庞村等险工堤段大多年久失修。为排除隐患，从1967年到1983年进行了7次加固、延伸和治理。卢沟桥至梁各庄（属河北省固安县，隔永定河与大兴相望）河段，是永定河在北京市境内频繁摆动淤浅的平原河段。1958年8月25日，水电部在北京召开永定河下游河道整治会议，提出了卢沟桥至梁各庄段"三固一束"的整治原则：固定险工，以改善并解决永定河的防汛问题；固定流势，以保证行洪顺畅；固定滩地，以防止滩地显没无常；束窄河道，使河槽逐渐刷深。随后，据此确定了左右两岸的治导线，用土石丁坝、顺坝、护岸、护坝、堵塞串沟、植雁翅林和边缘柳等工程加以控制。在北京市管段内，1959—1961年修建各种丁坝、顺坝71段，沙柳盘头5段，护坡5段，护坝41段以及部分雁翅林。分洪滞洪工程建设，首推1985—1987年完成的卢沟桥分洪枢纽工程，包括在卢沟桥以上新建永定河拦河闸、改建小清河分洪闸、扩建大宁水库为滞洪水库。

经过一系列建设和整治，永定河的滚滚洪浪的确被有效地遏制，自1958年以来，基本没有发生过大的洪灾。永定河实现了真正的安澜永定，并为北京城的供水供电发挥了显著效益。

浑流被束，灾患消除，但是很快，永定河又被新的危机困扰。20世纪70年代后，由于上游地区工农业和采矿业的发展，人口增加，植被退化，用水剧增；再加上气候持续干旱，降雨稀少，致使上游来水不断减少，永定河三家店以下常年断流，引发了河床沙化、植被破坏等生态问题，干涸的永定河河床成为城市风沙的来源之一。

而环绕北京西山大大小小的煤矿、采石矿场达几百个。作为北京西山的主体和永定河官厅山峡地带，仅门头沟区的采石矿场即达百余个。房山、门头沟区的大小煤窑更是遍布山野，对周边生态环境、永定河水源涵养及西山文化遗产和自然风景造成巨大破坏，引起社会各界的广泛关注。

永定河的生态退化不仅成为经济发展特定阶段人口、资源、环境矛盾的具体体现，也成为沿线区县经济社会可持续发展的制约因素。20世纪90年代后，随着永定河流域社会经济的进一步发展、沿岸城市规模的不断扩大，各种污水和废弃物也急剧增加，使官厅水库等水体污染越来越严重，已经不能作为城市生活供水水源，1997年被迫退出饮用水供水系统。

官厅水库建成后，年入库水量即呈现逐渐减少的趋势，特别是20世纪90年代仅为4.47亿立方米/年，比多年（1953—1996）平均值

9.8亿立方米/年减少50%（见表8-1）。而位于上游桑干河上的册田水库，基本控制了上游来水，流域供水量仅能满足工业、农业和生活用水三个方面。水资源的平均重复利用率接近70%，该流域水资源已极度匮乏。据统计，2005年平水年条件下洋河流域需水量为9.06亿立方米，缺水1.27亿立方米；桑干河流域需水量为4.62亿立方米，缺水0.89亿立方米。如此严峻的缺水危机势必挤占生态用水，从而影响到生态环境的正常运转。

表8-1　官厅水库1953—1996年径流量变化表

时段	平均年径流量 （亿m³）
1953—1959年	19.54
1960—1969年	12.86
1970—1979年	8.41
1980—1989年	5.02
1990—1996年	4.47
1980—1996年	4.79
1953—1996年	9.8

20世纪80年代以前，北京市的农田灌溉还主要以地表水为主，官厅水库是其中的重要水源之一。1983年以后，官厅水库停止供水，渠灌区变成井灌区，原有的渠道和水利设施处于荒废状态，永定河三家店以下开始断流。

永定河断流给下游带来的生态影响是巨大的：卢沟桥以下沿河的柳树、沙柳盘头、沙柳丁坝和燕翅林等生物防护措施因植物枯死而失效，不得不改建成浆砌石、混凝土等硬化防护工程；河道的废弃使得两岸的建筑和企业用地不断将河道侵占；干枯的河床上要么成为堆放垃圾和废弃物的场所，要么成为挖沙、采石者的天然宝矿；由于气候干旱和河床沙化，每到冬春季节，西北风顺河而下，形成"风廊"，风沙弥漫，扬尘蔽天，成为危害北京的五大风沙源之一……另外，两岸的厂矿企业持续不断地向废河道排放污水，造成了全流域严重的水污染。

总之，到20世纪末，永定河从历史上的洪灾频仍，到全流域河水几近枯竭；从曾经的"清泉河"美誉，到浑水、黑水水质多项指数严重超标；从中上游的茂密森林，到日益加剧的荒山秃岭和水土流失；从曾经为城市供水、农业灌溉，到不得不引再生水回补入河……永定河在自然因素和人为因素的影响下，变成了上游水少水脏、水土流失；下游河道断流，河床沙化的景象（见图8-1）。

图 8-1　20 世纪七八十年代的永定河

二、治污还清，绿化山林

进入21世纪后，随着科学发展观的深入人心，人们对于永定河的生态状况和功能定位有了重新认识，意识到对母亲河的保护刻不容缓。国家制定了《21世纪初期首都水资源可持续利用规划》（以下简称《规划》），建设一条安全、清洁、亮丽、和谐的永定河，让母亲河重现生机和风采，成为新世纪北京水利事业的奋斗目标。

该《规划》从抗旱防洪工程、河道及环境整治、水源保护和生态修复、绿色生态发展带等全方位对永定河的治理提出了目标、原则和实施方案。按照规划中制定的"永定河流域上中下游相结合、治河先治污"的治理原则，北京市将官厅水库入库口到永定河出山口三家店拦河闸分为两大治理区域：官厅水库入库口和库区、周边为一个区域，官厅水库下游的百里山峡为一个区域。在官厅水库三个入库口建设黑土洼、八号桥及野鸭湖湿地，上游来水首先经过湿地，通过湿地的水净化系统削减入库污染物。在库区周边采取环湖生态防护措施，建设污水处理厂；部分地区禁止农耕，建设二级保护区，退耕还林，封库禁渔。在永定河山峡段，进行生态修复，建设绿色生态走廊。三家店库区则进行清淤、治污。随着这些措施的落实，官厅水库到三家店的出库水质基本达到了三类水体标准[①]。2010年，永定河又恢复成为北京城区的饮用水源。

为确保首都供水安全，增加官厅水库蓄水，在水利部大力协调下，自2003年开始，连续6年从河北、山西两省向北京集中输水，累计输水3.1亿立方米。

追溯历史可知，永定河的生态危机是与流域内尤其是中上游地区的植被状况密切相关的。没有山的滋润就没有水的丰盈。因此，包括大西山在内的北京周边的生态环境保护和山林绿化一直是先于河道治理的常规性工作。从20世纪80年代以来，以"三北防护林"为引领的环北京山区的植树绿化事业一直稳步开展，并取得了世界瞩目的成绩。尤其是，北京市第十一个"五年计划"实施期间（2006—2010），确立了"新北京、新奥运"的战略构想，为办好一届"绿色奥运"，首次把"创新、和谐、宜居"作为城市建设的目标。由此开始，北京市发展与改革委员会每五年制定一份《环境保护和建设规划》，每年完成一篇《北京市生态环境建设发展报告》，北京的生态环境建设步

---

① 《北京市"十五"时期水利发展规划》，首都之窗网站，2003年9月22日。《北京市"十一五"时期水资源保护及利用规划》，北京市发展和改革委员会网站，2006年9月8日。

入新的发展阶段。

《北京市"十一五"时期环境保护和生态建设规划》把防沙治沙、绿化造林、河网整治、矿山生态修复等作为北京市的重点工作，也就是从这时期起，北京西部的矿山整治及生态修复全面启动，门头沟、房山、丰台等区采矿业开始转型，区域经济的战略重点是转向绿色、可持续产业。

《北京市"十二五"时期环境保护和建设规划》提出，要进一步加强生态建设，增加城市绿色空间和水网密度，深化自然保护区等重点生态功能区的保护和管理，推进农村环境保护与污染治理，提升生态承载能力，继续改善全市生态环境质量。具体包括：

——建设绿色空间。继续增加植被覆盖度、生物丰度，以生态涵养区为重点，完善以山区绿化、平原绿化和城市绿地为基本骨架的绿色空间体系，建设滨河森林公园、郊野公园、城市休闲森林公园、南中轴森林公园，沿中心城河湖水系打造滨水林带，增加绿地面积，优化绿地结构和布局，到2015年，全市林木绿化率达到57%，城市绿化覆盖率达到48%。

——提升水网密度。实施永定河绿色生态走廊建设，开展潮白河等河流水系综合治理，加快城市湿地恢复，增加水面面积。

——减少水土流失。继续遏制土地退化，开展沙化、潜在沙化土地治理，实施生态清洁小流域建设，推动关停矿山生态修复，减少水土流失面积，等等①。

同时，还特别制定了《北京市"十二五"时期绿色北京发展建设规划》这一专项规划，针对"绿色生产、绿色消费、生态环境"三大体系，系统阐述绿色北京建设的目标、任务与措施。其中以巩固山区绿色生态屏障体系为重点的一系列举措尤为引人瞩目。以"京津风沙源治理工程""三北防护林工程""太行山绿化工程"为骨架，大力推进山区生态建设和森林健康经营，着力增强森林生态系统的综合

---

① 详见《北京市"十二五"时期环境保护和建设规划》。

服务功能，实现森林覆盖率达到40%。积极推进与周边区域的生态建设合作项目，支持河北环京地区生态水源保护林建设，推进京蒙三北防护林体系建设等工程。完成房山、门头沟等7个区县剩余40万亩荒山绿化，完成5.5万亩废旧矿区生态恢复。优化森林结构，完成150万亩低效生态公益林改造，抚育300万亩中幼林。加强生物多样性保护，依托松山、百花山等六大自然保护区，重点建设20个自然保护小区。并加快推动生态涵养区绿色产业发展，依托生态资源优势，大力发展资源节约型、环境友好型产业，提高生态涵养区的生态屏障功能。浅山区发展壮大生态旅游、有机农业、特色林果等产业，积极培育特色品牌沟谷，大力发展沟域经济。深山区有序发展森林旅游、休闲养生等特色产业，切实保障森林覆盖率，强化生态保护功能[①]。

在这样一个大的绿色发展理念的背景下，永定河流域的生态修复和治理进入一个有计划、有落实的具体程序之中。

2005年以后，根据北京市委、市政府对永定河治理提出的新指示——"探索生态修复新路子，建设更加良好的生态环境，实现更高水平的可持续发展"，北京市水利规划设计研究院研制出《永定河绿色生态走廊建设规划》。该规划要在总体上打造永定河"一条生态发展带、三段功能分区、六处重点水面、十大主题公园"的空间景观布局，为两岸五区创建优美的生态水环境。其具体方案如下：

一条生态发展带：营造河滨带，建设湿地，滩地绿化，湖溪贯连，水绿相间的永定河绿色生态发展带。

三段功能分区：山峡段源于自然，维护生物多样性，保护天然河道；城市段融入自然，治污蓄清，重点区域和交通节点形成水面；郊野段回归自然，有水则清，无水则绿，封河育草，绿化压尘。

六处重点水面：建设门城湖、莲石湖、园博湖、晓月湖、宛平湖、大宁湖六大湖泊，淙淙溪流贯行其间。

十大主题公园：充分利用既有砂石坑、垃圾坑、河滩地，建设十

---

① 详见《北京市"十二五"时期绿色北京发展建设规划》。

大主题公园——门城滨水公园、麻峪湿地公园、首钢滨河公园、南大荒公园、园博园、晓月人文休闲园、长堤公园、稻田湿地公园、马厂湖景园、永兴滨河生态园。

规划实施后将建成长170公里、面积1500平方公里的绿色生态发展带，新增水面1000公顷、绿化面积9000公顷，形成有水有绿，生态良好的北京西南生态屏障。该规划的建设工程已于2010年启动，首批进行的是门城湖、莲石湖、晓月湖、宛平湖和循环管线工程，简称"四湖一线"工程。其任务主要是治理河道14.2公里，总面积550公顷（相当于2个颐和园的面积），其中水面面积270公顷（相当于昆明湖水面积的1.4倍），河滨带面积280公顷，铺设20公里循环管线及修建泵站3座。而后推进的工程有：园博园潜流湿地、南大荒潜流湿地和小清河综合治理。这一系列生态修复工程的基本理念是"以水带绿，以绿养水"，运用干涸条件下的再生水补渗及生物为主的河床、滩地、堤防生态修复新技术，营造出"丰水多蓄，水少多绿，水退草丰，水绿相间"的大型城市湿地型河流。

目前，按照此规划的治理工作已卓然见效。门城湖、莲石湖、晓月湖、宛平湖四湖共蓄水564万立方米，形成景观水面270万平方米，四个湖泊各具特色，波光潋滟，被溪流、湿地串联在一起，像四颗璀璨的明珠，镶嵌在京西大地。[①]

2009年，北京市又出台了《促进城市南部地区加快发展行动计划》，其中明确提出，以改善河道生态环境为基础，结合首钢搬迁、门头沟新城建设、丰台河西地区开发等，优化调整两岸土地及产业发展规划，增强产业聚集竞争优势，将永定河沿岸地区逐步建设成为兼具优美生态环境和良好经济发展态势的水岸经济带。其主要内容是：

（1）结合新农村建设工程，大力发展水岸农业生态经济。

西南五区的农业均具有区域特色，经过多年发展已各树品牌。永定河水岸生态建设，可充分利用丰台区"北方最大"的花卉基地、门

---

① 以上数据采自《北京日报》等媒体及网站报道。

头沟区特优果品培育和特畜特禽养殖业、房山区农业科技创新品牌等优势资源，打造包括花卉园、观赏草皮培育园、无公害蔬菜园、特色果园在内的水岸农业生态示范园；利用各区养殖业及加工业的成熟经验和稳定市场，充分发挥水资源优势，带动水产品养殖业、特色禽畜业及特色禽畜产品加工业的发展。这样不仅会大大改善河岸生态环境，而且将带来可观的经济效益和社会效应。

（2）加大投资力度，大力开发生态休闲、旅游、创意文化产业。

随着现代都市交通运输体系的大力发展，城市河流的功能大都不再表现为航道运输，而是逐渐转变为生态休闲和旅游娱乐之所。从长远发展看，永定河水岸经济带的开发应主要定位在生态休闲、旅游娱乐业，这与首都北京的长远规划相适应，也是永定河作为首都"母亲河"应当承载的时代使命和功能。

北京城悠久的历史文明、深厚的人文积淀，为永定河的河岸商业圈建设提供了发展源泉。永定河作为京城"母亲河"，有着丰富的人文内涵和深厚的历史底蕴，因此结合区域文化及自然景观特点，大力促进水岸文化创意产业的集聚，打造品牌文化节，形成别具一格的河岸经济文化是发展永定河水岸经济带的重要方面。

为此，西南五区本着"治水必须同时治沙、治沙和建设生态环境结合"的原则和"有水则青、无水绿化"的理念，因地制宜地实施了各区段自己的永定河治理方案，在河道治理、截污治污、景观设计、文化保护和挖掘等方面均有显著成效。

门头沟区结合生态涵养区的功能定位，对永定河的生态治理从水源保护地做起，从山脚到山顶建设"生态修复、生态治理、生态保护"三道防线：第一道防线位于人口相对稀少的远山，实行封山育林，营造水土保持和水源涵养林，提高林草植被；第二道防线在人口相对密集的浅山丘陵，集中治理农村污水、垃圾问题，做到达标排放；第三道防线在河道两岸和湖库周边地区，恢复水道景观生态，进行环境综合整治。并将区内的永定河水岸经济定位于"绿色生态发展带"，重点规划绿色农业发展区，涉及门头沟区军庄、龙泉、永定3

个镇。

永定河石景山区段的功能定位是城市防洪景观河道。因此，石景山区对沿河滩地进行了综合整治，平整场地、清除垃圾、封滩育草，改善环境，使石景山段的永定河成为文化河、生态河、景观河以及休闲旅游带。石景山段的水岸经济带建设则集永定河的治理、保护和开发，恢复湿地景观，改善生态环境于一体，结合西部地区基础设施建设的推进，着力宣传永定河文化，保护好永定河古灌渠、石景山、金口、模式口、八大处、首钢工业园的文化遗产景观，展现"山水仙境、创意城区"的总体形象，大力发展休闲健身、旅游观光、创意文化和商业服务等产业，促进石景山西部地区和周边区域经济联动发展。

处在"永定河水岸经济带"核心地段的丰台区为落实"城南计划"的行动规划，拟建设"一条廊道，五个项目区"，扮靓北京母亲河，着力打造集人文、环保、科技、宜居于一体的绿色产业经济带。"一条廊道"是指以永定河为主线形成永定河生态走廊。"五个项目区"包括永定河历史文化园区、桥西街及水岸古城整体建设开发区、宛平湖建设区、晓月湖生态系统构建区和卢沟桥农场生态修复区。为此，丰台区将加大城市环境建设力度，在永定河以西建设再生水厂，推进河道治理、生态绿化、供水排水管网、垃圾处理等设施建设。将依托永定河河西浅山丘陵地区山地、生态、温泉、农业四大特色资源，以南宫旅游景区、北宫国家森林公园、鹰山森林公园、千灵山风景区等为主体，推进河西生态休闲旅游区建设，打造北京旅游胜地和"文化会都"。永定河丰台段的生态恢复初见成效，白鹭、野鸭、黑天鹅、野鸡、野兔等都已在永定河畔安家，生态环境的改善也为麋鹿提供了很好的生存环境。

永定河下游的大兴区段属于平原地带，流域生态恶化的后果在这里曾经体现得尤为充分："风来滚沙丘，四季都有灾；雨来水横流，十年九不收"；"晴天一身土，雨天一身泥"。这是以前大兴区永定河畔的村民们对周边环境的真实总结。而盘踞在永定河边的几十家砂石料场更是给这里带来了一条"黑色"产业链。2014年开始，大兴区集中整治清理了这些砂石料场，并对腾退后的土地进行有序流转，合理利用，绝大部分土地纳入了平原造林工程。而2012年就已启动的平原造林工程，就此进入持续深入、多层次的绿化美化建设。漫步在永定河畔，一条色彩亮丽的绿色廊道已初步呈现。同时，大兴区加快推进永定河故道湿地南海子、长子营湿地公园建设，高标准推进新凤河、天堂河城市段环境建设，实施永定河引渠等7条河道综合治理工程，努力营造水清、岸绿的滨河休闲环境。京南40公里的大兴新机场周边，约25平方公里的生态湿地正在建设中，它不仅能够为新机场降尘、减噪，还承担着蓄滞雨洪的功能。

让永定河起死回生，一直是首都市民的梦想。自2010年北京市启动实施永定河绿色生态走廊综合整治工程以来，相关各区积极行动起来，配合环境治理和生态修复工程，进行结构调整、产业升级。如今，门城湖、莲石湖、晓月湖、宛平湖、园博湖、南海子以及永定河畔的多处湿地景观已初具规模，不仅为市民提供了良好的游览、运动、休闲和亲水空间，也给沿岸新的经济、文化布局带来了更适宜的地理基础。

第二节　从生态修复到文化带建设

北京市自2006年为打造"绿色北京"进行的系列环境保护与修复工程和2009年开始实施的"五湖一线"治理工程以来，切实改善了西部山区和永定河北京段的景观风貌，但还属于局部的改善，永定河流域的整体环境退化仍没有根本改变。随着京津冀协同发展的国家战略的实施，对西山和永定河的治理才进入了一个更加全面和深入的、新的历史时期。

一、山水相连，全域治理

2016年是落实《京津冀协同发展规划纲要》的重要一年，也是永定河综合治理与生态修复工作启动之年。该年底，国家发改委、水利部、国家林业局联合印发了《永定河综合治理与生态修复总体方案》（以下简称《总体方案》），这份针对永定河的方案，是北方首个跨省市系统治理河道的文件。按照《总体方案》，国家计划投资370亿元着力解决永定河水资源过度开发、水环境承载力差、污染严重、河道断流、生态系统退化、河道行洪能力不足等突出问题，将永定河水系恢复为"流动的河、绿色的河、清洁的河、安全的河"。流域各段各省市要根据具体的水资源自然条件和生态状况，集中利用5至10年时间，逐步恢复永定河全流域生态系统，将永定河贯通打造成为一条蓝绿交织、贯穿京津冀晋的绿色生态廊道。

《总体方案》提出了"生态景观轴、绿色发展轴、文化休闲轴"三轴合一的实施理念，旨在加快推进永定河综合治理与生态修复。京津冀晋四省市将在永定河率先推行"河长制"，地方政府将成为责任主体，明确分工及年度实施计划。长达740余公里的永定河河道，将被划为4段区域。其中三家店以上为水源涵养区、三家店至梁各庄为平原城市段、梁各庄至屈家店为平原郊野段、屈家店至防潮闸则为滨海段。

依据《总体方案》，北京市快速跟进，于2017年5月发布了《北京市永定河综合治理与生态修复实施方案》。根据该《实施方案》，永定河北京段将形成"一条蓝绿交织的生态走廊""三个林水相融的生态节点"，以及"三段各具特色的功能区"。具体如下：

一条生态走廊是指永定河北京段170公里将形成溪流—湖泊—湿地相连不断的绿色生态廊道，包括山峡段的百里画廊和平原段的森林—湿地。

三个生态节点是指官厅水库周边、新首钢周边和北京新机场临空经济区周边。官厅水库将通过建设官厅水库8号桥湿地、妫水河入库口湿地等湿地群，以及官厅水库水源保护、水库河滨带修复和妫水河水质提升，大幅增加湿地水面、森林，打造湿地中的世界园艺博览会，支撑2019年世园会和2022年冬奥会等重大活动举办。新首钢周边，则将通过建设麻峪湿地、南大荒湿地、首钢水系连通、首钢遗址公园和滨河水绿生态修复，扩大绿色生态空间，成为长安街西延通向自然的轴线，渗透带动北京中心城绿色发展。北京新机场临空经济区周边，将通过建设稻田湿地、马厂湿地、长兴湿地、永兴滞洪湿地和滨河森林公园，形成湿地连成线、森林连成片的生态廊道格局，打造首都南大门壮美的大地艺术景观，奠定临空经济区加快发展的生态基础，为京津冀协同绿色发展提供示范。

三段功能区：一是官厅水资源保护区，主要功能是增加入库流量，提升水质标准；二是山峡水源涵养区，主要功能是防治水土流失，增强水源涵养能力，加强涵养林建设和河道生态修复；三是平原生态区，将主要展现生态休闲服务价值，营造大型人、水、绿共享的河流公园格局。

按照《总体方案》的计划，到2020年，永定河河流生态水量将得到基本保障，河流水环境状况明显好转，生态功能得到有效提升，防洪薄弱环节得到治理，跨区域协同体制机制基本建立，初步形成永定河绿色生态河流廊道。

据水利规划设计研究院的专家介绍，为了实现这一目标，北京市正实施每年为永定河注入高达7500万立方米的中水，用于补充水体。还计划从万家寨引山西、内蒙古等省份的黄河水入官厅水库，为永定河补充水源。①

北京市园林绿化局则为贯彻落实这一《总体方案》，相应制定了《北京市永定河综合治理与生态修复绿化建设实施方案》，并将任务落实到各区各段，责任分解到18个具体工程②（见表8-2），集中力量进行永定河沿岸和西山地区的森林养护及植被恢复，实现林水共治。

表8-2　北京市永定河综合治理与生态修复绿化建设任务安排及责任分解表

序号	工程名称	建设任务（万亩）	建设时间（年度）	责任单位	监管部门
1	门头沟永定河和清水河水源涵养林工程	14	2017—2022	门头沟区园林绿化局	造林营林处、治沙办
2	延庆区妫水河河岸景观林建设工程	0.1	2017	延庆区园林绿化局	造林营林处、平原造林办
3	大兴区永定河外围绿化建设工程	2.6	2017—2018	大兴区园林绿化局	造林营林处、平原造林办
4	门头沟区永定河河岸景观林建设工程	2.08	2018—2021	门头沟区园林绿化局	造林营林处、平原造林办、治沙办
5	大兴区永兴河河岸景观林建设工程	0.3	2018—2020	大兴区园林绿化局	造林营林处、平原造林办
6	延庆区妫水河河岸景观林改造提升工程	1.14	2017	延庆区园林绿化局	造林营林处、平原造林办
7	房山区永定河河岸景观林改造提升工程	0.2	2017—2018	房山区园林绿化局	造林营林处、平原造林办

---

① 采自《北京青年报》，2017年3月29日。

② 见北京市园林绿化局：《北京市永定河综合治理与生态修复绿化建设实施方案》，首都园林绿化政务网站，2017年6月29日。

序号	工程名称	建设任务（万亩）	建设时间（年度）	责任单位	监管部门
8	门头沟区永定河森林质量精准提升工程	20.3	2017—2022	门头沟区园林绿化局	造林营林处、治沙办
9	门头沟区清水河森林质量精准提升工程	14.11	2017—2022	门头沟区园林绿化局	造林营林处、治沙办
10	延庆区野鸭湖湿地公园保护与恢复工程	0.12	2017	延庆区园林绿化局	野生动植物保护处
11	房山区长阳永定河滨河森林公园建设工程	0.59	2018—2020	房山区园林绿化局	造林营林处、平原造林办
12	石景山区首钢遗址公园绿化和水系建设工程	0.3	2018—2022	首钢绿化公司	城镇绿化处、规划发展处
13	大兴区永定河滨水郊野森林公园建设工程	3.5	2019—2022	大兴区园林绿化局	造林营林处、平原造林办
14	门头沟区九河湿地公园建设工程	0.78	2019—2020	门头沟区园林绿化局	野生动植物保护处
15	丰台区北天堂滨水郊野森林公园建设工程	0.08	2018—2019	丰台区园林绿化局	平原绿化处、城镇绿化处
16	门头沟区永定河科普公园建设工程	0.04	2018—2019	门头沟区园林绿化局	平原绿化处、城镇绿化处
17	门头沟区永定河滨水公园建设工程	0.07	2018—2019	门头沟区园林绿化局	平原绿化处
18	延庆区野鸭湖湿地自然保护区建设工程	2.5	2020—2022	延庆区园林绿化局	野生动植物保护处
合计		62.81	2017—2022		

在社会各界林水共治的努力下，如今的永定河沿岸，已经被一片

绿色覆盖。河道两侧30米范围内，耐旱的元宝枫、栾树、黄栌、侧柏等树种形成一条完整的防风固沙的绿色屏障，黄沙滚滚的河滩地变成了溪水—湖泊—绿道相连的景观带。站在修葺一新的三家店水库堤岸上远眺，可以看到上百亩的开阔水面，河水清澈透明，两岸绿树成荫，蝴蝶纷飞，水鸟悠闲。永定河正在成为京西南地区最大的绿色平台，将重现人水和谐的美丽画面（见图8-2）。

图8-2　如今卢沟桥附近永定河景象

二、文化织锦带，生态助发展

就在永定河流域生态景观逐渐恢复之际，一个居于更高战略格局的规划也已形成。为落实习近平总书记两次视察北京重要讲话的精神，确立首都全国文化中心的城市战略定位，2016年6月发布的《北京市"十三五"时期加强全国文化中心建设规划》中提出了重点实施"两线三区四带"工程，其中"四带"是长城文化带、西山文化带、大运河文化带、京西近代工业遗产带。同时，《北京市国民经济和社会发展第十三个五年规划纲要》也正式将"全面保护北京历史文化名城"列入指导性纲领：加强旧城整体保护；推进区域文化遗产连片、成线保护利用。挖掘区域文化遗产整体价值，制定实施北部长城文化带、东部运河文化带、西部西山文化带保护利用规划。

"西山文化带"的概念由此形成。西山及其山前地带是北京市郊外历史文化遗产最丰富、类型最多样的地区。早在20世纪90年代，吴良镛就提出了建设"西北郊历史公园"的设想，将圆明园及其以西文物分布密集的山地建设成为国家级的公园。2004年的北京市总体规划也曾根据吴良镛的设想，在北京西山规划了"国家历史公园"，但并未施行。后来，北京市园林局又提出了"西山国家森林公园"的设想，北京市文物局则依据文物集中分布的区域状况，率先提出了"西山文化带"概念，都是在吴良镛"西北郊历史公园"概念基础上的发展，其范围大体相似，只是内容各有侧重。

　　当时，设立"西山文化带"的初衷是，打破单一文物保护的框架，从区域保护与区域发展入手，结合生态保护、景观保护、地名保护、旅游开发、新农村建设、交通建设、经济发展、居民生活改善等诸多方面，制定文化遗产保护规划和区域发展规划，实现保护与区域发展的紧密结合。

　　2017年春，以北京市社科院为代表的一批专家学者提出了永定河文化的重要意义，建议将"永定河文化带"纳入新的北京城市总体规划中，以"构建全覆盖、更完善的历史文化名城保护体系"[1]。这一提议不仅得到北京市领导的肯定性批示，也得到了北京史研究会、北京市方志办、门头沟区委、永定河文化研究会等单位专家学者的广泛支持。在大家共同呼吁建言下，将"西山文化带"修订为"西山永定河文化带"；在2017年9月正式发布的《北京城市总体规划（2016年—2035年）》中，明确将大运河文化带、长城文化带和西山永定河文化带作为北京历史文化名城保护体系的重要内容（见图8-3）[2]。

　　永定河是一条文化的河。从上游到下游，从远古到当今，其文脉

---

　　① 吴文涛：《关于将永定河流域打造成北京第四大文化带的建议》，经北京市社科院要报《看一眼》2017年第7期上报，获北京市领导肯定性批示；后以《这条"大文化带"值得重视》为题刊发于《北京日报》2017年5月15日理论周刊。

　　② 北京市规划和自然委员会网站，http://ghzrzyw.beijing.gov.cn/zhengwuxinxi/gzdt/sj/201912/t20191223_1421777.html。

北京城市总体规划（2016年—2035年）
图03 文化中心空间布局保障示意图

图 8-3　《北京城市总体规划（2016年—2035年）》附图 03 文化中心空间布局保障示意图

绵长延续不断，发展至今俨然是一条连通京津冀晋灿烂文明的大文化带。这条文化带具有历史悠久、内涵丰富、包容大气、底蕴深厚的特点，见证了华夏民族融合发展的历史进程，体现着各个历史时期、不同民族文化发展的成果精髓。其文化形态多样，覆盖了从史前至当代漫长的历史时期，文化遗产和风景名胜区众多，文物保护单位级别高，仅北京就有世界文化遗产，国家级、市级等各级文物保护单位400余处。从文化入手保护和治理永定河流域，这是站在国家战略高度的深远布局之举，是在更大格局、更广视野中审视永定河的文化价值，发挥永定河流域山水同源、文化同脉的优势，为提升整个流域的社会发展水平注入灵魂和永恒的动力。这一规划的提出，也为保护传承发展西山永定河文化提供了千载难逢的历史性机遇。

规划建设西山永定河文化带的总体目标是，实现文物保护与生态保护、旅游发展、文化建设的结合，全面保护、传承、利用好山好水的自然资源和各类历史文化资源，涵养生态环境，打造标志性文化品牌，为京津冀协同发展搭建深度交融的桥梁，为首都建设全国文化中心注入独特的文化内涵。

具体到西山区域，主要有以下目标和举措：按地域划分，北京境内的西山区域北以昌平南口附近的关沟为界，南抵房山拒马河谷，西至市界，东临北京小平原；行政区包括昌平、海淀、石景山、丰台、门头沟、大兴和房山七区的全部或部分，占据了北京市总面积的20%

330

以上。要在这么大范围的区域内，形成一个文物的整体保护地、与历史文化融合的生态涵养地、高品质的文化旅游目的地、高端文化艺术品的展示地、充满文化气息的宜居地。其建设的重点内容包括：依托"三山五园"地区、八大处地区、永定河沿岸、大房山地区等历史文化资源密集地区，加强琉璃河等大遗址保护，修复永定河生态功能，恢复重要文化景观，整理商道、香道、铁路等历史古道，形成文化线路，等等。具体落实到空间部署上又可以分成以下几步：

（1）在东部地区初步完成"三山五园"历史文化景区建设，提升圆明园遗址保护和考古工作水平；实现旭华之阁、松堂、景泰陵、黑龙潭等文物的开放或适度开放，复建功德寺遗址，重塑青龙桥古镇形态；建设以香山为中心的小西山文化生态景观带，形成环绕小西山的环山游览线；建设水陆一体的长河文化景观廊道，在玉泉山下恢复部分京西稻田，恢复高水湖等水利景观；大力引进博物馆、美术馆，发展文化创意产业，建设文化标识系统。

（2）在中西部区域，通过三条古香道把门头沟区的妙峰山景区与海淀区的大西山景区结合起来，形成以妙峰山为中心的民俗文化游览区。建设以大觉寺、古香道、七王坟、凤凰岭、白虎涧、驻跸山为轴线的沿山历史文化风景带。协调关系，推进七王坟、九王坟、普照寺、驻跸山、贯石药王庙等文物的修缮和开放。

（3）在区域西北部形成由流村经高崖口到苇子水的沟域文化景观带，展现古村落风情。在区域南缘形成永定河沿线历史文化景观带，等等。[1]

总之，自确立"西山文化带"以来，北京市对区域内的部分文物保护单位进行了全面的保护修缮。香山二十八景等历史建筑及历史景观得到进一步恢复，圆明园遗址考古和保护展示工作取得了突出成果，世界文化遗产颐和园文物得到全面保护。同时区域环境整

---

① 岳升阳、侯兆年：《北京"西山文化带"的保护利用》，《北京文博文丛》，2016年第2期。

治、基础设施建设、产业转型升级、旅游产业开发等方面都取得了突出成果和实效，西山地区正在成为一个具有共同生态文化和历史文化属性的，集首都文化、生态、经济、社会、政治五位一体的功能聚合区。

围绕文化建设，相关部门还制定了《永定河绿色生态走廊建设规划》（以下简称《规划》）。《规划》以永定河是北京母亲河的认识为基础，以弘扬、展现永定河文化为主题，以实现永定河文化与绿色生态融合、浑然一体的绿色生态走廊建设为目标，为永定河绿色生态城市发展带建设提供文化支撑。《规划》将永定河文化恢复和文化产业发展作为一项重要内容，着力推动文化资源城乡共享、以文化资源为基础的相关产业发展，特别是旅游业的发展。《规划》在永定河流域设置了6类重点文化聚集区（带），包括沿永定河滨水空间的水文化聚集带；以三家店、琉璃渠为基础的古村落文化聚集区；以宛平城、二七车辆厂为基础的爱国主义教育聚集区；以戒台寺、模式口为基础的宗教文化聚集区；以良乡、大兴高教园区为基础的现代文化传播区；等等。

经过山水同治的一系列举措，西山永定河文化带正呈现出日益明显的文化发展势头：一是其本身的区位优势明显，距市中心距离较近，特别适宜短途旅游和方便市民周末出行；二是自然与人文融合凸显中国生态文化特色，文化旅游资源禀赋优、等级高，空间组合好、密集程度高，自然景观秀丽，人文底蕴深厚；三是临近高教园区和科技园区，可以依托高水平的科教优势，使人文自然相结合、历史未来相结合、传统新潮相结合，培育出更多的新型旅游资源；四是文化产业空间开发潜力大、发展快，规模已占全市文化产业规模1/3左右，正在成为新型科技产业和文化创意产业的勃兴之地。

今后，可以按照世界文化遗产"文化景观"类标准保护和重塑北京西山永定河文化景观，通过升级管理、创新体制、理顺机制，创新投融资模式和绿色发展激励约束机制等，建立生态和文化内涵并重的"西山国家公园""永定河水利文化遗址公园""南苑湿地生态文化公园"等一系列国家级生态文化公园,形成环北京生态文化景观带。

综上所述,北京西山永定河文化带是北京的文明之源、历史之根,具有文脉绵长,底蕴深厚的特点;是首都的生态屏障、战略要地,承载着天人合一、中华一统、民族团结、宗教和谐的核心价值。有关西山永定河文化带的规划建设,标志着北京绿色发展理念和文化精神的复兴。以生态涵养和文化驱动为主题的永定河流域综合治理,不仅将为北京的上风上水带来极大改观,还必将为相邻的雄安新区的长足发展提供广阔而纵深的环境背景和人文支撑。倾力打造既有自然地理条件又有历史文化根基的西山永定河文化带,不仅是对北京推进全国文化中心建设,实现"一核一城三带两区"规划的具体实践,也是带动全流域协同发展的重大举措。在实施京津冀一体化国家战略进程中,西山永定河文化带作为重要的空间载体和文化纽带,将日益展现其特殊价值和巨大潜力。从国际趋势看,文化要素已然成为世界社会经济发展的重要引擎,我们正在迎接"文化+"时代的到来,文化已成为我国创新创业最活跃的领域之一。不久的将来,永定河流域将凭借其卓越的山水资源与历史积淀,向绿色、低碳和文化魅力发展带跃升,成为生态河道的示范区、林水相依的景观带、流域文化的展示廊、经济发展的新空间,成为中国极具价值、富有活力的发展区域。

山有魂,水有灵,山水相依佑京城。愿巍峨的大西山更加苍翠,古老的母亲河生机重现,愿它们雄姿英发、柔波秀美地拥抱着我们的城市,与我们和谐共生!

参考文献

1. 《韩非子》,《二十二子》本,上海:上海古籍出版社,1986年。

2. [汉]许慎撰,[宋]徐铉杨校定:《说文解字》,北京:中华书局,1963年。

3. [汉]戴圣,崔高维编译:《礼记》,沈阳:辽宁教育出版社,1997年。

4. [汉]应劭:《风俗通义》,文渊阁四库全书本,上海:上海古籍出版社,2003年。

5. 《汉书》,北京:中华书局,1962年。

6. 《后汉书》,北京:中华书局,2007年。

7. 《三国志》,北京:中华书局,1997年。

8. 《魏书》,北京:中华书局,1997年。

9. 《晋书》,北京:中华书局,1974年。

10. 《北齐书》,北京:中华书局,1997年。

11. [北魏]郦道元,陈桥驿校证:《水经注校证》,北京:中华书局,2007年。

12. 《册府元龟》,北京:中华书局,1960年。

13. 《新唐书》,北京:中华书局,1975年。

14. 《旧五代史》,北京:中华书局,1997年。

15. 《契丹国志》,上海:上海古籍出版社,1985年。

16. 《续文献通考》,杭州:浙江古籍出版社,2000年。

17. 《资治通鉴》,北京:中华书局,2011年。

18．〔宋〕范成大：《范石湖集》，上海：上海古籍出版社，1981年。

19．〔宋〕潘自牧：《纪纂渊海》，北京：中华书局，1988年。

20．〔宋〕蔡松年撰，〔金〕魏道明注：《明秀集》，北京：北京图书馆出版社，2005年。

21．《宋史》，北京：中华书局，1985年。

22．《辽史》，北京：中华书局，1974年。

23．《大金国志》，北京：中华书局，1986年。

24．〔金〕元好问：《中州集》，北京：中华书局，1959年。

25．〔金〕赵秉文：《闲闲老人滏水文集》，《丛书集成初编》本，上海：商务印书馆，1936年。

26．《金史》，北京：中华书局，1975年。

27．《元史》，北京：中华书局，1976年。

28．〔元〕熊梦祥：《析津志》，北京：北京古籍出版社，1983年。

29．〔元〕袁桷：《采芝亭记》，〔元〕袁桷著，王珽点校：《清容居士集》，杭州：浙江古籍出版社，2015年。

30．〔元〕陶宗仪：《南村辍耕录》，北京：中华书局，1959年。

31．〔元〕释念常：《佛祖历代通载》，郑州：中州古籍出版社，2015年。

32．〔元〕苏天爵编：《元文类》，北京：商务印书馆，1958年。

33．〔元〕魏初：《青崖集》，文津阁四库全书本，台北：商务印书馆，1983年。

34．〔元〕权衡：《庚申外史》，四库全书存目丛书本，济南：齐鲁书社，1996年。

35．《明史》，北京：中华书局，1974年。

36．《明英宗正统实录》，台湾"中央研究院"史语所影印本，1962年。

37．《明宪宗成化实录》，台湾"中央研究院"史语所影印本，1962年。

38.〔明〕吴仲：《通惠河志》，济南：齐鲁书社，1996年。

39.〔明〕顾炎武著，陈垣校注：《日知录校注》，合肥：安徽大学出版社，2007年。

40.〔明〕袁炜：《重修卢沟河堤记略》，北京：北京古籍出版社，1983年。

41.〔明〕沈榜：《宛署杂记》，北京：北京古籍出版社，1980年。

42.〔明〕张鸣凤：《西山记》，《西迁注》，文渊阁四库全书本，上海：上海古籍出版社，2003年。

43.〔明〕蒋一葵：《长安客话》，北京：北京古籍出版社，1982年。

44.〔明〕刘侗，于奕正：《帝京景物略》，北京古籍出版社，1983年。

45.〔明〕《顺天府志》，永乐大典本，北京：北京大学出版社，1983年。

46.《大明一统志》，西安：三秦出版社，1990年。

47.《明经世文编》，北京：中华书局，1962年。

48.《明宣宗实录》，台湾"中央研究院"史语所影印本，1962年。

49.《大明会典》，明万历十五年内府刻本。

50.《谕禁碑》，国家图书馆藏拓片。

51.《顺天府志·图经志书》，永乐大典辑本，北京：北京大学出版社，1983年。

52.《清实录》，北京：中华书局，1985年。

53.《乾隆延庆州志》，1938年铅印本。

54.〔清〕包世臣：《安吴四种》，《包世臣全集》，合肥：黄山书社，1991年。

55.〔清〕奉宽：《妙峰山琐记》，北京：西苑出版社，2004年。

56.〔清〕震钧：《天咫偶闻》，北京：北京古籍出版社，1982年。

57.〔清〕富察敦崇：《燕京岁时记》，北京：北京出版社，1961年。

58.〔清〕励宗万：《京城古迹考》，北京：北京古籍出版社，

1981年。

59.〔清〕孙承泽:《春明梦余录》,北京:北京古籍出版社,1992年。

60.〔清〕孙承泽:《天府广记》,北京:北京古籍出版社,1982年。

61.〔清〕赵翼:《檐曝杂记·檐曝杂记续》,北京:中华书局,1982年。

62.〔清〕赵祖铭:《清代文献迈古录》,北京:大众文艺出版社,2003年。

63.〔清〕于敏中等:《日下旧闻考》,北京:北京古籍出版社,2001年。

64.〔清〕吴长元:《宸垣识略》,北京:北京古籍出版社,1982年。

65.〔清〕彭孙贻著,于德源点校:《客舍偶闻》,北京:北京燕山出版社,2013年。

66.《康熙宛平县志》,北京:北京燕山出版社,2007年。

67.《光绪顺天府志》,北京:北京古籍出版社,1987年。

68.〔清〕顾祖禹:《读史方舆纪要》,北京:中华书局,2005年。

69.〔清〕陈琮:《永定河志》,上海:上海古籍出版社,2002年。

70.〔清〕李逢亨:《永定河志》,国家图书馆藏清嘉庆年间刻本。

71.〔清〕谈迁:《北游录》,北京:中华书局,1960年。

72.《光绪畿辅通志》,石家庄:河北人民出版社,1989年。

73.《清史稿》,北京:中华书局,1977年。

74.《嘉庆重修一统志》,上海:上海书店,1984年。

75.徐珂:《清稗类钞》,北京:中华书局,1986年。

76.〔明〕朱国祯:《涌幢小品》,北京:中华书局,1959年。

77.王树楠:《冀县志》,1929年铅印本。

78.章鸿钊,翁文灏合纂:《地质研究所师弟修业记》,北京:京华印书局,1916年。

79.叶良辅:《北京西山地质志》,农商部地质调查所出版,

1920年。

80．汤用彬等编者：《旧都文物略》，北京：书目文献出版社，1986年。

81．《清代海河滦河洪涝档案史料》，北京：中华书局，1981年。

82．《工部右侍郎魁龄同治六年正月二十二日奏报查勘西山水源情形事》，中国第一历史档案馆馆藏，档号：03-4969-001。

83．林传甲：《大中华京兆地理志》，北京：中国青年出版社，2012年。

84．田树藩：《西山名胜记》，上海：中华书局，1935年。

85．朱偰：《元大都宫殿图考》，上海：商务印书馆，1936年。

86．《北京市人委关于制止在西山国有林区内开山、采石、放牧的通知》，北京市档案馆馆藏，档号：131-001-00346。

87．何清谷校注：《三辅黄图校注》，西安：三秦出版社，2006年。

88．C.O.Sauer. The Morphology of Landscape. Berkeley：University of California Publications in Geography，2（2）. 1925.

89．H.C.DARBY，An Historical Geography of England Before 1800.Cambridge：Cambridge University Press，1948；On The Relations of Geography and History. Transactions and Paper，Institute of British Geographers，19（1953）.

90．侯仁之，邓辉：《北京城的起源与变迁》，北京：北京燕山出版社，1997年。

91．侯仁之：《论北京建城之始》，《奋蹄集》，北京：北京燕山出版社，1995年。

92．侯仁之：《海淀附近的地形、水道与聚落》，《侯仁之文集》，北京：北京大学出版社，1998年。

93．谭其骧：《〈山经〉河水下游及其支流考》，原载《中华文史论丛》第七辑（1978年6月），后收入谭其骧：《长水集》下册，北京：人民出版社，1987年。

94．严耕望：《唐代交通考》，台湾："中央研究院"史语所专刊之八十三。

95．王乃梁，杨景春等：《北京西山山前平原永定河古河道迁移、变形及其和全新世构造运动的关系》，《中国第四纪委员会第三次会议论文集》，北京：科学出版社，1982年。

96．夏商周断代工程专家组：《夏商周断代工程1996—2000年阶段成果报告》（简本），北京：世界图书出版公司，2000年。

97．孙秀萍，赵希涛：《北京平原永定河古河道》，《科学通报》，1982年第16期。

98．孙秀萍：《北京城区全新世埋藏河湖沟坑的分布及其演变》，《北京史苑》第二辑，北京：北京燕山出版社，1985年。

99．蔡蕃：《北京古运河与城市供水研究》，北京：北京出版社，1987年。

100．尹钧科等：《北京历史自然灾害研究》，北京：中国环境科学出版社，1997年。

101．尹钧科：《北京西山历史文化掠影》，《北京文博文丛》，北京：北京燕山出版社，2016年。

102．尹钧科：《北京郊区村落发展史》，北京：北京大学出版社，2001年。

103．尹钧科，吴文涛：《历史上的永定河与北京》，北京：北京燕山出版社，2005年。

104．尹钧科，吴文涛：《永定河与北京》，北京：北京出版社，2018年。

105．吴文涛：《北京水利史》，北京：人民出版社，2013年。

106．吴文涛：《永定河历史文化研究》，北京：北京燕山出版社，2007年。

107．吴文涛：《这条"大文化带"值得重视》，《北京日报》2017年5月15日理论周刊。

108．岳升阳，侯兆年：《北京"西山文化带"的保护利用》，

《北京文博文丛》，2016年第二辑。

109．岳升阳：《双榆树古渠遗址与车箱渠》，《北京文物与考古》，1994年第四辑。

110．岳升阳：《以西山文化带展示中国多元文化》，《北京观察》，2016年第7期。

111．王武钰：《朝阳区小红门出土一只独木舟》，《北京文物与考古》，1992年第三辑。

112．姚汉源：《元以前的高梁河水利》，《水利水电科学研究院科学研究论文集》第12集（水利史），北京：水利电力出版社，1982年。

113．孙承烈等：《灅水及其变迁》，《环境变迁研究》第一辑，北京：海洋出版社，1984年。

114．于德源：《北京漕运与仓场》，北京：同心出版社，2004年。

115．赵其昌：《京华集·蓟城的探索》，北京：文物出版社，2008年。

116．陈平：《古都变迁说北京·北京升华为皇都的本根——古蓟城》，北京：华艺出版社，2013年。

117．陈开俊等译：《马可·波罗游记》，福州：福建科学技术出版社，1981年。

118．张宝章，严宽：《三山五园传说》，北京：中国社会科学出版社，2016年。

119．张宝章：《三山五园新探》（上、下），北京：中国人民大学出版社，2014年。

120．包世轩：《北京佛教史地考》，北京：金城出版社，2014年。

121．包世轩：《西山八大处》，北京：华文出版社，2002年。

122．刘仲华：《三山五园历史文化区研究》，北京：中国社会科学出版社，2017年。

123．魏开肇：《五园三山》，北京：北京出版社，1999年。

124．赵连稳：《清代三山五园地区水系的形成》，《北京联合大学学报（人文社会科学版）》，2015年第1期。

125．何瑜：《浅谈清代圆明园的政治历史地位》，《圆明园学刊》，2012年第十三辑。

126．李建平：《"三个文化带"与北京文化中心建设的思考》，《北京联合大学学报（人文社会科学版）》，2017年第4期。

127．罗桂环等：《中国环境保护史稿》，北京：中国环境科学出版社，1995年。

128．颜昌远主编：《北京的水利》，北京：科学普及出版社，1997年。

129．什刹海研究会等编：《什刹海志》，北京：北京出版社，2003年。

130．苏天钧：《北京西郊白云观遗址》，《考古》，1963年第3期。

131．苏天钧主编：《北京考古集成》第4册，北京：北京出版社，2000年。

132．高尚武等：《京津廊坊地区风沙污染及防治对策研究》，《环境科学》，1984年5期。

133．谭烈飞编：《北京的古典园林》，北京：北京出版社，2018年。

134．谭烈飞：《京西史迹》，北京：团结出版社，2014年。

135．徐永利，陈名杰主编：《三山五园和京西文化研究与保护利用：北京三山五园研究院学术研讨论文集》，北京：研究出版社，2014年。

136．常华：《文化名人与北京西山》，《北京档案》，2013年第12期。

137．王建伟：《西山文化功能的历史演变》，《北京观察》，2017年第12期。

138．李彦冰：《北京西山红色文化的政治价值》，《前线》，2018年第2期。

139．王晓军：《贝家花园：西山深处交融着中法文化的古迹》，

《中关村》，2014年第5期。

140．林宏彬，吕红梅：《文化中心建设视野下的北京西山文化带开发和利用》，《北京联合大学学报（人文社会科学版）》，2017年第3期。

141．王长松：《北京三个文化带的文化精髓与保护传承创新》，《人民论坛》，2017年12月。

142．张景华，董城：《俯仰间，看见万年的时光——北京如何绘就"西山文化带"》，《光明日报》，2017年5月22日。

143．梅邨：《北京西山风景区》，北京：北京旅游出版社，1983年。

144．朱以旭：《明清北京西山水系建设》，《建筑知识》，2017年第10期。

145．苗天娥，景爱：《金章宗西山八大水院考上》，《文物春秋》，2010年第4期。

146．苗天娥，景爱：《金章宗西山八大水院考下》，《文物春秋》，2010年第5期。

147．张超：《家国天下——圆明园的景观、政治与文化》，上海：中西书局，2012年。

148．梅雨：《北京崇化寺禁采煤炭碑》，《煤炭企业管理》，2003年第4期。

149．郭鹤艺：《历史大道的惊鸿一瞥——探寻北京西山古道》，《交通建设与管理》，2012年第4期。

150．李东旭，邓一刚：《北京西山地质构造系统分析》，北京：地质出版社，1995年。

151．周国兴，万玉桂：《北京东胡林村的新石器时代墓葬》，《考古》，1972年第6期。

152．赵朝洪，郁金城，王涛：《北京东胡林新石器时代早期遗址获重要发现》，《中国文物报》，2003年5月9日。

153．石丽丽，王雄宾，史常青等：《京西石灰石采石场废弃地植被恢复效果及其评价研究》，石家庄：河北科学技术出版社，2015年。

154．周岚：《历史文化名城的积极保护和整体创造》，北京：科学出版社，2011年。

155．张茵：《北京西山功能的历史演变研究》，《中国风景园林学会论文集》，2009年。

156．祁庆国主编：《北京文博文丛》（文化带专刊），北京：北京燕山出版社，2018年。

157．祁庆国主编：《北京文博文丛》，北京：北京燕山出版社，2016年。

158．王雪莲：《北京西山八大水院》，北京：中国人民大学出版社，2018年。

159．师昌璞编：《斋堂》，北京：北京出版社，2018年。

160．《长城、运河、西山文化带与北京城——第十九次北京学学术年会论文汇编》，北京学研究基地，2017年6月。

161．北京市门头沟地方志编纂委员会编：《北京门头沟区志》，北京：北京出版社，2006年。

162．北京市门头沟区政协学习与文史委员会编：《京西山水》，北京：中国博雅出版社，2008年。

163．北京市门头沟区政协学习与文史委员会编：《京西古道》，香港：香港银河出版社，2002年。

164．北京市门头沟区地名志编辑委员会编：《北京市门头沟区地名志》，北京：北京出版社，1992年。

165．北京市门头沟区档案史志局编：《京西革命斗争史》，北京：中国文史出版社，2004年。

166．东胡林考古队：《北京新石器早期考古的重要突破，东胡林人引起广泛关注》，《中国文物报》，2003年11月7日。

167．北京地方志编纂委员会编：《北京志·水利志》，北京：北京出版社，2000年。

168．《北京市"十五"时期水利发展规划》，首都之窗网站，2003年9月22日。

169.《北京市"十一五"时期水资源保护及利用规划》,北京市发展和改革委员会网站,2006年9月8日。

170.《北京市"十二五"时期环境保护和建设规划》。

171.《北京市"十二五"时期绿色北京发展建设规划》。

172. 北京市园林绿化局:《北京市永定河综合治理与生态修复绿化建设实施方案》,首都园林绿化政务网站,2017年6月29日。

后　记

　　根据全国文化中心建设领导小组总体部署，在中共北京市委宣传部统筹指导下，北京市社会科学院组织编写了"古都文化丛书"，本书讲述的是北京"三大文化带"之一的西山永定河文化带，因而被纳入该丛书出版计划。

　　随着"三大文化带"规划概念和建设热潮的兴起，有关西山和永定河的出版物已然不少，如尹钧科、朱祖希、张宝秀、岳升阳等都有相关论著面世和传播，本人也曾参与撰写《历史上的永定河与北京》《永定河与北京》《永定河历史文化研究》等论著。本书即是在上述已有成果基础上的补充和修订，重点是加入了西山文化的内容，从一个大文化带的整体视角去阐述西山与北京、永定河与北京以及西山与永定河之间的关系，把山水一体同为北京生态之基、文明之源、文化之根的关系梳理澄清，以期为广大读者勾勒出西山永定河文化带的历史演变脉络、当今实践意义和未来发展方向。

　　本人执笔本书的前言部分和第四至第八章，第一至第三章由首都师范大学历史学院的蔡宛平博士撰写，最后由本人修订统稿。北京市社科院历史所的很多同事都对本书稿的完成给予了帮助，如王岗、孙冬虎、郑永华、王建伟等老师提供了相关资料和个人成果作为参考；本院、所领导和丛书编委会的同志们也在本书的撰写过程中给予了极大的关注、支持和鞭策。各位审稿专家也给我们提出了宝贵意见和建议。在此，一并向他们表示衷心的感谢！

　　最后，还是要特别感谢永定河水系及永定河文化研究的奠基人尹钧科先生。由于年事已高，原本应该由先生担纲的这本书最终没敢烦扰他，但他的《历史上的永定河与北京》奠定了本书的学术基础，功不可没。希望本书的出版能为先生开创的事业添砖加瓦！

由于本丛书工程规格高、程序多、时间紧、任务急，在非常有限的时间内完成的书稿与我们的初衷难免有差距，不足和疏漏之处还望读者谅解！

吴文涛

2019 年 8 月 15 日